अपनी बात

[निबंध संकलन]

अपनी बात

भीष्म साहनी

वाणी प्रकाशन

वाणी प्रकाशन
4695, 21-ए, दरियागंज, नयी दिल्ली 110 002

शाखा

अशोक राजपथ, पटना 800 004

फ़ोनः +91 11 23273167 फ़ैक्सः +91 11 23275710

www.vaniprakashan.in
vaniprakashan@gmail.com
editorial@vaniprakashan.com
sales@vaniprakashan.in

APANI BAAT
by Bhishma Sahani

ISBN : 81-7055-197-8 (10 Digit)
ISBN : 978-81-7055-197-3 (13 Digit)
Essays

संस्करण 1990, 1995, 2000
आवृत्ति संस्करण 2016

मूल्यः ₹350

यश प्रिंटोग्राफिक्स, नोएडा-201301 (उ.प्र.) में मुद्रित

वाणी प्रकाशन का लोगो मक़बूल फ़िदा हुसेन की कूची से

पूज्य श्री सरदारी लाल जी
को सादर

क्रम

अपनी बात

बचपन के दिनों की बात है। मैं और मेरे बड़े भाई बलराज खेलकर शाम को घर लौटे, तो पड़ोस में एक आदमी अपने कमरे में अकेला बैठा आईने में अपना चेहरा देखे जा रहा था। स्याह काला रंग, लंबे-लंबे सफेद चमकते दांत और कँटीली मूँछें। वह कभी मुँह टेढ़ा करके, कभी बत्तीसी निकालकर, कभी मूँछों के कोने ऊँचे तो कभी नीचे कर अपना चेहरा देखे जा रहा था। अपने अक्स पर मुग्ध हुआ जाता था। हम दोनों भाई बाहर खड़े हँसी से लोट-पोट होने लगे। सहसा उसे हमारी हँसी सुनाई दे गयी। वह क्षणभर के लिए खिसियाकर रुक गया, शीशे को मेज पर रखकर बाहर की ओर लपका और बड़बड़ाते हुए उसने दरवाजा बंद कर दिया।

तनिक टेढ़ा करके देखो, तो आईने में अपना चेहरा ज्यादा आकर्षक नज़र आता है। बहुत से अवगुण छिप जाते हैं। आपकी हँसी और फुसफुसाहट के बावजूद, जो मुझे अभी से सुनाई देने लगी है, मैं भी आईने के सामने आ बैठा हूँ। पर नज़र अपने अक्स पर टिक नहीं पाती। अपने प्रतिबिंब के साथ आँखें मिलाने की कोशिश करता हूँ, तो लगता है, गरेबान में मुँह डाल रहा हूँ। और जो आँखें नहीं मिलाता, तो अनेक अन्य चेहरे आँखों के सामने उभरने लगते हैं और मेरा अपना चेहरा उनमें बिल्कुल छिप-सा जाता है। अपने को देखने की चेष्टा बड़ी भ्रामक चेष्टा है। वास्तव में उन्हीं चेहरों और उनके साथ-साथ उभरने वाले अनगिनत अन्य चेहरों को देखते हुए और उनसे जुड़ी घटनाओं और अनुभवों को याद करते हुए ही शायद मनुष्य अपने को कुछ-कुछ देख पाता है।

मेरे घर में जन्म लेने से पहले मेरी तीन बहनें स्वर्ग सिधार चुकी थीं। मेरा बचपन अभी समाप्त नहीं हुआ था कि एक और बहन दाग़ दे गयी। और मैं अभी कालिज में पढ़ता था, जब पाँचवीं बहन ने भी विदा ले ली और घर में हम केवल दो भाई रह गये। शिशुपन में माँ अपनी गोद में मेरा सिर रखकर मुझे सुलाने के लिए या जब कभी बीमार होता, तो मेरे दुखते सिर को थपथपाते हुए

मोतीराम का वैराग्यपूर्ण बारहमासा गाया करती, जिसके बोल बड़े मीठे, पर बड़े ही अवसादपूर्ण हुआ करते थे। मौत का उनमें बार-बार ज़िक्र हुआ करता था। सहसा कहीं माँ की आवाज़ पिताजी के कान में पड़ जाती, तो वह सीढ़ियाँ चढ़कर ऊपर आ जाते और माँ को डाँटने लगते :

"तू फिर वैराग्य के गीत ले बैठी है? तुझे कई बार समझाया है, बच्चों के कान में खुशी के गीत पड़ने चाहिए···।"

माँ चुप हो जाती। उन दिनों माँ को वैराग्य के गीत गाना क्यों अच्छा लगता था, अब उसे समझना कठिन नहीं रहा। कहते हैं, जब घर में छठा बच्चा पैदा हुआ और वह लड़का निकला, तो माँ को यकीन नहीं आया और वह बेहोश हो गयी थी।

पिताजी ने ज़िंदगी गरीबी में शुरू की थी। वह आशावादी, पुरुषार्थप्रेमी, आर्यसमाजियों में से थे, जो उन्नीसवीं शताब्दी के अंतिम चरण की उपज माने जाते हैं, जिन्हें विश्वास था कि मनुष्य का चरित्र अच्छा हो, वह कर्मशील हो तो अपने भाग्य का निर्माण स्वयं कर सकता है। घर के अंदर संध्या के मंत्र गूँजते थे, ईश्वर-स्तुति के भजन गूँजते थे—हालाँकि बहुत ही बेसुरे।

सादापन पर ज़ोर था और दूध-दही पर ज़ोर था। सुबह-सबेरे ठंडे पानी से नहाने पर, सुबह-शाम पालथी मारकर संध्या करने पर, आज्ञा-पालन पर ज़ोर था। और घर में सबसे छोटा होने के कारण सभी हुक्म, घूम-फिरकर मुझ तक पहुँच जाते थे। बड़े भाई का कहा मानो—और इस नियम की चेतावनी देने की भाई को दिन में बीसियों बार जरूरत पड़ती थी—बड़े भाई के साथ कदम मिलाकर नहीं चलते, पीछे-पीछे चलते हैं, जैसे राम-लक्ष्मण चला करते थे। चुनाँचे कभी भूल से भी साथ-साथ चलने लगता, तो भाई खुद ही धकेलकर पीछे कर दिया करते थे। घर के अंदर सदाचार के नियम टँगे रहते :

'सादापन जीवन, सजावट मृत्यु है।
सदाचार जीवन, दुराचार मृत्यु है।' आदि।

सादापन का यह अर्थ था कि सिर पर चुटिया नाचती थी। इत्र-फुलेल तो दूर, कंघी तक कभी नहीं देखी थी। सिर पर कभी तेल चुपड़ते, तो वह बहकर माथे पर आ जाता। अकसर कपड़े माँ के हाथ के सिले रहते थे, जिस कारण पाजामे की पिछली ओर सदा एक थैला-सा लटकता रहता था। "इसमें दाने भर रखे हैं क्या?" माँ की सहेलियाँ हँसकर पूछतीं। बाहर गली में अगर कोई आदमी इश्किया 'टप्पे' या गीत गाता हुआ गुज़रता, तो माँ दाँतों-तले होंठ दबा लेती और हमें कान बंद कर लेने को कहती। हम दोनों भाई कान बंद कर लेते। पर जाने क्यों टप्पे के शब्द कान में पड़ ही जाते। बाद में जाने-अजाने में कोई टप्पा घर में गुनगुना दिया :

"बंद मोतियाँ दे दाणे
हसेंगी ते डुल पैन गे !"

या कोई सुनी-सुनायी गाली बक दी, तो माँ अपने दोनों घुटनों के बीच मेरा सिर दबोच मुँह में लाल मिर्च की चुटकी डाल देती थी। दोनों बड़ी बहनें कभी ऊँचा हँस देतीं या खिड़की में से बाहर झाँक देतीं, तो पिताजी डाँट देते थे और वे दोनों सहमकर चुप हो जाती थीं। आस-पास दूर-दूर तक मुसलमानों के घर थे, हम एक तरह से समुद्र के बीचो-बीच एक द्वीप पर रह रहे थे। मुसलमान बच्चे हमारी दृष्टि में 'म्लेच्छ' थे और हम 'आर्य्य'। पड़ोस में मांस भुनने की गंध आती, तो उस गंध को दूर करने लिए घर में हवन किया जाता। बचपन में मनुष्य विरोधाभासों को नहीं देख पाता। बचपन और धर्मभेद ? शायद मनुष्य के मानसिक विकास का अर्थ ही इन विरोधाभासों को देख और समझ पाना है। अब सोचता हूँ कि यह विरोधाभास बहुत ही भयानक था कि बचपन में ही मन में रेखाएँ खिंच जायें कि तुम 'हिंदू' हो, वह 'मुसलमान' है, मैं 'आर्य्य' हूँ, वह 'म्लेच्छ' है। मगर हम इन रेखाओं को टापते-काटते मुसलमान लड़कों के घरों में पहुँच जाते, रमजान के दिनों में टीन बजा-बजाकर उन्हें जगाते, मुहर्रम के दिनों में छाती पीटते !

इसी समय दिल के अदर लालसाओं-इच्छाओं के अंकुर फूटने लगे थे, कुछेक झुलसने भी लगे थे। बचपन के झुटपुटे में बहुत कुछ देखा-भोगा, पर जो ले-देकर पाया, वह था पाप-पुण्य के उपदेश, अँधेरे का डर, बड़ों का डर, भगवान का डर और अनगिनत अवसादपूर्ण तथा उल्लासपूर्ण यादें।

लड़कपन आया। संस्कारों से लथपथ, मैंने घर की चारदीवारी के बाहर कदम रखा। यहाँ पर भी मैंने पाया कि मैं अपने बड़े भाई के पीछे-पीछे ही चल रहा हूँ। इसमें अनेक सुविधाएँ भी थीं। भाई अपने संघर्षों द्वारा मेरा रास्ता साफ़ करते जा रहे थे। बचपन में वह नये-नये खेल ढूंढ़ निकालते और मेरी आँखें उनमें नये-नये चमत्कार देखतीं। लगता, जैसे वह नये-नये दरवाज़े खोलते चले जा रहे हैं। धीरे-धीरे मैंने छोटे भाई का दृष्टिकोण अपना लिया, जिसकी आँखें सदा बड़े भाई पर लगी रहती हैं, और जब बड़ा भाई सामने न हो, तो खो जाती हैं, या किसी दूसरे को अपना बड़ा भाई बना लेने पर विवश हो जाती हैं। मुझे एक बना-बनाया दृष्टिकोण मिल गया था—अपने भाई का दृष्टिकोण—जो मेरे मानसिक विकास में बाधक था। पर इस त्रुटि की पूर्ति भी शायद साथ-साथ होती जा रही थी—आपस में उठने वाले लड़ाई-झगड़ों द्वारा, शिकवा-शिकायत द्वारा और उस अपार स्नेह द्वारा, जो एक छोटे भाई को केवल अपने बड़े भाई से ही मिल सकता है।

साहित्य की ओर रुझान किताबों के रास्ते हुआ हो, ऐसा कहना कठिन है।

और यह कहना तो और भी ग़लत होगा कि मेरी रुचि बचपन से ही साहित्य में थी। बचपन में मेरी रुचि शरारतें करने, घर से ग़ायब रहने, कोयला पीसकर स्याही बनाने और गुल्ली-डंडा खेलने में थी। हाँ, माँ के मुँह से सुनी कहानियाँ, बोबी की कहानी, तोता-तोती की कहानी और उसके मुंह से सुने कवित्त और बारहमासे ज़रूर मन पर अमिट छाप छोड़ गये हैं। तोता बाग़ में चोग चुगने के लिए जाने लगा, पर तोती ने उसे मना किया। वह नहीं माना और उड़ गया, लेकिन बाग़ में पहुँचते ही वह शिकारी के जाल में फँस गया। तोती को पता चला, तो वह उसे ढूँढ़ती-भटकती आयी और बाग़ के ऊपर मँडराने लगी :

"तोता, मैं होड़ रही, मैं हटक रही
तू चोग चुगण न जा,
चोगांवाले डाडढ़े
ते लैंदें फांदी पा !"

(तोते, मैं तेरी मिन्नतें करती रही कि चोग चुगने न जा। जिनके हाथ में चोग होता है, वह बड़े भयंकर और शक्तिशाली होते हैं, गले में फंदा डाल देते हैं।)

जवाब में नीचे से तोते की क्षीण और दुर्बल आवाज़ आती है :

"तोती, मैं जीता मैं जागता
तू घर चल मैं आवता।"

पहली किताब थी 'अष्टाध्यायी', जो न मेरी और न ही मेरे गुरु की समझ में आती थी। अंतर केवल इतना था कि उन्हें सूत्र कंठस्थ थे और मुझे कंठस्थ नहीं थे। पहले साहित्यिक, जिन्हें देख पाया, थे पं० सुदर्शन। आर्यसमाज के किसी वार्षिकोत्सव पर भाषण करने आये थे और सभी का दिल लूटकर लाहौर वापस चले गये थे उनका गोरा-चिट्टा चेहरा, सुनहरे फ्रेम का चश्मा, भरपूर जवानी और आकर्षक व्यक्तित्व आज भी आँखों के सामने आ जाते हैं। न जाने अपने भाषणों में वह क्या कहते रहे। पर उनके लौटने के कुछ ही रोज़ बाद 'आनरेरी मैजिस्ट्रेट' शीर्षक उनका प्रहसन मैंने पढ़ा। शायद उन्हीं दिनों प्रेमचंदजी की एक कहानी भी पढ़ी थी—किसी दफ़्तर के बाबू के बारे में, जिसमें साहब के बंगले में प्रवेश करने पर साहब का कुत्ता बाबू पर बुरी तरह झपटता है। इन सभी किस्से-कहानियों में भावुकता का पुट अधिक था; ओजस्विता, साहस तथा अन्य भावनाओं का कम।

साहित्य में रुचि पैदा की बरसों बाद मेरे कालिज के एक अध्यापक ने। सुंदर, मृदुभाषी, साहित्यप्रेमी साहित्य के अध्यापक थे। उन्होंने अपने संपर्क में आने वाले हज़ारों छात्रों की साहित्यिक रुचि को जगाया। उनकी ज़िंदगी में एक तरह की खूबसूरती थी, एक बाँकपन था, जो ऐसे आदमी के जीवन में शायद अपने

आप ही आ जाता है, जिसकी अंतरात्मा अपने कार्य-कलाप से सुसंगत रूप से जुड़ी हो, जिसके जीवन में एक प्रकार का संतुलन हो। उन्हें अपने व्यवसाय पर गर्व था, अपने काम में गहरी दिलचस्पी थी। उनकी प्रत्येक गतिविधि से आत्म-विश्वास की झलक मिलती थी। मुझे उनका व्यक्तित्व आज भी बड़ा आकर्षक लगता है, विशेषकर इस दिल्ली शहर में रहते हुए, जहाँ कोई भी आदमी चैन की नींद नहीं सोता; जहाँ वह एक की चिलम भरता है, तो दूसरे को लात जमाता है, जहाँ सभी को यह घुन खाये जा रहा है कि अमुक वहाँ पहुँच गया और मैं अभी तक यहीं पड़ा हूँ। खैर।

लड़कपन में प्रवेश क्या किया, बात ही बदल गयी। बाहर की हवा घर की हवा से बहुत भिन्न थी। बाहर जुलूस निकल रहे थे, नारे गूँज रहे थे। गांधीजी की आवाज़ पर लाखों लोग घर-बार छोड़कर आज़ादी की लहर में कूद रहे थे। मैं स्कूल में था, जब भगतसिंह और उसके साथी फाँसी पर झूल गये थे और जितेन दास 63 दिन की भूखहड़ताल के बाद दम तोड़ गया था। हज़ारों-लाखों के जुलूस, दमकते चेहरे और एक अजीब मस्ती का दौर था। इन्हीं दिनों जेल के सींखचों के पीछे से एक कवि की आवाज़ सुनाई दी :

"हमने जब वादी-ए-ग़ुरबत में कदम रक्खा था,
दूर तक याद-ए-वतन आयी थी समझाने को।"

कुरबानियों के किस्से सुन-सुनकर दिल बल्लियों उछलता था और गला रुँध-रुँध जाता था। और यह किस्सा लड़कपन से शुरू हुआ और आज़ादी के दिनों तक चलता रहा। नेहरू जी शहर में आते, तो मैं चप्पल झाड़, उन्हें एक नज़र देख पाने के लिए भाग खड़ा होता। गांधीजी अनशन करते, तो एक-एक दिन गिनता।

लड़कपन का एक दूसरा पहलू भी था—पाश्चात्य सभ्यता और संस्कृति से परिचय प्राप्त करने का। इस स्थिति में भी एक गहरा विरोधाभास पाया जाता था। हमारा नगर दो हिस्सों में बँटा हुआ था—एक ओर रावलपिंडी शहर था, दूसरी ओर रावलपिंडी छावनी। यह छावनी शहर के शिक्षित समुदाय की आँखों के सामने पाश्चात्य सभ्यता की प्रतीक थी। वहाँ अंग्रेज़ फ़ौजी अफ़सर रहते थे, सड़कों पर गोरे सैनिक घूमते थे, दो-एक नाचघर थे, दो सिनेमा हॉल थे. अंग्रेज़ी पुस्तकों की बड़ी-सी दुकान भी थी, साफ़-सुथरी चौड़ी सड़कें थीं, पश्चिमी ढंग की सज-धज वाली दुकानें भी थीं। शनिवार की रात को नाचघर में साज बज उठते, फ़र्श पर जोड़े नाचने-थिरकने लगते और नाचघर के बाहर होटलों के बैरे, जमादार, कालिजों के छात्र, खानसामे इकट्ठे हो जाते और छिद्रों-दरारों में से झाँक-झाँककर अंदर का नज़ारा लेते—"देख, साला ने उसके कंधे पर सिर रख दिया है!" कई हिंदुस्तानी सूट-बूट पहनकर नाचघर में घुसने की कोशिश करते,

बढ़-बढ़कर अंग्रेज़ी बोलते, बड़े-बड़े अंग्रेज अफ़सरों के नाम लेते, उनके साथ अपनी दोस्ती के हवाले देते, लेकिन उन्हें अंदर नहीं घुसने दिया जाता था। पास में सिनेमाघर था, जहाँ बढ़िया अंग्रेज़ी फ़िल्में दिखायी जाती थीं, लेकिन 'अंतराल' के समय गोरे फ़ौजी कैंटीन में चाय पीते या सड़क पर बिना किसी कारण हिंदुस्तानियों को लातें जमा जाते। एक ओर मेरे लिए पाश्चात्य कला और साहित्य के दरवाज़े खुल रहे थे, दूसरी ओर अपमान और अनादर का वातावरण, जो हृदय में हीनता का भाव जगाता था। चारों तरफ़ क्षोभ और गिड़गिड़ाहट व्याप्त दिखाई देती थी।

लाहौर में पढ़ने गया तो 'कम्यूनल एवार्ड' के दिन थे। देश-भर में सांप्रदायिक खाइयाँ लगभग खोदी जा चुकी थीं। नौकरियों के लिए एक संप्रदाय के युवक एड़ियाँ रगड़ते, दूसरे संप्रदाय के युवक मूँछों पर ताव देकर उन्हें झड़प ले जाते। माल रोड पर हुज़ूर गवर्नर बहादुर की मोटर सरसराती हुई निकल जाती और हिंदुस्तानी देखते रह जाते। गवर्नमेंट कालिज के छात्र नये साल की रात को हिज़ मैजेस्टी का नव-वर्ष संदेश सुनने के लिए देर रात तक रेडियो के सिरहाने बैठे रहते, जबकि पास ही में डी० ए० वी० कालिज की इमारत थी, जिसकी दीवारें फाँदकर भगतसिंह एसेम्बली में बम फेंकने गया था। ऐसे वातावरण में मेरी कालिज की शिक्षा हुई।

इस तरह मेरे संस्कार और अनुभव मुख्यत: वही रहे हैं, जो मेरी पीढ़ी के अन्य लोगों के रहे होंगे। वे लोग, जिन्हें मेरे ही समान अवसर मिले हैं। मैं भी उसी वातावरण में साँस लेकर बड़ा हुआ हूँ, जिसमें वे लोग। उस वातावरण को आंदोलित करने वाली तरंगें मेरे दिल और दिमाग़ से वैसे ही टकराती रही हैं, जैसे मेरी पीढ़ी के अन्य लोगों के दिल और दिमाग़ से। अपने समय और काल को लाँघकर कभी कोई नहीं जिया, भले ही वह कोई कलाकार हो या बढ़ई या डाक्टर। इस दृष्टि से एक लेखक भी वैसा ही सामान्य जीव है, जैसा कोई अन्य जीव। न इसके पर होते हैं, न सींग। और इस दृष्टि से कलाकार अपने काल को ही आँकता है। अपनी कला के दर्पण में अपने काल के जीवन, उसकी विषमताओं, विरोधाभासों को ही उतारता है।

फिर आज़ादी आयी और साथ ही देश का बँटवारा हुआ। आज़ादी के कुछ महीने पहले हमारे शहर के आस-पास वाले कस्बों में मार-काट हुई, छोटे-छोटे गाँव आग की नज़र हुए और शरणार्थियों का पहला रेला शहर में आया। मैं उन दिनों रिलीफ़ सोसाइटी के लिए आँकड़े इकट्ठे करता था—कहाँ कितने मरे, कितने घर जले। उसी समय से मन पथराने लगा था। और जब बड़े-बड़े शहर आग की नज़र हुए और हम अपना शहर छोड़कर भारत आये और एक ओर आज़ादी की खुशियाँ और दूसरी ओर भयंकर मार-काट देखी, तो मन और भी

ज्यादा पथराने लगा।

इस स्थिति में बहुत-से पुराने संस्कार एकाएक नष्ट हो गये, बहुत-से विश्वास भी। देश का वायुमंडल धीरे-धीरे बदलने लगा। कहीं-कहीं पुराने ध्येय धूमिल पड़ने लगे, रास्ते अलग-अलग होने लगे और इन रास्तों पर धूल-सी उड़ने लगी और वे कुछ-कुछ सुनसान-से नज़र आने लगे। देश के दिल की धड़कन कभी मंद पड़ जाती, कभी फिर से साफ़ सुनायी देने लगती। दिलों में निराशा उठी। हममें से बहुत-से लोग विश्वास खो बैठे, सामाजिक गतिविधि से हटकर जीवन-मरण के प्रश्न पूछने लगे। कहीं-कहीं नये 'मंदिरों' के कलश उभरकर नज़र आने लगे, कहीं-कहीं नयी दिशा का भी भास होने लगा।

यही स्थिति साहित्य में भी झलक देने लगी। लेखकों को भी तरह-तरह की शंकाएँ कचोटने लगीं।

इस बीच, सोचता हूँ, भारतीय लेखक और विशेषकर हिंदी लेखक की स्थिति में कोई विशेष अंतर नहीं आया। हमारे शिक्षित समुदाय ने अपने देश के साहित्य को अभी तक नहीं अपनाया है। यह बात अन्य भाषाओं की अपेक्षा हिंदी पर अधिक लागू होती है। मैं सोचता हूँ, हिंदी के लेखक की स्थिति अभी तक सहज स्वाभाविक नहीं हो पायी। अभी भी वह एक तरह से सहमा हुआ जीव है। कोई अंग्रेज़ी वाला सामने आ जाये, तो वह अपने को छोटा समझने लगता है। कैम्ब्रिज या ऑक्सफ़ोर्ड का पढ़ा हुआ नौकरशाह हाकिम लेखक से पूछता है—"तो आप लेखक हैं, बड़ी अच्छी बात है। क्या लिखते हैं?" और साथ में बैठी उसकी पत्नी पूछती है—"क्या हिंदी में अच्छा साहित्य रचा जा रहा है? मैं हिंदी पढ़ लेती हूँ। कोई अच्छी किताब आपकी नज़र से गुज़रे, तो मुझे भेज दें।" और हिंदी का लेखक हिंदी साहित्य की सफ़ाई देने लगता है—"इधर कुछ चीज़ें अच्छी भी निकली हैं। यों हिंदी-लेखन में ऐसी कोई ख़ास बात नहीं। ख़ैर, यूरोप का तो मुकाबिला ही क्या···!" यह स्थिति और चाहे कुछ भी हो, सहज स्वाभाविक स्थिति नहीं है। अपने देश के साहित्य से अनभिज्ञ नौकरशाही अभी तक सांस्कृतिक क्षेत्र में भी हमारे मूल्य निर्धारित करती है, हमें सबक देती है, हमारी सरपरस्ती करती है और हम उसका मुँह जोहते रहते हैं।

नौकरशाही ने और पाश्चात्य साहित्य का बार-बार हवाला देने वालों ने हिंदी को अपनाया नहीं है। और उनकी स्वीकृति प्राप्त कर पाने के लिए आतुर हिंदी का लेखक अपनी परंपराओं पर शर्मसार, अपने लोगों पर शर्मसार, अपनी भाषा पर, अपने तीज-त्योहारों पर शर्मसार, जल्दी से जल्दी उनसे नाता तोड़, ऐसी रचनाएँ करने की फ़िक्र में है, जो पाश्चात्य रुचियों के अनुकूल बैठें।

ऐसा शर्मसार होने की आखिर क्या बात है? अगर हम यूरोपीय स्तर का साहित्य पैदा नहीं कर पाये, तो भी शर्मसार होने की ज़रूरत नहीं है। कहते हैं,

अठारहवीं शताब्दी के अंत तक रूसी साहित्य पर फ्रांस, जर्मनी और इंग्लैंड छाये हुए थे और रूसी लेखक की आँखें उन्हीं पर लगी रहती थीं। पर उन्नीसवीं शताब्दी में रूसी लेखक अपने साहित्य की ओर, अपने देश के जन-जीवन और परंपराओं की ओर मुड़े और रूस ने तुर्गनेव, पुश्किन, ताल्स्ताय पैदा किये और रूस की रचनात्मक प्रतिभा अपने मौलिक रूप में खिल उठी।

इंग्लैंड और फ्रांस के बीच सिर्फ़ 40 मील का फ़ासला है, लेकिन इंग्लैंड वाले अपनी प्रतिभा और साहित्यिक अभिरुचि को फ्रांस वालों की प्रतिभा और साहित्यिक अभिरुचि से भिन्न मानते हैं। अगर पड़ोसी देशों के बीच यह स्थिति पायी जाती है, तो सात समुद्र पार वाले भारतवासियों की प्रतिभा और साहित्यिक अभिरुचि अंग्रेज़ों से भिन्न हो, तो इसमें शर्मसार होने की क्या बात है?

पर शायद बंगला, मराठी, तमिल, तेलुगु, मलयालम आदि भाषाओं में यह स्थिति इस शिद्दत से नहीं पायी जाती। वहाँ लेखकों को यह ललक परेशान नहीं करती कि उनकी रचनाएँ पाश्चात्य साहित्य की कसौटी पर खरी उतरें; कि उनकी पाठक-संख्या में पश्चिम साहित्य के पारखी शामिल हों। उनकी आँखों के सामने उनके अपने भाषा-भाषियों का एक निश्चित पाठक-समुदाय है, उन्हीं के लिए वे लिखते हैं, उन्हीं के जीवन को अपनी लेखनी द्वारा व्यक्त करते हैं, अपनी भाषा में गहरे मंझे होते हैं। हिंदी-लेखक की स्थिति में अभी वह स्थिरता, वह सहज स्वाभाविकता नहीं आ पायी।

इसी स्थिति का एक दूसरा पहलू भी है, जो और भी अधिक चिंताजनक है। क्या कारण है कि कुछेक सुंदर रचनाओं के बाद हमारे लेखक के अंदर कुछ सूखने-सा लगता है—हठयोगी के बाज़ू की तरह? क्या प्रेरणा के सोते सूख जाते हैं? क्या अहं का दीमक अंदर-ही-अंदर सारे रचनात्मक ओज को चाट जाता है? क्या प्रशंसा और पैसे की भूख हमें अपनी कला के साथ, अपनी आस्थाओं के साथ समझौते करने पर विवश कर देती है? क्या हम जन-जीवन से इतने कट जाते हैं कि केवल बरसों पहले के अनुभवों के आधार पर ही कहानियाँ गढ़ते रह जाते हैं? कुछ तो कारण ज़रूर रहे होंगे।

शायद इन कारणों की तह में पैठने में, इन्हें समझने में, एक-दूसरे की रचनात्मक क्षमताओं को प्रोत्साहित करने में हम एक-दूसरे की मदद कर सकते हैं? या शायद मैं इस स्थिति को बहुत तंगनज़री से देख रहा हूँ?

[1970]

गर्दिश के दिन

लगता है, जिंदगी का बहुत-सा वक्त अर्द्धचेतन अवस्था में जीता रहा हूं। ऐसा नहीं लगता कि सचेत रूप से, आस-पास की हर बात को समझते-बूझते हुए, आँखें खोलकर और बातों को तौल-परखकर निर्णय लिये हों, कदम उठाये हों। मुड़कर देखता हूँ तो यह भी लगता है कि हर बार संकट की स्थिति में मन पर जड़ता-सी छा जाती रही है—भले ही वह बहन की मृत्यु रही हो या हिंदू-मुस्लिम दंगे रहे हों, या कोई और संकट। हर चोट का दर्द मैंने बहुत बाद में ही महसूस किया है, उसका अर्थ और महत्त्व भी बहुत बाद में ही समझ पाया हूँ। यह भी देखता हूँ कि जिंदगी में कई बार हलके-से झटके मन पर गहरा असर छोड़ गये हैं, जबकि बड़ी-बड़ी मुसीबतें कहीं कोई खरोंच तक नहीं छोड़ पायी हैं; या शायद मुझे ऐसा लगता है, अतीत के गुंझलों में से किसी सूत्र को पकड़ पाऊँ, बड़ा कठिन काम है।

वचपन का माहौल अँधेरी गुफा-जैसा लगता है। मैं अकसर बीमार रहता था, और उस खेल-कूद से वंचित था, जो बचपन का अधिकार है। खाट पर पड़ा सरकती धूप को देखता रहता, गली में गुजरते फकीरों, भिखमंगों, खोमचे वालों की आवाजें सुनता रहता, सिरहाने के नीचे रखी रेजगारी की ढेरियाँ बनाता रहता था। माँ की गोद में सिर रखकर अपार सुख मिलता था। शाम के झुटपुटे में माँ के मुँह से सुने कवित्त, गीत, कहानियाँ, जिनमें अकसर गहरा अवसाद भरा रहता था, मेरे रोग के साथी थे। स्वस्थ, हँसते-खेलते, लड़कों को ईर्ष्या की नजर से देखता था। तभी से ही शायद अन्य बालकों की तुलना में अपने को छोटा और असमर्थ समझने लगा था। और लोग स्वस्थ थे, मैं बीमार था; और लोगों के चेहरे चमकते थे, मेरे चेहरे पर पीलिमा पुती रहती थी; और लोग तरह-तरह के करतब कर सकते थे, मैं उन्हें केवल चकित आँखों से देख-भर सकता था। गोरे-चिट्टे दमकते चेहरों वाले, स्वस्थ तथा व्यवहार-कुशल व्यक्ति मुझे हीरो-जैसे लगते थे, जो आत्म-विश्वास के साथ हर काम सुभीते से कर जाते हैं।

पर मेरी निःसहायता सारा वक्त मेरे दिल को मथती रहती। अंदर-ही-अंदर

मेरा धैर्य चुकने लगता। इसलिए जब बिस्तर पर से उठता तो भाग खड़ा होता। घर में से निकलते ही किसी तांगे के पीछे भागता और कूदकर पायदान पर चढ़ जाता। फिर तांगा सड़कें लांघता हुआ जाता और मैं एक सड़क से दूसरी सड़क, एक बाजार से दूसरे बाजार, पागलों की तरह आस-पास के नजारे देखता हुआ जाने कहाँ से कहाँ जा पहुँचता था। उस दिन घर लौटता तो या तो फिर बिस्तर पर पड़ जाता, या बुरी डांट खाता और मेरे घूमने-फिरने पर बंदिश लग जाती।

इसके अतिरिक्त घर का माहौल एक खास तरह का माहौल था; इसमें ब्रह्मचारी की पीली धोती थी, चुटिया और यज्ञोपवीत थे, हवन-संध्या और उपदेश थे और आर्य समाज का साप्ताहिक सत्संग था। यहाँ मांस खाना निषिद्ध था, स्त्री की ओर आँख उठाकर देखना निषिद्ध था, उपन्यास पढ़ना, फिल्म देखना निषिद्ध था।

स्कूल छोड़ने पर एक ऐसे व्यक्ति से साक्षात्कार हुआ जिसने मेरी दुनिया बदल दी। वह भी गोरा-चिट्टा, स्वस्थ, सौम्य-सुंदर व्यक्ति था। कालिज के पहले वर्षों में वह मेरा अंग्रेजी का अध्यापक था। इस आदमी ने मुझे उस दकियानूसी, संकीर्ण, घुटन-भरे वातावरण में से खींचकर बाहर निकाल लिया। यों तो घर में मेरे बड़े भाई का संघर्ष भी उसी ओर उन्मुख रहा था, पर यह आदमी उम्र में बड़ा था, और उसका व्यक्तित्व बहुत ही प्रभावशाली था। उसे साहित्य से गहरा प्रेम था, और उसका अपना व्यक्तित्व बहुत ही निखरा-निखरा और आकर्षक था।

जब वह पढ़ाने आता तो हम छात्र उसके डेस्क पर गुलाब के फूल चुनकर रख देते। कविता के मर्म समझाने में इसे विशेष पैठ थी। तभी शैली और कीट्स पढ़ने को मिले, ड्यूमा और विक्टर ह्यूगो के उपन्यास, तभी फिल्में देखने लगा, रंगमंच पर नाटक देखने लगा, सिर पर बाल रखने और पतलून पहनने लगा। अब सोचता हूँ, तो वह उस पीढ़ी का उदारवादी व्यक्ति लगता था जो अंग्रेजी साहित्य से प्रभावित होकर, मध्ययुगीन संस्कारों से स्वयं निकलकर अपने छात्रों को भी निकालना चाहता था। उन दिनों उसका एक-एक शब्द मेरे लिए वेद-वाक्य था। उसी के प्रभावाधीन मैं साहित्य-रचना में कलम-आजमाई करने लगा था।

पर यह व्यक्ति विद्रोही स्वभाव का नहीं था। इसका अटूट विश्वास हर बात में बीच का रास्ता अपनाने में था, शायद इसी कारण वह छात्रों के माँ-बाप के बीच भी उतना ही लोकप्रिय था, जितना छात्रों में, जो कि वास्तव में एक बहुत बड़ा विरोधाभास होता है।

उन्हीं दिनों एक तूफान उठ रहा था और उसके दबाव के नीचे हमारे छोटे-से

शहर की दीवारें हिलने लगी थीं। आजादी का आंदोलन जोर पकड़ रहा था, और छात्र-छोटे-छोटे, कागज के बने, यूनियन जैक जूतों की नोक पर लगाये घूमने लगे थे। भगतसिंह को फाँसी पर चढ़ाया जा चुका था और लड़कों के दिलों में वलवले उठने लगे थे। मेरे अध्यापक की सहानुभूति देशभक्तों के साथ थी। लेकिन आंदोलन में कूद जाने का उसका स्वभाव नहीं था। चुनांचे उसकी देखा-देखी उसके छात्र भी इस आंदोलन के दर्शक ही बने रहे।

इस बीच बी० ए० और एम० ए० की पढ़ाई करने मैं लाहौर चला गया। वहाँ कालिज में चारों ओर अंग्रेजियत का बोलबाला था। सभी लड़के कालिज छोड़कर बड़े-बड़े सरकारी अफसर बनने के सपने देखते थे। बाहर होने वाले आंदोलन की आवाज तक यहाँ नहीं पहुँच पाती थी।

बादशाह सलामत जार्ज पंचम, नये साल की रात को साम्राज्य के नाम नव वर्ष का संदेश रेडियो पर देते थे। मैं और गवर्नमेंट कालिज के मेरे साथी सुबह तीन बजे रेडियो के सिरहाने बैठे उनका भाषण सुनते। जब एडवर्ड ने श्रीमती सिम्पसन से विवाह करने का प्रस्ताव रखा और उन्हें राज-त्याग करना पड़ा, तो मैं और मेरे साथी बेहद उत्तेजित घूमते थे, पढ़ाई में मन ही नहीं लगता था, चारों ओर इस आदर्श प्रेम की ही चर्चा चलती रहती। मैं एक दूसरे प्रकार के दायरे में जा पहुँचा था, जो देश के जीवन से कटा हुआ था।

अपने शहर लौटने पर माहौल बहुत कुछ बदला हुआ पाया। दूसरे विश्वयुद्ध के बादल घिरने लगे थे, और देश में राजनीतिक हलचल तेज होती जा रही थी। मैं अभी अपने अध्यापक के चरण-चिह्नों पर चल रहा था, हालाँकि परिस्थितियाँ मुझ पर तरह-तरह के दबाव डालने लगी थीं। देश के बदलते माहौल से भी मैं अछूता नहीं रह गया था। एक अवसर याद आता है। मैं और मेरा अध्यापक कैंटोनमेंट में एक दिन सैर कर रहे थे। देर तक घूमते रहने के बाद एक रेस्तराँ में चाय पीने बैठ गये। रेस्तराँ गोरे फौजियों से खचाखच भरा था। रेस्तराँ का मालिक कोई चीनी व्यक्ति था, जिसे पसीना पोंछने की फुर्सत नहीं थी। लगभग आधे घंटे तक हम चाय का इंतजार करते रहे, हमें चाय नहीं मिली, जबकि बाद में आने वाले अनेक गोरे फौजियों को सर्व किया जा चुका था। यह स्पष्टतः जातिभेद था। हम ही दो हिंदुस्तानी रेस्तराँ में बैठे थे। एक बार जब चीनी मालिक पास से गुजरा तो मैंने उससे चाय लाने का आग्रह किया तो उसने बड़ी रुखाई से 'नो टी, नो टी !' कहा और बड़बड़ाता हुआ दूसरी ओर चला गया। मुझे आग लग गयी। अपने ही शहर में हमारे साथ यह सुलूक हो, मुझे यह असह्य लगा। मैं उठकर चीनी मालिक के पास जाने ही वाला था कि मेरे अध्यापक ने मुझे रोक दिया और मुझे पकड़कर बाहर ले गया।

—यह उसका रेस्तराँ है, हमारा नहीं है, उसका अधिकार है कि किसे सर्व

करे और किसे न करे।

मैं अपने अध्यापक के चेहरे की ओर देखता रह गया। उससे मुझे इस तर्क की आशा नहीं थी। फिर वह कहने लगा—मैं छोटी-सी बात पर बखेड़ा खड़ा करना ठीक नहीं समझता।

मैं चुपचाप उसके साथ वहाँ से चला आया। वे दिन ऐसे थे कि अन्य शहरों में लोग जान पर खेल रहे थे, मेरी भी स्वभावगत भीरुता टूटने लगी थी। मैं चुपचाप उसके साथ-साथ घर लौट आया पर पहली बार मुझे उसकी उदारवादी वृत्ति अखरने लगी।

इसके बाद हमारे बीच बहसें होने लगीं, दो-एक बार झड़पें भी हुईं। एक-दूसरे के नजदीक रहते हुए भी हम एक-दूसरे से दूर होने लगे। यह पीढ़ियों के अंतर की ही स्थिति थी। पर नयी पीढ़ी, पुरानी पीढ़ी से अलग होते हुए भी उसकी ऋणी होती है। उस व्यक्ति ने मेरी जिंदगी में कभी एक खिड़की खोली थी, जिसमें से भरपूर रोशनी अंदर आयी थी। वह शख्स अनजाने में ही मुझे कुछ दे गया था।

लेकिन वास्तव में वह मुझे क्या दे गया था? मनुष्य का संवेदन अपने परिवेश में से कौन-से संस्कार आत्मसात करता है, कौन-सी बातें उसे अछूता छोड़ देती हैं, कहना अत्यंत कठिन है। संस्कारों की दुनिया इतनी पेचीदा, इतनी दुर्बोध होती है। सब कुछ कहते हुए भी मैं अपने को कहीं नहीं पाता। मेरे अध्यापक ने मुझे क्या दिया? साहित्य-प्रेम? उदारवादी मनोवृत्ति? किनारे-किनारे चलने की प्रवृत्ति? कहाँ से क्या मिला, इसका विश्लेषण निरर्थक प्रयास है।

कालिज में अध्यापन के साथ-साथ मैं व्यापार करने लगा था। यह व्यापार मुख्यतः कपड़े का था। मेरे पिताजी के पास विभिन्न कारखानों की एजेंसियाँ थीं, हम कपड़े के व्यापारियों से ऑर्डर लेकर कारखानेदारों को भेजते, और माल आ जाने पर हमें कमीशन मिलता था। सीधा-सा काम था। मुझसे पहले मेरे भाई दो-तीन बरस तक यह व्यापार कर चुके थे, और जब मैंने इसमें हाथ डाला तो भाई शांतिनिकेतन में पहुँच चुके थे। पर व्यापार का अनुभव बड़ा अनूठा और विकट साबित हुआ।

एम० ए० पास करने के बाद एजेंसी के काम की दुश्वारियाँ वही जानता है जिसने यह काम करके देखा है। मैं ऐसे कालिज से पढ़कर लौटा था जहाँ अंग्रेजियत का माहौल था, अधिकांश लड़के सरकारी अफसर बनने के सपने देखते थे। व्यापार के व्यवसाय के लिए इस प्रकार की शिक्षा बहुत बड़ी रुकावट थी। मुझे यह विचार सताता तो नहीं था, लेकिन मेरे अवचेतन में था जरूर। मैंने बड़े उत्साह के

साथ काम शुरू किया, लेकिन दिमाग पर साहित्य के अतिरिक्त गांधीवादी विचारों का भी रंग चढ़ा हुआ था। मैं नमूनों का बक्सा उठाये किसी दुकान के चबूतरे पर जा पहुँचता। दुकानदार यदि ग्राहकों के साथ व्यस्त होता तो आँख उठाकर देखता भी नहीं, व्यस्त नहीं होता तो दुआ-सलाम हो जाती, कभी-कभी सोडावाटर की बोतल भी पिला देता, लेकिन इसके बाद मेरे अस्तित्व को भूल जाता। कभी अपनी बहियाँ बाँचता, कभी दोपहर का वक्त होता तो मेरे बैठे-बैठे लंबी तानकर सो जाता, दो-तीन घंटे बाद वह बड़े अनमने ढंग से मुझे बक्सा खोलने को कहता। कभी ऑर्डर मिलता, कभी नहीं। सारे बाजार का यही आलम था। मैं दिन बीतते-बीतते खिन्न और क्षुब्ध हो उठता।

सबसे तल्ख तजुर्बा लाहौर में हुआ, और मैं वहाँ से परेशान होकर लौटा। अब सोचता हूँ तो लाहौर में नमूनों का बक्सा उठाकर ले जाना ही भूल थी। लाहौर में मेरे लड़कपन के दिन बीते थे। जिस माल रोड पर मैं दोस्तों के साथ कभी शैली और कीट्स पर बहसें करता घूमता था, ड्रामों और डिबेटों में भाग लेने जाया करता था, उसी माल रोड पर मैं मजदूर के सिर पर नमूनों का बक्सा उठवाये दुकान-दुकान ऑर्डर लेने जा रहा था। बहुत बड़ा परिवर्तन था। यों तो हमारा सामाजिक वातावरण अभी तक नहीं बदला; एक तरह से हम अभी भी औपनिवेशिक भारत में जी रहे हैं, जिसमें सरकारी नौकरी की इज्जत है, बाकी सब काम निचले स्तर पर हैं, अपने काम में किसी को गर्व नहीं, सभी एक-दूसरे से बगलें झाँकते घूमते हैं, पर अंग्रेजी साहित्य में एम० ए० करने के बाद एजेंसी का काम करना सचमुच बड़ा कठिन था। आखिर एक जगह पर मेरी सहनशीलता चुक गयी।

माल रोड पर सिंधियों की एक बहुत बड़ी दुकान थी। मैंने पत्र द्वारा उनके साथ समय निश्चित किया था और ऐन दस बजे नमूने लेकर पहुँच गया। मैंने दुकान का ठाठ-बाठ देखा तो अंग्रेजी में बात चलायी। सेठ ने कहा कि बक्सा रख दो, हम बारह बजे नमूने देखेंगे। मेरे लिए इस तरह का उत्तर नया नहीं था। मैंने बक्सा रखा और सड़कें नापने बाहर निकल गया। बारह बजे लौटा तो दुकान का मालिक मौजूद न था। मैंने इसरार किया तो एक कारिंदे ने समझाया कि नमूने तो हम भी देख सकते हैं, लेकिन ऑर्डर तो सेठजी ही देंगे, तुम चार बजे आ जाओ। मैं फिर मन मारकर दुकान से बाहर निकल आया। और बजाय सड़कें नापने के मैंने कॉफीहाउस की राह ली—उसी कॉफीहाउस की जहाँ यारों के साथ घंटों बैठा बतियाया करता था। वहाँ जाना बहुत बड़ी भूल थी। कॉफीहाउस में घुसते ही मैं अपने को अजनबी महसूस करने लगा। वहाँ पर पहले जैसी ही चहल-पहल थी, दो-एक पुराने दोस्त भी मिले, पर मेरा मन ऐसा बुझा कि मुँह से बात नहीं निकली। सहसा सब कुछ ही मेरे लिए पराया हो गया था। मेरा गला रुंध-रुंध

गया। इस पर जब चार बजे दुकान पर लौटा तो सेठ बिगड़कर बोला—देख लेंगे, देख लेंगे, तुम तो पीछे ही पड़ गये हो ! मैं भभक उठा। जो मन में आया कहा, और सब अंग्रेजी में कहा, पर मेरी बौखलाहट का सेठ पर इतना ही असर हुआ कि उसने मेरा बक्सा उठवाकर दुकान के बाहर रखवा दिया। मैंने तैश में नीचे उतरकर एक ताँगा बुलाया, और उसी तरह अंग्रेजी बोलता, झाग उगलता, ताँगे पर बक्सा रखकर वहाँ से चलने लगा। एक बार मुड़कर देखा तो सेठ और उसके कारिंदे चबूतरे पर खड़े हँस रहे थे।

—कमीशन एजेंट भी तेवर दिखाने लगे हैं !···पर जल्दी ही सीधा हो जायेगा, अभी-अभी पढ़कर निकला है···

उसी रात की गाड़ी पकड़कर मैं लाहौर से चला आया।

मैं व्यापार के लिए नाकारा साबित हो रहा था। दिन-प्रतिदिन वह मेरी छाती का बोझ बनता जा रहा था। एम० ए० की तालीम ही नहीं, तरह-तरह के मानसिक गुंझल मेरे रास्ते के रोड़े बन रहे थे। उनमें से एक मेरा आदर्शवाद भी था। न जाने कहाँ से यह विचार मेरे मन में समा गया था कि मैं कमीशन एजेंट हूँ और मुझे कमीशन से ही संतुष्ट रहना चाहिए। न जाने गांधीवादी विचारधारा का असर था या क्या था, मुनाफा कमाना, स्वयं माल खरीदकर मुनाफे पर बेचना, मुझे मंजूर न था। जहाँ और दुकानदार मेरे द्वारा माल खरीदकर मुनाफे पर बेचते थे, वहाँ मैं स्वयं केवल ऑर्डर ही बुक करता फिरता था। यों तो मेरे पिता जी भी कमीशन पर ही काम करते रहे थे, मगर वह जमाना दूसरा था।

दूसरा विश्वयुद्ध छिड़ने की देर थी कि बाजार तेज होने लगा। अगर मैं पाँच आने गज पर ऑर्डर बुक करता तो ऑर्डर की मंजूरी आते-आते दाम बढ़कर छह आने हो जाता। एक-एक गाँठ पर लोग सैकड़ों कमा रहे थे। मुझे व्यापारी तक कहते कि जहाँ पच्चास गाँठें दुकानदारों के लिए बुक करते हो, वहाँ दस गाँठें अपने लिए भी बुक कर लिया करो। पर मैं 'ईमानदार' बना घूमता था ! साधन और साध्य का ताल-मेल बैठा रहा था। खैर। उन्हीं दिनों एक और घटना घटी। जंग छिड़ जाने पर सरकार ने गर्म कपड़े पर भी कंट्रोल कर लिया और हर शहर में दो-दो, तीन-तीन अधिकृत विक्रेता मुकर्रर कर दिये। हमें भी दिल्ली से चिट्ठी आयी कि आकर टेक्सटाइल कंट्रोलर से मिलो। मैं उसी रात गाड़ी में बैठा और दिल्ली जा पहुँचा। कंट्रोलर की कुर्सी पर एक बंगाली सज्जन बैठे थे। बड़े आदर से मिले। उन्होंने बताया कि हम तुम्हारे शहर में तीन विक्रेता नियुक्त करेंगे और उनमें से तुम एक होगे। कल सुबह आ जाओ और करारनामे आदि पर दस्तखत कर जाओ। मेरी बाँछें खिल गयीं। उसी शाम एक सज्जन मुझसे मिलने मेरे होटल पर पधारे। वह मेरी जान-पहचान के निकले, दूर-पार के रिश्तेदार भी थे। मैं हैरान था कि उन्हें मेरा पता कैसे मालूम हुआ और

मुझसे मिलने क्योंकर चले आये ! बैठते ही कहने लगे—बंगाली बाबू दस हजार माँगता है। यह रकम बहुत नहीं है। तुम घर पर तार देकर इसका इंतजाम कर दो।

मैं भौचक्का-सा उनके चेहरे की ओर देखने लगा। यह काम तो मैं हरगिज करने के लिए तैयार नहीं था। मुनाफे पर काम इतने दिन नहीं किया तो क्या अब रिश्वत देने जाऊँगा ? और फिर मेरा नाम लिस्ट पर है, वह इनकार कर ही कैसे सकता है ?

मैंने इनकार कर दिया। अब की बार वह भौचक्का-सा मेरे चेहरे की ओर देखने लगे।

—तुम्हारा दिमाग ठिकाने है या नहीं ? उन्होंने कहा—उसका हाथ गर्म नहीं करोगे तो तुम्हें एजेंसी मिल जायेगी ? किस दुनिया में रहते हो ?

वह देर तक मुझे समझाते रहे, पर मैंने एक नहीं मानी।

दूसरे दिन मिलने गया तो बंगाली अफसर ने मिलने से इनकार कर दिया। लंच के बाद फिर अंदर नाम भेजा तो उसने अंदर बुला लिया। पहले की ही भाँति बड़े आदर से मिला और बोला कि आप निश्चित रहें, नियुक्ति की चिट्ठी आपको अपने घर पर मिल जायेगी।

मैं चला आया, संतुष्ट था कि काम हो गया। पर वह दिन गया और यह दिन आया, चिट्ठी आज तक नहीं मिली।

पर इसका मुझे खेद हो रहा हो, ऐसी बात नहीं थी। मैं किसी दूसरी दुनिया में जी रहा था। वास्तव में मैं खाते-पीते परिवार में से था, चलते व्यापार में दाखिल हुआ था, पिताजी सिर पर थे, मैं आदर्शों से खेल सकता था। अगर गरीबी में जिंदगी शुरू की होती, तो जरूरत सब बल निकाल देती।

घर लौटकर मैंने पिताजी को किस्सा सुनाया तो वह चुप हो गये। मुझे कहते भी क्या, कि रिश्वत देकर क्यों नहीं आये ? पर उनका मौन ही मानो कह रहा था, बड़ा बेटा पहले ही व्यापार छोड़कर शांतिनिकेतन जा बैठा है, अब दूसरा अक्ल का ऐसा धनी निकला है कि मिला हुआ काम फेंक आया है ! मुझे विश्वास है, उस दिन पिताजी ने भी व्यापारियों की सूची में से मेरा नाम वैसे ही काट दिया होगा जैसे बंगाली बाबू ने काट दिया था।

पिताजी का रवैया मेरे प्रति कुछ-कुछ बदलने लगा। इससे पहले जब भी मुझे कोई उपन्यास पढ़ते या कुछ लिखते-पढ़ते देखते तो हलकी-सी झिड़की के साथ उठा देते—जाओ बेटा, घूमो-फिरो, किताब लेकर बैठ गये हो ! तुमने बहुत किताबें पढ़ ली हैं। पर अब उन्होंने कहना छोड़ दिया। दिन-भर बाजार में झक

मारने के बाद घर लौटते ही मैं कोई किताब लेकर बैठ जाता था। इससे मुझे गहरी तसकीन मिलती। मुझे लगता था कि जिस दुनिया से धकेलकर बाहर निकाल दिया गया था, उसमें अब भी लौट सकता हूँ। किताबों के लिए एक उत्तेजित-सी भूख मेरे अंदर पैदा होने लगी थी। यह साहित्य में एम० ए० पास करके व्यापार करने का नतीजा था।

उन्हीं दिनों एक और भावना परेशान करने लगी थी। 1942 का आंदोलन शुरू हो चका था और अखबारों की खबरें बेहद उत्तेजित करने वाली थीं। बंबई में प्रस्ताव पास होने के बाद जब नेताओं को गिरफ्तार कर लिया गया तो सारे देश में जैसे भूचाल आ गया था। मेरे दिल में कांग्रेस के नेताओं के प्रति अगाध श्रद्धा थी। नेहरूजी जब भी कभी शहर में आते, मैं एक बार नहीं, तीन-तीन बार, मीलों भागकर उन्हें देखने जाता। गांधीजी को सेवाग्राम में बहुत निकट से देख चुका था। उनसे दो बातें भी कर चुका था। मेरे जैसे लाखों-लाख युवकों के दिल इस आंदोलन के साथ धड़कते थे। आंदोलन शुरू होने की देर थी कि हमारे शहर में भी पकड़-धकड़ शुरू हो गयी। मेरे लिए चुपचाप घर पर बैठना असंभव हो रहा था। मैं और तो कुछ नहीं कर पाया—मैंने खादी पहनना शुरू कर दिया। खादी का कुर्त्ता-पाजामा पहने मैं सड़कों पर घूमता, अंदर-ही-अंदर इस उम्मीद से कि पुलिस वाले इसी को मेरा विद्रोह मानकर मुझे गिरफ्तार कर लेंगे। मुझे किसी ने नहीं पकड़ा, और मेरा आंदोलन खादी का बाना पहनने तक ही सीमित रहा। मुझे इसी बात से थोड़ा-बहुत संतोष मिलने लगा था कि व्यवहार के स्तर पर नहीं तो भावना के स्तर पर तो कहीं जरूर उन लोगों के साथ जुड़ गया हूँ, जो देश की आजादी के लिए अपनी जान पर खेल रहे हैं।

और जब मतला साफ हुआ, जंग खत्म हुई, कांग्रेस के दफ्तर फिर से खुलने लगे, तो मैं सीधे कांग्रेस में अपना नाम लिखा आया और सक्रिय रूप से कांग्रेस का काम करने लगा।

दिन बीतने लगे, उन दिनों मैं एक ही समय में तीन-तीन काम कर रहा था। कॉलेज में ऑनरेरी तौर पर पढ़ाता और ड्रामे खेलता, बाजार में व्यापार करता और साथ में कांग्रेस का काम।

मार्क्सवादी विचारधारा की ओर रुझान भी उन्हीं दिनों हुआ। दूसरे विश्व-युद्ध के दिनों में रजनी पाम दत्त की एक पुस्तक 'राइज ऑव नेशनल सोशलिज्म इन यूरोप' मेरे हाथ लगी, जिसमें यूरोप में उठने वाली फासिस्त ताकतों का गहरा विवेचन था। यह दृष्टि मेरे लिए बिल्कुल नयी थी। युद्ध की विभीषिका पाम दत्त के विश्लेषण को पग-पग पर सही साबित कर रही थी। इसके बाद अनेक अन्य पुस्तकें पढ़ने को मिलीं। मेरे एक सह-अध्यापक और मित्र कम्युनिस्ट कार्यकर्त्ता थे। उस आदमी के अथक, निःस्वार्थ परिश्रम, सुलझी हुई दृष्टि और गहरी निष्ठा ने भी

बड़ा प्रभावित किया। सांप्रदायिक दंगों के दिनों में वह और उसके गिने-चुने साथी जान जोखिम में डालकर दंगों को रोकते रहे थे।

खूँरेजी के दिन आये। देश के बँटवारे से पहले हमारे शहर और आस-पास के गाँवों में भारी फसाद हुए। फिर से दिल और दिमाग पर जड़ता छा गयी और मैं कठपुतली की तरह इधर से उधर घूमने लगा। दंगे तो बुरे थे ही, पर सबसे विकराल बात यह थी कि उन पर किसी का बस न था। खूँरेजी के फौरन ही बाद जब लोग गाँवों से भाग-भागकर शहर में आने लगे तो मैं रिलीफ कमेटी के आँकड़े इकट्ठे करने का काम कर रहा था। कहाँ पर कितने मरे, कितने घर जले, कितना माली नुकसान हुआ। गाँव-गाँव से आये लोगों की आप-बीती सुनता और रजिस्टर काले करता जाता। मेरी निरुद्ध चेतना पर किसी बात का असर नहीं हो रहा था।

इसी मन:स्थिति में मैं एक दिन उस कुएँ के किनारे भी खड़ा था, जिसमें एक गाँव की स्त्रियाँ अपने छोटे-छोटे बच्चों को फेंक कूद मरी थीं। लाशें फूलकर सतह तक आ गयी थीं और कुएँ की जगत के आसपास खड़े उनके पति और संबंधी उन्हें पहचानने की कोशिश कर रहे थे···

जब-ही-जब मन जड़ हो जाता है, तो अंदर-ही-अंदर कुछ टूटता है, कोई धारणा, कोई विश्वास, न जाने क्या। उसकी आवाज नहीं आती, दर्द भी महसूस नहीं होता। लेकिन कुछ टूटता जरूर है।

घटनाओं, परिस्थितियों का ब्योरा बड़े तर्कसंगत ढंग से पेश किया जाता है, जबकि अवचेतन की दुनिया के साथ इनका दूर-पार का ही संबंध होता है। असल ड्रामे तो वहाँ खेले जाते हैं। कब कोई घटना अवचेतन में अपना डंक छोड़ गयी, कोई याद उसकी गहरी परतों में अटक गयी, सब अनजाने में हो जाता है। उन्हें पकड़ने की कोशिश भी करो तो अधूरे चित्रों के अंश ही हाथ लगते हैं···स्टेज पर रोशनी के वृत्त में नाचती हुई नर्तकी, जो सहसा बिगड़ उठी है, क्योंकि किसी दर्शक ने स्टेज पर एक पैसा फेंक दिया है··· घर के बाहर भीड़ है, लोगों ने खंभे के साथ किसी आदमी को बाँध रखा है, और बाँधने वाली रस्सी को यहाँ तक कसते जा रहे हैं कि उस आदमी की आँखें निकल आयी हैं। कांग्रेस के जलसे में मंच पर खड़ा एक दुबला-पतला आदमी हाथ उठाये चिल्ला रहा है—देखो, मैंने नमक का कानून तोड़ा है, मेरे हाथ में नमक की पुड़िया है, इसे मैंने स्वयं बनाया है, और एक ओर से पुलिस के सिपाही और अफसर आकर उसे घेर लेते हैं और उसे पुलिस-गाड़ी में धकेल देते हैं। वह अभी भी चिल्लाये जा रहा है: 'भारत माता की जय! महात्मा गांधी की जय···'

तरह-तरह की यादें, अनगिनत अधूरे चित्र। इन्हीं अधूरे चित्रों, संस्कारों, अनुभवों की पूँजी लेकर मैं साहित्य की दहलीज पर आ खड़ा हुआ था। शायद सभी ऐसे लोग जो परिस्थितियों द्वारा धकेले जाते हैं, जो व्यवहार की दुनिया में निकम्मे साबित होते हैं, अपने अरमान पूरे करने के लिए साहित्य का दरवाजा खटखटाते हैं।

घर में साहित्यिक वातावरण पहले से था। पिताजी शेख सादी के प्रेमी थे; माँ के पास कहानियों, गीतों, लोकोक्तियों का खजाना था। इसके अतिरिक्त बड़े भाई कालिज के दिनों में अंग्रेजी में, और कालिज के बाद हिंदी में बाकायदा लिखने लगे थे। व्यापार के सिलसिले में कानपुर जाते समय मैं अकसर दिल्ली में रुका करता था। मेरी बुआ की बेटी, श्रीमती सत्यवती मलिक का घर साहित्यिक केंद्र-सा बना हुआ था। यहीं पर उन्हीं दिनों अनेक रचनाएँ पढ़ने को मिलीं। जैनेन्द्र जी के उपन्यास 'त्यागपत्र' की उन दिनों धूम थी। तभी 'अज्ञेय' की कुछेक कहानियाँ, विशेषकर 'कोठरी की बात' पढ़ गया। दोनों रचनाओं में छिपा गहरा दर्द देर तक उद्वेलित करता रहा। उन्हीं दिनों सफर में ही पहली बार 'गोदान' पढ़ने को मिली। 'गोदान' समूचे देश की कहानी थी, उसमें देश के दिल की धड़कन थी। उसे पढ़ना एक विलक्षण अनुभव था। उसे पढ़ चुकने के बाद हर अधेड़ किसान मुझे होरी नजर आता था, जिसकी समस्याओं को मैं जानता था, जिसके दर्द को महसूस कर चुका था। प्रेमचंद की दृष्टि में एक विशालता थी, जिसने बेहद प्रभावित किया।

उन्हीं दिनों यशपाल के दो कहानी-संग्रह 'पिंजरे की उड़ान' और 'ज्ञानदान' को भी बड़े आग्रह से पढ़ गया।

इस तरह धीरे-धीरे मैं इस क्षेत्र की ओर खिचता चला गया। उन दिनों 'विशाल भारत' और 'हंस' हिंदी के प्रमुख पत्र माने जाते थे। उनमें अपने लेख आदि भेजने लगा। फिर भी साहित्यिक काम छिट-पुट ही रहा है। बँटवारे के बाद जब अपना शहर छोड़ कर दिल्ली को अपना घर बनाया तो अधिक नियमित रूप से लिखने लगा।

साहित्य के क्षेत्र में भी मेरे अनुभव वैसे ही सपाट और सीधे-सादे ही रहे जैसे जीवन में। मैं समझता हूँ, अपने से अलग साहित्य नाम की कोई चीज भी नहीं होती। जैसा मैं हूँ, वैसी ही मैं रचनाएँ भी रच पाऊँगा। मेरे संस्कार, अनुभव, मेरा व्यक्तित्व, मेरी दृष्टि सभी मिलकर रचना की सृष्टि करते हैं। इनमें से एक भी झूठी हो तो सारी रचना झूठी पड़ जाती है। यह बहस भी मेरे लिए निराधार ही है कि साहित्यिक रचना विचारों की वाहक होती है या नहीं, प्रत्येक रचना, मेरी समझ में, एक इकाई होती है, संश्लिष्ट और अटूट, जिसमें से कुछ भी अलग नहीं किया जा सकता। न विचार, न शिल्प, न शब्द—सभी के सामंजस्य से ही

उसका अस्तित्व बनता है। इनमें न कोई साध्य होता है न साधक। पर यह इकाई मूलतः जीवन की कोख में से निकलकर आती है, भले ही लेखक के संवेदन के रास्ते से आये, इसलिए जीवन की ही बात कहती है। जो रचना मात्र लेखक के मस्तिष्क की उपज हो, वह अकसर अधमरी रचना होती है, भले ही लेखक शिल्प और शब्दों का लंबा-चौड़ा ताना-बाना बुन रहा हो। लेखक का अपना सत्य जीवन के सत्य से निराला नहीं होता। न ही जीवन का सत्य और लेखक का सत्य दो अलग-अलग सत्य होते हैं। एक ही सत्य होता है और वह जीवन का सत्य होता है। उसी को साहित्य वाणी देता है।

[1973]

मैं, अपनी नजर में

इस आदमी को अब मैं कुछ-कुछ पहचानने लगा हूँ। धीमी चाल चलने वाला धीमी गति से सोचने वाला, हर काम धीमी रफ्तार से करने वाला जीव है, इस पर पछतावों का मारा—यह कर लेते तो अच्छा था, यह नहीं किया, बहुत भूल की। किसी काम में भी पहलकदमी न दिखाने वाला, मध्यवर्गीय भलमनसाहत का मारा। मध्य-वर्ग के ही नपे-तुले प्रतिमानों के बहुत कुछ अनुरूप, यह नपी-तुली लगभग एक ही ढर्रे पर चलने वाली ज़िंदगी बिता रहा है।

नपा-तुला जीवन बिताते हुए भी अगर यह कहीं पर भीड़ इकट्ठी होती देख ले तो चप्पल झाड़कर उस ओर भाग खड़ा होता है; कहीं दंगा-झगड़ा हो तो यह बीच में घुसे बिना नहीं रह सकता; किसी नये शहर में जाये तो सुबह से शाम तक उसकी गलियाँ और सड़कें नापता रहता है, सड़कों पर घूमते हुए यह खुश रहता है; कहीं रेलगाड़ी देख ले तो मंत्रमुग्ध-सा उसे देखता रहता है, खिले चेहरे वाले, उत्साही लोगों को देखकर इसे गहरे आनंद का अनुभव होता है; जुलूस देखकर इसका दिल हिलोरें लेने लगता है।

व्यावहारिक बातों से खम खाता है। इन्कम टैक्स का नोटिस आ जाये, कहीं से किसी जवाब-तलबी का नोटिस आ जाये, तो इसके हाथ-पैर ठंडे पड़ने लगते हैं। ज़माना था, जब यह टेलीफ़ोन को भी हाथ लगाने से झिझकता था।

बचपन के संस्कारों से यह आदमी अभी तक अपना दामन नहीं छुड़ा पाया, अमीर लोगों का और सरकारी अफ़सरों का इस पर रोआब न भी हो, फिर भी यह उनसे कन्नी काटता है। इस आदमी के व्यक्तित्व की चीर-फाड़ करूँ तो अनेक त्रुटियाँ और गुण एक-दूसरे को काटते चले गये हैं। इसमें आत्मविश्वास की कमी है। इसे अन्य सभी लोग अपने से ज़्यादा समझदार, संवेदनशील प्रतिभासंपन्न नजर आते हैं। उनके संग बैठे-बैठे इसे अपने अज्ञान का बोध होने लगता है और यह अंदर-ही-अंदर सिमटने लगता है और अपने छुटपन में खो जाता है। सभा-सोसायटी में जाये तो एक कोने में दुबककर बैठे रहना चाहता है। इसे कोई

खींचकर सामने ले आये तो चहकने भी लगता है, लेकिन इसका दब्बू स्वभाव इसे कमरे के कोने की ओर ही धकेलता रहता है। हाँ, अपनी आंतरिक छटपटाहट से पार पाने के लिए यह मेहनत भी करता है। एक तरह का संघर्ष भी करता है, जैसे जंजीरों में जकड़ा कोई व्यक्ति, जंजीरों के बावजूद स्वतंत्र रूप से जीने की कोशिश करे। ऐसे समय उसकी हीन-भावना ऊपर की ही किसी सतह पर छूट जाती है और यह कुछ समय के लिए अपने में डूबा उन्मुक्त और स्वतंत्र महसूस करता है। इसके चरित्र की यही विडंबना है कि समाज के जिस वर्ग का यह कड़ा आलोचक है, उसी वर्ग के मूल्यों से यह प्रभावित भी होने लगता है। जब बातों-बातों में, उस वर्ग के किसी व्यक्ति को पता चलता है कि यह आदमी किसी कालिज का मामूली-सा अध्यापक है; अंग्रेज़ी में न लिखकर हिंदी में लिखता है; डिफेंस कालोनी में न रहकर पटेल नगर में रहता है तो एक-एक सवाल के साथ उस आदमी की आँखों में उपेक्षा उतर आती है। ऐसे वक्त इसका खून खौलने के बजाय ठंडा पड़ने लगता है और यह कुछ देर के लिए सचमुच अपनी ज़िंदगी के कार्य-कलाप को उसी की नज़र से आँकने लगता है कि सचमुच जिंदगी में कुछ बना-बनाया नहीं है, लेकिन गनीमत है कि कुछ ही देर के लिए। बाद में सँभल जाता है और अपनी लकीर पर धीमी गति से फिर चलने लगता है। इस तरह इसका विकट संघर्ष मूलत: अपने साथ ही है।

वास्तव में यह उन लोगों को सराहता और मानता है, जिन्होंने मध्यवर्ग के मूल्यों को तिलांजलि दे दी है। इसे अपने काम में खोये हुए बेसुध लोग पसंद हैं, जो अपनी शक्ति का एक-एक कण होम करते रहते हैं, दूसरों के लिए जीने वाले लोग भरी जवानी में फाँसी के तख्ते पर झूल जाने वाले लोग। ऐसे जनूनी लोगों की ज़िदगी को वह सच्चे मानों में जी हुई ज़िदगी मानता है। इसकी आँखें झाँक-झाँककर बाहर को देखती रहती हैं कि कौन ठहाका मारकर हँसा, किसने तड़प कर कोई क़दम उठाया, कौन अपने को भूल कर किसी आग में कूद गया। साथ ही इसे वे लोग पसंद हैं जो ईर्ष्या-द्वेष से मुक्त, दूसरे की उपलब्धियों से सचमुच खुश होते हैं। खिले चेहरे वाले, दिल की बात साफ़-साफ़ कहने वाले लोग इसे पसंद हैं, मुँह लटकाये रखने वाले, गंभीर दिखने की चेष्टा करने वाले लोगों से इसे नफ़रत है।

विचारों की चाबुक लगने पर यह आदमी जाग उठता है। यों तो ज़िंदगी के अनुभव बटोरता रहता है। धीमी रफ्तार से अपने ढर्रे पर चलता रहता है, लेकिन विचारों के उद्दीपन से जैसे उनमें जान आ जाती है, मिट्टी के लोंदे जैसे स्फूर्त हो उठते हैं। किसी ज़माने में बर्टेंड रसल की रचनाओं ने इसके चिंतन का रुख मोड़ा था, बाद में लेनिन की विचारोत्तेजक रचनाओं ने। कला के क्षेत्र में भी उसे वे कृतियाँ अभिभूत कर देती हैं, जहाँ कलाकार मानवीय सीमाओं को लाँघ जाता है,

जहाँ उसकी कला मानवीय स्तर से उठ कर किसी दैवी स्तर को छूने लगती है, जब उसका संवेदन मानवेतर स्तर पर किसी भाव को शब्दों अथवा रंगों में बाँध लेता है, वहाँ इसे जैसे बिजली छू जाती है और यह मंत्रमुग्ध-सा खड़ा-का-खड़ा रह जाता है। शायद कलाकार का संघर्ष मानवीय सीमाओं को लाँघना ही है।

साहित्य के क्षेत्र में इसने अपनी स्वभावगत द्विविधा और संकोच से पिंड छुड़ाने के लिए ही क़दम रखा है। जो काम व्यवहार की दुनिया में इसके लिए असंभव था, वह यहाँ आसान हो जाता है, क्योंकि कलम हाथ में लेते ही यह व्यवहार की दुनिया से दूर निकल आता है, और अधिक स्वतंत्र और निश्चित महसूस करने लगता है, हाँ, साहित्य की दुनिया में भी संकोच और झिझक को कोई स्थान नहीं। यहाँ ज़िंदगी की सच्चाई से साक्षात किये बिना चारा नहीं है, न ही समझौता मुमकिन है, न अपने साथ, न दुनिया के साथ। लेकिन यहाँ इसे रास्ता दिखाने वाले बहुत हैं, इसका धैर्य बाँधने वाले भी, इसे प्रोत्साहित और प्रेरित करने वाले भी, बड़े-बड़े कलाकार, क़लम के धनी, महान रचनाकार जिनकी कृतियों से मानव-इतिहास उज्ज्वल है।

स्वतःस्फूर्त कहानी जिसमें कलम एक बार चले और रुके नहीं, और प्रेरणा के आलोक में सब संपन्न हो जाये, और जब वह रोशनी बुझे तो अपनी ही रचना किसी चमत्कार जैसी लगे—ऐसा भाग्यशाली यह आदमी नहीं है। यह पहले कहानी लिखता है—और आपसे क्या छिपाना, फिर उसे बनाता है। इस विश्वास के साथ कि मेहनत के साथ जोड़-तोड़ कर शायद कुछ बन ही निकले। हाँ; कहानी की तलाश और काट-छाँट इसलिए नहीं करता कि उसका रूप और गठन सुंदर हो जायें बल्कि इसलिए कि शब्दों के पीछे ज़िंदगी का अक्स साफ़-साफ़ झलकने लगे। क्योंकि शब्द ज़िंदगी को जहाँ प्रतिबिंबित करते हैं वहाँ उसे गँदला भी बना देते हैं।

कहानी लिखने में इसे भी तरह-तरह के लालच परेशान करते हैं। किसी महान लेखक की रचना पढ़ ले तो उसी के अंदाज़ में कहानी लिखना चाहता है। उसी लेखक की दृष्टि से लिखने की कोशिश भी करता है। उस वक़्त उसे भी लगता है कि उसी की आँखों से दुनिया को देख रहा है और उसी के अंदाजे में बात कह रहा है। लेकिन इस कोशिश में हर बार उसे चपत ही पड़ी है, थोड़ी ही देर में मन पर छाया गुबार छनने लगता है और कलम घिसटने लगती है। बात बनती नहीं। दोबारा पढ़ने पर अकसर झाग ही झाग हाथ लगती है। अब इसने जान लिया है कि किसी दूसरे ही दृष्टि से ज़िंदगी पकड़ में नहीं आती।

इसने यह भी देख लिया है कि इसकी उन्हीं कहानियों में कुछ दम होता है जिनकी मूल-स्थिति वास्तविक जीवन में से उठायी गयी हो। जीवन का कोई अनुभव और उस अनुभव में छिपी सामाजिक जीवन की कोई विडंबना इसे कहानी

का कथ्य जुटाती रही है। ऐसी कहानी जो मात्र कल्पना की उपज हो, या जो बैठे-बैठे सूझ जाये, सीधी हवा में से उतर आये, ऐसा जब कभी हुआ है, कहानी अधकचरी रह गई है। हर लिखने वाले का, अपने संस्कारों के बल पर, और अपने मानसिक तथा भावनात्मक गठन के अनुसार एक नज़रिया बन जाता है, उसी नज़रिये से वह जिंदगी को देखता है, बल्कि उसी के अनुरूप ही उसे जीवन की विडंबनाएं भी नज़र आती हैं। उसी में से उसकी शैली भी फूटती है, उसी में से उसके लेखक का अपना व्यक्तित्व भी मिलता है और बाद में वही नज़रिया उसकी सीमा भी बन कर रह जाता है, जिसकी चौहद्दी को तोड़ पाना उसके लिए असंभव हो जाता है।

इसकी कहानी-प्रक्रिया कुछ-कुछ दुमदार तारे से मिलती-जुलती है, जिसमें दुम ज्यादा और तारा कम होता है। कहानी का पहला मसौदा वह एक बैठक में नहीं, अनेक बैठकों में लिखता और बहुत से पन्ने काले कर डालता है, भले ही ये पन्ने ठंडे मन से लिखे गये हों या भावोद्वेलित होकर लिखे गये हों। कुछ दिन बाद वह इस मसौदे को उठा कर देखता है। दोबारा पढ़ने पर कहानी शुरू में तो बोर ही बोर करने लगती है। फिर किसी-किसी स्थल पर भास-सा होने लगता है कि कहानी ने लेखक के दिल की आँच पकड़ ली है और अपने बल पर आगे बढ़ने लगी है, उसमें गति आ गई है। ऐसा होने पर कहानी की काट-छाँट में कुछ सार्थकता होती है, उसमें से बहुत कुछ निकल जाता है, बहुत कुछ जुड़ जाता है। पर यदि ऐसा नहीं होता तो भले ही बढ़ई की तरह यह उसे घंटों तराशता रहे, वह काठ का कुंदा ही बनी रहती है, उसमें जान नहीं आ पाती।

कहानी कहाँ से जन्म लेकर आती है, दिल से, दिमाग से, जिगर से, पेट से, कोई कुछ नहीं जानता, पर हाँ, स्फूर्ति नाम की कोई चीज़ है, जो तन-बदन में उठती जरूर है, और तब इसका कहानी लिखने को जी चाहता है। इस आदमी में यह स्फूर्ति अकसर शाम के वक्त आती है, चाय पी चुकने के बाद। यह स्फूर्ति दूध पीने के बाद नहीं आती, भर-पेट खाना खाने के बाद भी नहीं। जितना पेट खाली रहे, उतना अच्छा, बल्कि कुछ-कुछ सेहत खराब हो तो और भी अच्छा, कहानी ज़्यादा जमकर लिखी जाती है। सेहत-तंदुरुस्ती कहानी-लेखन के कभी भी रास नहीं आई। लस्सी पीकर भी कोई कहानी नहीं लिख सकता। लस्सी पीकर जो लेखक कहानी लिख सकता है, वह दुनिया में कोई भी काम कर सकता है।

लड़कपन के ज़माने में यह आदमी कहानियों की ओर कुछ-कुछ वैसे ही आकृष्ट हुआ था जैसे सिगरेट पीने की ओर आकृष्ट होते हैं। पर इस चाव ने वह रूप नहीं दिया जो बाद में अकसर इसे मिलने लगता है, फाइल बगल में दबाये, बुद्धिजीवी दिखने की कोशिश में आँखें सिकोड़े मुँह पर तीन दिन का रोब और

सड़कों की मटरगश्ती। इस तरह की शुरुआत उसके भाग्य में नहीं रही। अंग्रेजी साहित्य में एम० ए० तक की पढ़ाई करने के बाद इसके दिमाग पर साहित्य की ऐसी धाक बैठी कि साहित्य को इसने बहुत ही ऊँची चीज़ माना जो दाढ़ी उगा लेने या सिगरेट फूँकने से हाथ नहीं आती। फ़ाइल लेकर घूमनेवालों की स्थिति एक तरह से बेहतर होती है। एक तो सड़कें नापने से वे तरह-तरह के अनुभव बटोरते हैं, ज़िंदगी से सीधा साक्षात् करते हैं, अधिक मौलिक निष्कर्ष निकालते हैं। दूसरे, इनके दिमाग पर साहित्य के इतिहास का बोझ नहीं होता। वे ज्यादा आज़ाद होते हैं।

कहानी लेखकों में एक 'भद्र-समुदाय' भी है, उन एम० ए० पास कहानी लेखकों का जो कालिजों में साहित्य पढ़ाते हैं और घर लौटकर स्वयं कहानियाँ लिखते हैं। कहानी-लेखन में सबसे अधिक प्रयोग इसी संप्रदाय के लोग करते हैं; पश्चिमी देशों के साहित्य की दलाली भी यही करते हैं। समय बीतने पर इनका ज्ञान-क्षेत्र फैलता जाता है और उसी अनुपात में अनुभव-क्षेत्र सिकुड़ता जाता है, और व्यवहार में भद्रता आती जाती है। हिंदी कहानी पर इनकी विशेष कृपा रही है। इन्हीं की बदौलत कहानी गाँव-कस्बा छोड़कर शहर में आ बसी है। उसकी हँसी जाने कहाँ गायब हो गयी है, सारा वक्त बिसूरती रहती है, गंभीर और उदास बनी रहती है। पर अपने 'संप्रदाय' के अन्य बंधुओं की भाँति यह आदमी भी इस बात को मानने से इनकार करता है। हाँ अपनी यह 'भद्रता' उसे अखरती ज़रूर रहती है। यह भी चाहता है कि वह जैसे-तैसे सीधा ज़िंदगी की धड़कन पकड़ पाये। इसी भाँति वह ऐसी भाषा के लिए भी तरसता है जो ज़िंदगी की कोख में से निकलती हो, जिसमें लोच हो, धरती की गंध हो। कहीं ऐसी भाषा पढ़ने को मिले तो उसे पढ़कर पहले तो सराबोर हो जाता है, फिर सिर थामकर बैठ जाता है, इस जन्म में तो इसे ऐसी भाषा नसीब नहीं होगी। एक तो जन्म का पंजाबी जो अपना घर-बार छोड़कर हिंदी में आ कूदा है। दूसरा, शहर का बाशिन्दा, इस पर ऐसी पीढ़ी में पैदा हुआ है जिसकी अपनी कोई ज़बान ही नहीं थी। प्रेमचंद की भाषा पर यह अब भी फ़िदा है। निखरी-निखरी भाषा, भावना से ओत-प्रोत रसीली, जीवंत। दो वाक्य पढ़े नहीं कि पाठक सीधा पात्रों के बीच पहुँच गया, और उसे लगा जैसे अपने कानों से उनकी बातें सुन रहा है। ऐसी भाषा वही लिख सकता है जिसके तार लोगों के दिलों के साथ जुड़े हों।

इसे एक और ललक भी परेशान करती रहती है कि इसकी कहानियाँ सारा वक्त धरती पर ही न चलती रहा करें, कभी ऊपर भी उठा करें। कल्पना के उस हलके से स्पर्श के लिए कि जिससे ज़िंदगी में से उठाया गया मिट्टी का ढेला सोना बन जाता है, जो कहानी में नई रूह फूंक देता है, और कहानी जीवन के स्तर पर

से उठकर कला के स्तर पर आ जाती है।

पर ये सब बातें मात्र कहने की हैं, या आहें भरने की। वह भली भाँति जानता है कि मकड़ी की भाँति उसे अपना ही जाला बुनते रहना है और उसी में उल्टा लटके भी रहना है।

'अमृतसर आ गया है' की मूलवस्तु किसी वास्तविक घटना पर आधारित नहीं है। मैंने लोगों को पिटते तो देखा, लेकिन आज तक किसी की हत्या होते नहीं देखा। लेकिन कहानी की मूल-वस्तु है कौन-सी? बाबू द्वारा एक अनजाने गरीब मुसलमान यात्री की हत्या इसकी मूलवस्तु नहीं है, कहानी की मूलवस्तु मेरी नज़र में द्वेषभाव का वह ज़हरीला वातावरण है जिसमें हम लोग बटवारे के दिनों में जी रहे थे और जिसमें अभी भी आये दिन साँस लेने लगते हैं। साहित्य का सत्य जीवन का व्यापक सत्य होता है, भले ही वह किसी विशेष के साथ न जुड़ा हो। इस दृष्टि से कहानी की मूलवस्तु वास्तविक जीवन से ही ली गई है। मैंने घृणा और खूँरेजी के उस माहौल को पकड़ने की कोशिश की है। यों कहानी में कुछेक घटनाएँ सच्ची भी हैं: रेल की यात्रा, यात्रियों के वार्तालाप का मूल आशय, रास्ते में जलते नगरों के दृश्य, अमृतसर आ जाने पर हिन्दू-सिख तथा मुसलमान की मनःस्थिति में परिवर्तन आदि।

मुझे कहानी पसंद है, कुछ गठन की दृष्टि से, कुछ इसलिए कि उसमें गति है पर विशेषकर इसलिए कि सच बोलती है।

लगभग सभी लेखकों की भाँति, कहानी की विधा में कलम चलाने से पहले, इसने भी कविता पर तबह-आज़माई की थी। अब कहानी और कविता में सबसे बड़ा अंतर यह है कि कविता लिखने वाला जल्दी ही समझ जाता है कि कविता उसके बस का रोग है या नहीं है, अपनी क्षमता का उसे जल्दी अहसास हो जाता है, और उसका भ्रम भी जल्दी दूर हो जाता है, जबकि कहानी में ऐसा नहीं होता। कहानी में व्यक्ति अपना भ्रम वर्षों तक पालता रहता है। इसी कारण शायद इस तरह के सवाल कि यह कहानी है या रिपोर्ताज है, कहानी है या निबंध है, कहानी को लेकर उठते हैं, कविता को लेकर नहीं उठते, कविता, या तो कविता है, या नहीं है, कविता की स्थिति ज्यादा दो-टूक होती है (हालाँकि कविता के क्षेत्र में भी इस तरह की घुसपैठ होने लगी है, जिससे फैसला कर पाना मुश्किल हो जाता है कि यह कविता है या नहीं है। ज़रूर कुछ कहानीकार ही यह गड़बड़ कर रहे होंगे)। बहरहाल इसका यह भ्रम कालिज छोड़ने से पहले ही दूर हो गया था।

कहानी के क्षेत्र में भी, अधिकांश भारतीय लेखक अपनी पहली कहानी 'अबला नारी' के बारे में ही लिखते हैं। इसने भी ऐसा ही किया था। चौदह-पंद्रह

साल की उम्र में तो इसे खेल-कूद के बारे में लिखना चाहिए था, किसी जोखिम के बारे में, कोई खज़ाना खोज निकालने के बारे में। पर ऐसा नहीं होता। चौदह-पन्द्रह साल की उम्र में मसें भीगने लगती हैं, युवक की आँखें पहली बार स्त्री की ओर मुड़ती हैं, अदम्य आकर्षण उसके प्रति अंगड़ाइयाँ लेने लगता है, उसकी कोमलता भी और उसका सौंदर्य भी, और युवक समझता है कि वह दुनिया में इस फूल-जैसी कोमल चीज़ की रक्षा करने आया है, कि वह हीरो है और उसका बचाव करेगा। और बचाव करने से पहले उसे निःसहाय दिखाना, क्लेश और दुःख में दिखाना ज़रूरी हो जाता है, कुछ-कुछ इसी भाँति 'अबला नारी' की कहानी एक युवा कहानी लेखक के हाथों जन्म लेती है।

यहाँ भी ऐसा ही हुआ था। पर अंतर इतना ही था कि अबला नारी तो थी पर उसे बचाने वाला हीरो नहीं था। इसके लिए अपनी कल्पना हीरो के रूप में करना कठिन हो रहा था। इसलिए कहानी दुःखान्त ही बनी रही। हीरो नहीं था, पर खलनायक ज़रूर था, और वह खलनायक 'दुष्ट समाज' था। समाज के हाथों अबला नारी दुःख भोगती है, यातनाएँ सहती है और अंत में किसी रोमांटिक के घटाटोप में, गहरे अवसाद भरे धुँधलके में खो जाती है।

पाकिस्तान बनने का एक लाभ इसे जरूर हुआ है कि देश के बँटवारे के कारण यह कहानी वहीं छूट गयी है। इसके साथ नहीं आयी। अब भी कभी उसके बारे में सोचता है तो इसका पसीना छूट जाता है। पर कहानी पहले हाई स्कूल की पत्रिका में और बाद में कालिज की पत्रिका में छप गयी थी। कारण, उसके छापने वाले भी, अबला नारी के भक्त, रोमांटिक युवक ही थे।

कहानी के क्षेत्र में आ जाने पर बहुत दिन तक इसकी यह धारणा बनी रही कि कहानी वह है जिसमें झटका लगे। कहानी जहाँ खत्म होती है, वहाँ इसे एक मोड़ दिया जाये जो चौंका देने वाला हो, इस मोड़ पर आकर ही कहानी कहानी बनती है। यह अप्रत्याशित-सा मोड़ केवल चौंकाता ही नहीं, समूची कहानी उसी में निहित होती है। वह एक आविष्कार के समान होता है, जो किसी भेद को, या मानवीय स्थिति को, या मानव-हृदय की किसी ग्रंथि को उघाड़कर रख देता है। कहानी का पहला हिस्सा पाठक को स्थिति से अवगत कराता है, उस स्थिति के अन्तर्विरोध को उजागर करता जाता है, पात्रों का घात-प्रतिघात भी चलता रहता है, पर सहसा अंत तक पहुँचकर, मोड़ काटते ही पिछली सारी वार्ता पर रोशनी-सी छिटक जाती है, और वार्ता कहानी बन जाती है।

कहनी के इस गठन को इसने और इसकी पीढ़ी के अन्य लेखकों ने भी जरूर पाश्चात्य साहित्य से लिया होगा, क्योंकि वहाँ इस तरह की कहानी का चलन खूब रहा है। मोपासाँ, चेखव, ओ० हेनरी आदि इस प्रकार की कहानी के उस्ताद रहे हैं। ओ० हेनरी विशेष रूप से, उन्होंने तो इस बात की भी परवाह नहीं की

कि इससे कहीं-कहीं पर उनकी कहानी अस्वाभाविक बन जाती है, उसमें कृत्रिमता आ जाती है।

हमारे अपने यहाँ गल्प की परम्परा दूसरे प्रकार की रही है। वहाँ वार्ता ही में रस मिलता है, वहाँ झटके को शायद बहुत पसंद भी नहीं किया जाता। वहाँ कहानी का ताना-बाना बुनने में ही बड़ा कौशल पाया जाता है। चौंकाने वाले मोड़ वहाँ भी मिलते हैं, पर एक नहीं, अनेक मोड़ मिलते हैं। यह परंपरा कादम्बरी की परंपरा है, कहानी कहाँ से शुरू हुई, कहाँ जा पहुँची, बीच में अनेक प्रसंग जुड़ते गये, कहानी में फैलाव आता गया, इसमें एक विशेष प्रकार का अलौकिक वातावरण बनता गया, पर जो मानवीय वृत्तियों से फिर भी जुड़ा रहा। और अंत में सभी सूत्र एक जगह जाकर मिल गये। जहाँ झटके वाली कहानी अपने कलेवर में छोटी होती है, वहाँ इस प्रकार की कहानी खूब खुलकर लिखी जाती रही है, इसमें लेखक की कल्पना बेरोक कहानी का ताना-बाना बुनती रही है। इसमें कहानी की यात्रा में ही हम रस लेते रहते हैं, केवल रहस्योद्‌घाटन में रस नहीं लेते, कहानी का ताना-बाना ही दिलचस्प होता है।

क़िस्सागोई की परंपरा भी हमें विरासत में मिली है। जहाँ कहानी अपने पैरों पर खड़े होने के बजाय, अपने पाँव पर चलने के बजाय, किस्सागो की उँगली पकड़कर चलती है। यहाँ पर लेखक किस्सागो होता है और वह कहानी सुनाता है। कहानी अपने किसी बीज में से फूटकर नहीं निकलती। प्रेमचंद ने यह अंदाज़ अपनाया था। इसमें भाषा का रस बहुत ज़्यादा दिलचस्पी पैदा करता है, इसमें हाशिया-आराई भी होती है, हँसी-मज़ाक भी होता है, किस्सागो की टिप्पणियाँ भी चलती हैं, वार्ता का खुलापन होता है, जिसके मुकाबले में झटके वाली कहानी बड़ी नपी-तुली होती है, उसमें से कुछेक शब्द भी निकालना कहानी को बिगाड़ सकता है जबकि किस्सानुमा कहानी में से पैरे के पैरे भी निकाल दो तो भी खास फ़र्क नहीं पड़ता।

इसे कादम्बरी तो विरासत में नहीं मिली, क्योंकि उस अंदाज़ में लिखी कहानियाँ तो इसने बहुत बाद में पढ़ीं और लोक कथा, आम गाँव के लोगों के मुँह से सुनी जाने वाली कहानियाँ जिनका गठन बहुत कुछ कादम्बरी की कहानियों-जैसा होता है, उसे सुनने को नहीं मिलीं। पर इसे प्रेमचंद मिले।

प्रेमचंद की कहानियों में भारतीयता अधिक थी। मतलब कि उनमे किस्सा-गोई का अंदाज़ भी था, भाषा का रस, हास्य-विनोद, और विशेष रूप से गहरी भावुकता और नैतिक मूल्यों को केंद्र में रखने का लक्ष्य आदि। इसका यह मतलब नहीं कि पाश्चात्य कहानियों में ये सब नहीं पाये जाते थे। बात सारे अंदाज़ की है, जिस अदाज़ में वे लोग कहानी लिख रहे थे, उसमें सब कुछ कहानी में खपकर आता था, कहानी वस्तुपरक स्तर पर आगे बढ़ती थी, हमारे यहाँ लेखक अपनी

ओर से बहुत कुछ जोड़ता चलता है, हमारी रोटी 'पलेथण' लगाये बिना नहीं पकती। और हम 'पलेथण' भी कम नहीं लगाते, खूब लगाते हैं।

जब इस आदमी ने कहानी लिखना शुरू किया, उस समय कहानी सामाजिक यथार्थ के ज़्यादा नज़दीक आने लगी थी। प्रेमचंद ही उसे इधर खींच लाये थे। इसके अतिरिक्त उसके अपने कुछ संस्कार भी थे : घर में पिता, टहलते हुए, देश की हालत की चर्चा करते, दसवीं जमात में ही पढ़ता था जब भगतसिंह को फाँसी लगी थी, और सारा शहर एक भूचाल की तरह हिल गया था। आये दिन जलसे-जुलूस, हवा में एक ऐसी धड़कन थी जिससे वह अछूता नहीं रह सकता था। और उसका साहित्य भी कैसे अछूता रह सकता था। कुछ दौर ऐसा था, कुछ संस्कार ऐसे थे, कुछ अपनी भावनाएँ भी उनसे उद्वेलित होने लगी थीं।

पर नियमित रूप से लिखना इसने आज़ादी के बाद ही शुरू किया। पहली कहानी तो अबला नारी के बारे में थी. दूसरी कहानी 'नीली आँखें' भी एक तरह से अबला नारी के ही बारे में थी, हालाँकि उसमें सामाजिक पुट आ गया था। और कपोल-कल्पित न होकर अनुभव पर आधारित थी।

इसके बाद इसने देखा कि जहाँ इसे कहानी का कच्चा माल अपने किसी अनुभव से मिलता है, या आस-पास घटने वाली घटनाओं से, वहाँ उसकी कलम अधिक विश्वास के साथ चलने लगती है, वहाँ कल्पना को भी जैसे चाबुक-सी लगती है और उसमें जुम्बश आ जाती है। 'चीफ की दावत' ऐसी ही एक डिनर पार्टी में से निकली थी जिसमें बुढ़िया माँ, उसके रिश्ते की एक वयोवृद्ध महिला ही थी। पर उसने पाया कि कहानी में लेखक मात्र स्थिति को ही जिंदगी में से उठाता है, उसे ढालता वह अपनी कल्पना की आँच में ही है, और यह आँच कल्पना की भी और भावना की भी होती है। उसने पाया है कि यदि भावना उद्वेलित होगी वहाँ कल्पना भी अधिक सक्रिय होगी। यह मेल बहुत अधिक बैठता है, जानी-समझी स्थिति, उत्कट भावना और कल्पना की भट्ठी में। पन्ने पर पन्ने काले करते जाओ। कलम रुकना नहीं चाहेगी। पर जहाँ उसे अनुभव का आधार नहीं मिले, उसे अपने पठन-पाठन के बल पर या मात्र कल्पना द्वारा गढ़ना पड़े, वहाँ इसके लिए मुश्किल पैदा हो जाती है न और कलम तिरती हुई-सी आगे नहीं बढ़ती।

कथानक स्वानुभूत न भी हो, इसे कहीं छू जाये, उसके भीतर पायी जाने वाली विडम्बना इसे दिख जाये, सुनी-सुनाई बात में इसे कहानी नज़र आ जाये, तो भी कहानी चल निकलती है।

उन्हीं दिनों इसने एक कहानी लिखी थी 'समाधि भाई रामसिंह'। वह अनुभव पर आधारित थी, उसके शहर में, एक सनकी साधु, चिरायता पिलाने वाला साधु सचमुच रहता था, बच्चों को चिरायता पिलाता था। उसे 'इलहाम'

भी हुआ था कि वह मरने जा रहा है, लोग इकट्ठा भी हुए थे ताकि सुबह चार बजे उसके चोला छोड़ने का नज़्ज़ारा देख सकें। उस पर पथराव भी हुआ था। पर अंत में वह मरा नहीं था, पुलिस उसे पकड़कर ले गयी थी। कहानी में वह मर जाता है, और मर जाने पर उसका 'इलहाम' भी सच्चा माना जाने लगता है, और जिन आँखों में खून उतर आया था, उन आँखों में श्रद्धा के आँसू झलकने लगते हैं, और लोग उसके शव पर से कंकड़-पत्थर और जूते हटाने लगते हैं और उसकी देह पर पुष्पवर्षा होने लगती है, और बाद में वहीं पर उसकी याद में एक भव्य समाधि का निर्माण किया जाता है···।

अब ऐसा एक साधु था, उसने भविष्यवाणी की थी कि वह अमुक दिन पौ फटने से पहले मर जायेगा, लोगों की भीड़ उसे मरता देखने के लिए इकट्ठा भी हुई थी, भजन-आरती भी हुए थे, पर वह मरा नहीं था। यहाँ तक तो कहानी सच्ची है, उसके बाद मनगढ़ंत है। पर शायद इसी मनगढ़ंत में से कहानी में कहानीपन आता है, यही जो कहानी को बनाता है, दिशा देता है, अर्थ और विशिष्टता देता है।

ऐसी ही एक और कहानी भी है 'अमृतसर आ गया है'। वहाँ पर भी रेल का सारा सफर सही है, अनुभवाधारित है, यहाँ तक कि संवाद भी। पर कहानी का अंतिम भाग, जहाँ अमृतसर पहुँचने के बाद चलती गाड़ी में, बाबू, उस गरीब यात्री को मार डालता है, जो रेलगाड़ी में चढ़ पाने की कोशिश कर रहा है, वह हिस्सा मनगढ़ंत है। पर यहाँ पर भी, मैं समझता हूँ, यह मनगढ़ंत हिस्सा कहानी को सार्थकता प्रदान करता है।

यह आदमी हवा में से कहानी नहीं बना सकता। कुछ लोग बना सकते हैं, पर यह नहीं बना सकता। इसे जिंदगी का ठोस आधार चाहिए।

कहानी के क्षेत्र में वर्षों तक कलम घसीटने के बाद यह कुछेक निष्कर्षों पर पहुँचा है। यों निष्कर्षों पर पहुँचने का एक मतलब यह भी है कि अब इसने अपना काम खत्म कर लिया है, क्योंकि लिखने वाला जिंदगी-भर सीखता तो रहता है पर निष्कर्ष नहीं निकालता। निष्कर्ष विद्वान लोग निकालते हैं, जो स्वयं लिखते नहीं, केवल दूसरों को लिखना सिखाते हैं। लेखक जब निष्कर्ष निकालने लगे तो समझो उसने अपनी खोज, अपना संघर्ष, अपनी दौड़-धूप खत्म कर दी, अब यह दूसरों को नसीहत करने लगा है। पर ऐसा नहीं है, यह नसीहत करने के बजाय स्वयं भटकते रहना ज्यादा पसंद करता है, और मानता है कि साहित्य के क्षेत्र में भटकते रहना अधिक सार्थक होता है—और आनंददायक भी—बजाय कहीं 'पहुँच' जाने के। लिखने वाला आदमी कहीं पर नहीं पहुँचता, वह केवल लिखता रहता है।

पर ये निष्कर्ष न होकर, अपना अनुभव बाँटने वाली बात है। वह समझता

है कि कहानी में रस होना चाहिए। कहानी पहले वाक्य से ही पाठक को बाँध ले तो क्या कहने। इसे भारतीय संस्कार कह लो तो भी सही है और कहानी विधा की विशिष्टता कह लो तो भी सही है। रस भी बना रहे और उत्सुकता भी बनी रहे। बाक़ी सब अपना-अपना कहानी कहने का ढंग है। जो जैसे कहना चाहे। हाँ, कहानी लेखक की दृष्टि के आधार पर ज़िंदगी का सही चित्र प्रस्तुत करती है, जहाँ वह विश्वसनीय अथवा प्रामाणिक बनती है, लेखक ज़िंदगी को कैसे देखता है, उस दृष्टि में संतुलन हो, वह परोक्ष हो, वस्तुनिष्ठ हो, ताकि वह ज़िंदगी की सही तस्वीर पेश कर सके। यह ठीक है कि अनुभव पर आधारित कहानी विश्वसनीय बन पाती है, पर यह कहना सही नहीं कि इस अनुभव को सचेष्ट रूप से अधिक समृद्ध बनाने की आवश्यकता नहीं है, कि जो शहरी ज़िंदगी जीता है वह शहरी जीवन की ही कहानियाँ लिखे, इधर-उधर मुँह नही मारे। दिल में तड़प उठे तो अनुभव क्षेत्र में विस्तार भी आ सकता है। अगर इसे हरिजनों की दारुण स्थिति कचोटती है तो यह बरबस हरिजनों की बस्ती में जा पहुँचेगा, उनके जीवन को जानने-समझने की कोशिश भी करेगा, अनुभव भी ग्रहण करेगा, भले ही उन पर लिखने में वह फिर भी सक्षम नहीं हो पाये पर उसकी दृष्टि में तो निश्चय ही विशालता आयेगी। उसका संवेदन तो निश्चय ही कुछ और गहरायेगा।

अंततः प्रत्येक लेखक अपनी ही लीक पर चलता है, यह भी वैसा ही करने की कोशिश करता है, प्रत्येक लेखक की—बड़े से बड़े लेखक की भी—हर कहानी, जिसे वह लिखने बैठता है, उसकी पहली कहानी ही होती है। इसके साथ भी ऐसा ही है, वैसा ही परिश्रम माँगती है, वैसी ही लगन, वैसा ही डूबकर लिखने की माँग करती है। अस्तु।

[1976]

जब मैंने पहली कहानी लिखी

चाहिए तो यह था कि मेरी पहली कहानी प्रेम-कहानी होती। उम्र के एतबार से भी यही मुनासिब था और अदब के एतबार से भी। पर प्रेम के लिए (और प्रेम-कहानी के लिए भी) अनुकूल परिस्थितियाँ हों तब काम बने। ऐसी मेरी क़िस्मत कहाँ! जिस इंटरमिडिएट कालिज में मैं पढ़ता था, वहाँ लड़कियाँ भी पढ़ती थीं। लेकिन वह अपनी किस्म का निराला ही कालिज था। लड़कियाँ हमारे साथ पढ़ती भी थीं और नहीं भी पढ़ती थीं। कालिज की इमारत एक ही थी, पर लड़कियाँ ऊपर की मंज़िल पर पढ़ती थीं, और लड़के निचली मंजिल पर। उनकी अलग क्लासें लगतीं, हमारी अलग। हम लड़कों की आँखें उस ज़ीने पर लगी रहतीं जहाँ से लड़कियाँ चढ़ती-उतरती थीं, या फिर उस सड़क पर जहाँ से वे आती-जाती थीं। हाँ, कालिज के बड़े हॉल में एक खिड़की, ऊपर की मंज़िल से, अंदर की ओर खुलती थी, जिसके पीछे लड़कियों की कोई कक्षा बैठती थी। कभी-कभी उस खिड़की में से कोई परी-चेहरा झांक लेता तो हम दर्शन कर लेते, पर लड़कों की इस 'बदतमीज़ी' को देखकर, कालिज के अधिकारियों ने खिड़की पर चिक टाँग दी थी। इससे, लड़कियाँ तो हमें भले ही देख सकें, पर हम लड़कियों को नहीं देख सकते थे। हम ज़्यादा वक्त उनकी आवाजें ही सुन पाते, या उनकी टुनटुनाती हँसी, और हम इसी से संतुष्ट थे। पर कालिज के अधिकारियों को यह भी मंजूर नहीं था। वयोवृद्ध, वानप्रस्थी अधिकारियों को उनकी आवाजें चिल्लपों लगतीं, जबकि हमारे लिए वह संगीत था। चुनाँचे हर आधे घंटे बाद प्रिंसिपल साहिब, घड़ी उठाये, उन्हें ऊपर चुप कराने के लिए जाते। थोड़ी देर के लिए मौन-सा छा जाता, पर फिर वही कलरव शुरू हो जाता। कुल मिलाकर लड़कियों को हमसे कहीं ज़्यादा आज़ादी थी। वे कालिज के अनगिनत झरोखों में से झाँक सकती थीं, आये दिन कभी केले का छिलका तो कभी आम की गुठली किसी के सिर पर फेंक सकती थीं, और इसके बाद खिलखिलाकर हँस सकती थीं, जबकि हम मन मसोसकर रह जाते। भला ऐसे माहौल में पढ़ता कौन? और प्रेम कौन करता? जब कालिज

से छुट्टी होती तो कुछ लड़कियाँ तो बुरका ओढ़ लेतीं, हमारे वहाँ इसका भी चलन था। कुछ अन्य ताँगों पर बैठकर घर के लिए रवाना हो जातीं, कुछ के नौकर उन्हें लेने चले आये होते, और कुछ के, कंटीली मूँछों वाले पिता या चाचा। फिर भी कुछ साहसी युवक ऐसे थे जो साइकल पर सवार ताँगे के पीछे-पीछे, लड़की के घर तक उसे छोड़ने चले जाते थे। पर यह प्रेम बड़ा जोखिम-भरा था और ज्यादा दिन तक चल नहीं पाता था। वह सूरमा या तो अपने ही पिता के हाथों पिट जाता था, या लड़की के भाई के हाथों, और यदि कोई और हाथ नहीं उठाता तो उसके सहपाठी लड़के ही, अपने ताने कस-कसकर उसके प्रेम का मलीदा बना डालते। बस, सारा प्रेम ताक-झाँक से ही शुरू होता और ताक-झाँक पर ही खत्म भी हो जाता। अब ताक-झाँक के बल पर प्रेम-कहानी तो नहीं लिखी जा सकती।

पर इन दुखद परिस्थितियों के बावजूद मेरे एक सहपाठी ने प्रेम कर ही दिखाया था। उसने प्रेम-पत्रों का माध्यम अपनाया और कामयाब हो गया। मैं नहीं जानता कि उसने पहला प्रेम-पत्र चलते ताँगे में फेंका, या कालिज के पते पर लड़की को भेजा, या कैसे भेजा। जरूरत ईजाद की माँ है, और जैसे-तैसे उसने अपने दिल के उद्‌गार ठिकाने पर पहुँचा पाने का इंतजाम कर लिया। लड़की खुश न होती तो क्या होती। फिर इधर से भी प्रेम-संदेश और उधर से भी प्रेम-संदेश। दो-एक बार तो मुझे भी हरकारे का काम सौंपा गया। मेरा दोस्त हवा में उड़ने लगा। पर फिर, वह सभी प्रेमियों की तरह एक जानलेवा भूल कर बैठा। संदेशों से ही संतुष्ट रहता तो बचा रहता, पर वह प्रेमी क्या जो संदेशों से ही सन्तुष्ट हो जाए? एक संदेश में उसने लड़की से मिलने का प्रस्ताव रखा और लिखा कि रेलवे स्टेशन पर मिलो, वहाँ से स्टेशन के पार घूमने जाएँगे। अब रेलवे स्टेशन गाड़ी पकड़ने के लिए तो ठीक जगह है, पर प्रेमिका से मिलने के लिए ठीक जगह नहीं है। रेलवे स्टेशन से निकलकर जब वे नीले आकाश के नीचे, हाथ में हाथ डाले, खेतों की सैर को निकले तब सबसे पहले तो उन्हें रेलवे स्टेशन के सहायक स्टेशन मास्टर साहिब ने ही देख लिया। उसकी अपनी लड़की कालिज में पढ़ती थी। स्टेशन की लाल-हरी झंडियाँ फेंक वह भागकर अपनी बेटी को बुला लाए। बात खुल गई। फिर क्या था, सारा शहर प्रेमियों पर पिल पड़ा। घर-घर में उनकी चर्चा होने लगी। बस, एक ही बार वे घूमने के लिए जा पाए। दूसरी बार निकले तो आधा शहर उनके पीछे-पीछे था। प्रेमियों का ऐसा जुलूस केवल हमारे शहर में ही निकल सकता था। अगर वे भागकर कैंटोनमैंट में नहीं छिप जाते तो उनका पथराव होना लाजमी था।

शहर में बावेला उठ खड़ा हुआ। तरह-तरह की मीटिंगें हुईं, कालिज के अधिकारियों के बीच, वानप्रस्थीजी और छात्रों के माँ-बाप के बीच, माँ-बाप और

शहर के डिप्टी-कमिश्नर के बीच। वक्त रहते यदि इस भ्रष्टाचार-दुराचार को नहीं रोका गया तो शहर रसातल में जा पहुँचेगा। शहर में प्रेम की महामारी फूट पड़ी थी। कुछ माँ-बाप ने तो अपनी लड़कियों को कालिज में से उठा लिया, कुछ ने अपने लड़कों का शाम के वक्त घर से बाहर निकलना बंद कर दिया। अंत में समस्या का एक ही समाधान निकल पाया। दोनों का ब्याह कर दो। और, महीने के अंदर ही अंदर दोनों का ब्याह कर दिया गया।

अब मैं यह प्रेम-कहानी तो कम से कम लिख ही सकता था। हीरो भी था, हीरोइन भी थी, दोनों खूबसूरत भी थे, जवान भी थे, प्रेम के रास्ते में रुकावटें भी थीं—जूतबाजारी, पथराव, कहकहे—और अंत में प्रेम-मिलाप भी था। सारा का सारा प्लाट तैयार था।

पर वास्तव में यह भी आसान नहीं था। कालिज में वानप्रस्थी जी और घर पर पिताजी, मेरी हर हरकत पर नजर रखते थे। पहले ही स्कूल के दिनों में मेरी बहुत-सी शिकायतें लग चुकी थीं। एक बार, फुफेरे भाई के उस्तरे से अपनी मूँछें मूंड चुका था और हेडमास्टर साहिब के बेंत खा चुका था। मूँछें मूँडना, उन दिनों, प्रेम करने से कम चरित्रहीन कर्म नहीं माना जाता था। मूँछें तो अभी नमूदार भी नहीं हुई थीं, केवल रोएँ ही थे, पर हेडमास्टर साहिब ने यह सोचकर कि मूँछें आने से पहले इसका यह हाल है तो सचमुच मूँछें आ जाने पर क्या होगा, अधोगति के किस गर्त में गिरेगा, मुझे अच्छी तरह से धुन दिया था। फिर एक बार 'पिया' शब्द पर भी चाँटे पड़ चुके थे। किसी दोहे में पिया शब्द का प्रयोग किया गया था और मैं उसे गुनगुनाते पकड़ा गया था। दो चाँटे तो छूटते ही पड़ गए थे, पर जब मैंने इसरार किया कि यहाँ 'पिया' शब्द का अर्थ परमेश्वर है तब पाँच चाँटे और पड़े, और साथ में हेडमास्टर साहिब ने यह टिप्पणी भी कर दी कि इस लड़के के भाई में और इसमें उतना ही फर्क है जितना नार्थ पोल और साउथ पोल में है।

इसलिए घर पर भी मेरी निगरानी रखी जाने लगी थी। मेरे बारे में पिताजी के विचार, हेडमास्टर साहिब के विचारों से बहुत कुछ मिलते-जुलते थे। इसी कारण, कालिज के दिनों में, वह मेरा एक अंग्रेजी नावल खिड़की के बाहर फेंक चुके थे। जब मैंने बार-बार कहा कि वह तो मेरे कोर्स की किताब थी, तब वह और भी ज्यादा बिगड़े, "अगर कालिज में तुम्हें ऐसी लच्चर किताबें पढ़ाते हैं तो तेरा कालिज जाना ही बंद कर दूंगा।"

उन दिनों मैं कसरत भी किया करता था। कद का छोटा होने के कारण यह भी ख्याल था कि शायद कसरत के द्वारा ही कद ऊँचा हो जाए। इसीलिए व्यायाम संबंधी अंग्रेजी रसाले भी खरीदता रहता था। एक बार एक रसाले में दो तस्वीरें मुझे अच्छी लगीं जो मैंने फाड़कर रख लीं। ये दो आदर्श कसरतियों की

थीं, एक व्यायाम करते पुरुष की, दूसरी व्यायाम करती महिला की। अब पुरुष वाली तस्वीर तो कहीं इधर उधर हो गई, पर व्यायाम करती स्त्री की तस्वीर मेरी पाठ्य-पुस्तक में कहीं जा पहुँची। पिताजी गाहे-बगाहे इंस्पेक्शन पर आते थे। तस्वीर देखी तो बरस पड़े। किस्मत अच्छी थी, सफाई देते समय मुझे पुरुष कसरती की तस्वीर मिल गई। जान बची लाखों पाए। ऐसी स्थिति में प्रेम-कहानी कौन लिखता।

चुनांचे मैंने वही लिखा जो मेरे जैसे माहौल में पलने वाले सभी भारतीय युवक लिखते हैं---अबला नारी की कहानी। हिंदी के अधिकांश लेखकों का तो साहित्य में पदार्पण अबला नारी की कहानी से ही होता है, और वह दुखांत होनी चाहिए। मैंने भी वैसा ही किया। बड़ी बेमतलब, बेतुकी कहानी थी, न सिर, न पैर, और शुरू से आखिर तक मनगढ़ंत, पर चूंकि अबला नारी के बारे में थी और दुखांत थी, इसलिए वानप्रस्थी जी को भी कोई एतराज नहीं हो सकता था, और पिताजी को भी नहीं, इसलिए कहानी, कालिज पत्रिका में स्थान पा गई।

पर इसके कुछ ही देर बाद एक प्रेम-कहानी सचमुच कलम पर आ ही गई। नख-शिख से प्रेम-कहानी ही थी, पर किसी दूसरी दुनिया की कहानी, जिससे मैं परिचित नहीं था। तब मैं कालिज छोड़ चुका था, और पिताजी के व्यापार में हाथ बंटाने लगा था। कालिज के दिन पीछे छूटते जा रहे थे, और आगे की दुनिया बड़ी ऊटपटांग और बेतुकी-सी नजर आ रही थी। हर दूसरे दिन कोई न कोई अनूठा अनुभव होता। कभी अपने घुटने छिल जाते, कभी किसी दूसरे को तिरस्कृत होते देखता। मन उचट-उचट जाता। तभी एक दिन बाजार में···मुझे दो प्रेमी नजर आए।

शाम के वक्त, नमूनों का पुलिंदा बगल में दबाए मैं सदर बाजार से शहर की ओर लौट रहा था, जब सरकारी अस्पताल के सामने, बड़े-से नीम के पेड़ के पास मुझे भीड़ खड़ी नजर आई। भीड़ देखकर मैं यों भी उतावला हो जाया करता था, कदम बढ़ाता पास जा पहुँचा। अंदर झाँककर देखा तो वहाँ दो प्रेमियों का तमाशा चल रहा था। टिप्पणियाँ और ठिठोली भी चल रही थी। घेरे के अंदर एक युवती खड़ी रो रही थी, और कुछ दूरी पर एक युवक जमीन पर बैठा, दोनों हाथों में अपना सिर थामे, बार-बार लड़की से कह रहा था, "राजो, दो दिन और माँग खा। मैं दो दिन में तंदुरुस्त हो जाऊँगा। फिर मैं मजूरी करने लायक हो जाऊँगा।"

और लड़की बराबर रोए जा रही थी। उसकी नीली-नीली आँखें रो-रोकर सूज रही थीं।

"मैं कहाँ से माँगूं? मुझे अकेले में डर लगता है।"

दोनों प्रेमी, आस-पास खड़ी भीड़ को अपना साक्षी बना रहे थे।

"देखो बाबूजी, मैं बीमार हूँ। इधर अस्पताल में पड़ा हूँ। मैं कहता हूँ दो दिन और माँग खा, फिर मैं चंगा हो जाऊँगा।"

लड़की लोगों को अपना साक्षी बनाकर कहती, "यहाँ आकर बीमार पड़ गया, बाबूजी मैं क्या करूँ? इधर पुल पर मजूरी करती रही हूँ, पर यहाँ मुझे डर लगता है।"

इस पर लड़का तड़पकर कहता, "देख राजो, मुझे छोड़कर नहीं जा। इसे समझाओ बाबूजी, यह मुझे छोड़कर चली जाएगी तो इसे मैं कहाँ ढूँढूँगा।"

"यहाँ मुझे डर लगता है। मैं रात को अकेली सड़क पर कैसे रहूँ?"

पता चला कि दोनों प्रेमी गाँव से भागकर शहर में आए हैं, किसी फकीर ने उनका निकाह भी करा दिया है, फटेहाल गरीबी के स्तर पर घिसटने वाले प्रेमी! शहर पहुँचकर कुछ दिन तक तो लड़के को मजदूरी मिलती रही। पास ही में एक पुल था। वह पुल के एक छोर से सामान उठाता और दूसरे छोर तक ले जाता, जिस काम के लिए उसे इकन्नी मिलती। कभी किसी का साइकल तो कभी किसी का गट्ठर। हनीमून पूरे पाँच दिन तक चला। दोनों ने न केवल खाया-पिया, बल्कि लड़के ने अपनी कमाई में से जापानी छींट का एक जोड़ा भी लड़की को बनवा कर दिया, जो उन दिनों अढ़ाई आने गज में बिका करती थी।

दोनों रो रहे थे और तमाशबीन खड़े हँस रहे थे। कोई लड़की की नीली आँखों पर टिप्पणी करता, कोई उनके 'ऐसे-वैसे' प्रेम पर, और सड़क की भीड़ में खड़े लोग केवल आवाजें ही नहीं कसते, वे इरादे भी रखते हैं। और एक मौलवीजी लड़की की पीठ सहलाने लगे थे, और उसे आश्रय देने का आश्वासन देने लगे थे। और प्रेमी बिलख-बिलख कर प्रेमिका से अपने प्रेम के वास्ते डाल रहा था।

तभी, पटाक्षेप की भाँति अँधेरा उतरने लगा था और पीछे अस्पताल की घंटी बज उठी थी जिसमें प्रेमी युवक भरती हुआ था, और वह गिड़गिड़ाता, चिल्लाता, हाथ बाँधता, लड़की से दो दिन और माँग खाने का प्रेमालाप करता अस्पताल की ओर सरकने लगा और मौलवीजी सरकते हुए लड़की के पास आने लगे, और घबराई, किंकर्त्तव्यविमूढ़ लड़की, मृग-शावक की भाँति सिर से पैर तक काँप रही थी···

नायक भी था, नायिका भी थी, खलनायक भी था, भाव भी था, विरह भी, और कहानी का अंत अनिश्चय के धुँधलके में खोया हुआ भी था।

मैं यह प्रेम-कहानी लिखने का लोभ संवरण नहीं कर सका। लुक-छिपकर लिख ही डाली, जो कुछ मुद्दत बाद 'नीली आँखें' शीर्षक से, अमृतरायजी के संपादकत्व में 'हंस' में छपी। इसका मैंने आठ रुपये मुआवजा भी वसूल किया जो आज के आठ सौ रुपये से भी अधिक था।

[1979]

वे दिन

यों तो देश के बँटवारे के दिन ही मैं दिल्ली पहुँच गया था। 13 अगस्त को रावलपिण्डी से रवाना हुआ और 14 अगस्त की सुबह दिल्ली पहुँचा। पर मैं शरणार्थी बन कर नहीं आया था, मैं तो आजादी का जश्न देखने आया था। सुना था, लाल किले पर कौमी झंडा लहराया जाएगा, फिर संसद भवन के एक प्रवेशद्वार की छत पर से पण्डित नेहरू, देश के अन्तिम वाइसराय, लार्ड माउंटबेटन को विदा करेंगे। मैं तो यह सब देखने आया था, और ख्याल था हफ्ता-भर दिल्ली की सैर करूँगा, फिर अपने शहर, रावलपिंडी को वापस लौट जाऊँगा।

पर रावलपिंडी को किसे लौटना था। रास्ते ही बंद हो गये थे। जिस रेलगाड़ी में मैं आया था, वही अंतिम गाड़ी साबित हुई। इसका कुछ अंदाजा तो उसी समय हो गया था जब रेलगाड़ी (फ्रंटियर मेल) मेरठ के स्टेशन पर पहुँची थी, लोग भागते हुए मुसाफिरों से पूछने आ रहे थे कि पीछे क्या हालत है, क्या हुआ है। उन्हीं की बातों से भनक मिलने लगी थी कि गाड़ियाँ बंद हो गयी हैं।

मैंने पिताजी को तार दिया—जो रावलपिंडी में थे—कि सही-सलामत पहुँच गया हूँ। पर कोई उत्तर नहीं मिला। यह भी मालूम नहीं हो पाया कि तार उन्हें मिला या नहीं मिला। चिट्ठी-पत्री का तो अब सवाल ही नहीं उठता था, हम लोग एक-दूसरे से कट गये थे।

अजीब माहौल था। 15 अगस्त को लाल किले पर झंडा फहराने की रस्म देखने गया। उन दिनों सब काम पैदल होते थे, या साइकिल पर। अजमेरी गेट के रास्ते शहर में दाखिल हुआ, लोगों की भीड़ लाल किले की ओर बढ़ रही थी, बहुत लोगों के हाथ में पतले कागज के बने तिरंगे झंडे थे, छोटे-छोटे। सड़कों के आर-पार भी झंडियों की तरह लगाये गये थे। ध्वजारोहण की रस्म के बाद दरियागंज की ओर से लौटा तो पुलिस थाने पर राष्ट्रीय झंडा लहराता नजर आया। मेरे लिए यह सचमुच नया अनुभव था, इससे पहले केवल यूनियन जैक ही सरकारी इमारतों पर देखने को मिलता था। राष्ट्रीय झंडा देखकर सचमुच मन

उद्वेलित हुआ, और लगा कि बहुत बड़ा परिवर्तन घट गया है।

मार-काट भी चल रही थी और आजादी का जश्न भी मनाया जा रहा था। तरह-तरह के चुटकुले भी सुनने को मिल रहे थे। किसी ने टाँगे वाले से पूछा : सुना है आज़ादी आयी है। जवाब में टाँगे वाला बोला : आयी है, हम सचमुच आज़ाद हुए हैं, घर-घाट से आज़ाद, नाती-रिश्तेदारों से आज़ाद, पैसे-लत्ते से आज़ाद, अब आज़ाद ही आज़ाद घूमते हैं।

हमारे परिवार के लोगों को अपना ठिकाना बनाने में तीन-चार साल लग गये। भाई, बंबई में थे, परिवार के बहुत से सदस्य श्रीनगर में, जो कबाइलियों का हमला होने पर वहाँ से निकाले गये और दिल्ली लाये गये। पिताजी महीनों तक रावलपिंडी में बने रहे, फिर अचानक एक दिन सिर पर रूमी टोपी पहन कर, जैसे-तैसे सड़क के रास्ते श्रीनगर पहुंचे थे। विस्थापित लोग, हजारों की संख्या में भारत में रहने वाले अपने संबंधियों के घरों में टिके हुए थे, और जिनका यहाँ कोई नहीं था, वे शरणार्थी शिविरों में। इसमें शक नहीं कि यहाँ के लोगों ने विस्थापितों को पलकों पर बिठाया। महीनों तक लोग इनके घरों में रहे, पर इनकी पेशानी पर बल नहीं आया। पर घर से बेघर होने का अनुभव, इतने बड़े पैमाने पर, बड़ा विकट अनुभव था। हाँ, अधिकांश लोगों ने इसे हँसते हुए झेला।

दिल्ली उन दिनों छोटा शहर ही था। छोटा ही रहा होगा, क्योंकि भीड़ें बहुत थीं, जहाँ जाओ लोगों की भीड़। लोग जगह-जगह खोखे खड़े करके छोटी-छोटी दुकानें खोल रहे थे, या ठेलों पर, सड़कों के किनारे। मन कभी-कभी मसोस उठता था। अपने ही शहर का कोई खाता-पीता आदमी, और अजमल खान रोड पर ठेले पर थोड़ा-सा सामान रखकर, चिल्ला-चिल्लाकर ग्राहकों को बुलाये, तो जमाना बदल जाने का भास तो होता ही था। रिफ्यूजी दफ्तर के बाहर, अपने ही शहर के अनेक लोग मिलते थे, अर्जियाँ उठाये, भटकते हुए।

खैर, दो-तीन बरस में लोग टिकने लगे थे। हमारा परिवार भी पटेल नगर के अपने घर में आ गया था। तब यहाँ नयी शरणार्थी बस्ती बनी थी, और एक घर पिताजी को एलाट हो गया था। न पानी, न बिजली, न सड़कें। घर से बाहर निकलो तो सुअर घूमते थे। सरकार ने चालीस घर बनाये थे, उनके आगे खाली ज़मीन और सुनसान इलाका। गड्ढों से भरी पूसा रोड के रास्ते हम लोग कनाट प्लेस जाते। मील-भर का रास्ता तय करने के बाद ही कोई आबादी नज़र आती। हम लोग पिताजी से शिकायत करते कि किस उजाड़-बियावान में आपने घर ले लिया है। पर अब किसी से कहो कि यह इलाका ऐसा हुआ करता था, तो मानेगा ही नहीं। अब तो पटेल नगर से पाँच मील आगे-पीछे तक घनी आबादी के इलाके उभर आये हैं।

एक दिन बस में बैठा घर की ओर जा रहा था कि बस में रामकुमार से

मुलाकात हो गयी। रामकुमार, चित्रकार, लेखक। वह कहने लगे कि वह और उनके मित्र करोलबाग मे कोई साहित्यिक बैठक चलाने की सोच रहे हैं। अमुक दिन मीटिंग होगी, तुम भी आओ।

मैं पहुंच गया। कल्चरल फोरम नाम से एक साहित्यिक संगठन का सूत्रपात हुआ। देवेन्द्र इस्सर मंत्री चुने गये। हर इतवार को एक कोचिंग कालिज के कमरे में गोष्ठियाँ होने लगीं। पंद्रह-बीस उत्साही हर मीटिंग में पहुंच जाते। निर्मल, रामकुमार, कृष्ण बलदेव वैद, नरेश कुमार 'शाद', योगेश कुमार, आनंदस्वरूप, हंसराज रहबर, जोय अंसारी, मनोहर श्याम जोशी, आकाशवाणी में काम करने वाले दो-एक मित्र आदि भी। हर इतवार को बैठक होती। कोई कहानी पढ़ता, कोई कविता, उसके बाद ढाबे पर चाय पीने जाते। चाय के पैसे इकन्नी-दवन्नी डाल कर इकट्ठे किये जाते। कहानियां तो गोष्ठी में सुनते थे, पर उन पर बहस चाय की चुस्कियों पर चलती थी। खूब लुत्फ रहता था, गोष्ठी में भाग लेने वाले लगभग सभी लोग साहित्यिक क्षेत्र में प्रवेश कर रहे थे, महारथी कोई नहीं था, इसीलिए गोष्ठियाँ चल निकली थीं और पूरे चार साल तक चलती रहीं। लिखने वालों का एक-एक दो-दो संग्रह तैयार हो गये। बात खुलकर होती, और दोस्ती के माहौल में, उन्हीं दिनों नयी-नयी किताबों की भी चर्चा होती। धमवीर भारती का 'सूरज ।।सातवां घोड़ा' छपकर आया, बड़ी चर्चा हुई। कभी-कभी दिल्ली के बाहर से भी साहित्यिक मित्र आ जाते। उनका हम पर बड़ा रोआब था। अमृतराय आये, नरेश मेहता, श्रीपत भी आये जो उन दिनों कहानी के विशेषांक निकालने में लगे हुए थे ।उपेन्द्रनाथ अश्क भी। हम लोग छुटभैया थे। ये लोग हमारे सिर पर सरपरस्ती क।हाथ रखते। नरेश मेहता के साथ मिलकर तो हमने 'साहित्यकार' नाम से एक पत्रिका भी निकाल दी जो पूरे दो अंकों तक चली। आठ आने कीमत रखी थी, सोचा था, चौरस्तों पर खड़े होकर बेच लिया करेंगे, मन में उत्साह होना चाहिए। उत्साह तो बहुत था लेकिन करोलबाग के इलाके में हिंदी पढ़ने का किसी को शौक नहीं जान पड़ता था और उससे आगे हमारी पहुँच नहीं थी। पर अब भी सोचता हूँ तो लगता है, पत्रिका बेमौत मरी।

एक बात जो उन दिनों थी, पर आज नहीं है, या कम होती जा रही है, वह था भाषाओं के बीच पाया जाने वाला सौहार्द। नरेश कुमार शाद उर्दू में कविता कहते थे, कहानियाँ, कोई हिंदी में लिखता कोई उर्दू में, कोई पंजाबी में, पर सब बड़ा स्वाभाविक लगता था। भाषाएं कुछ एक-दूसरी के ज्यादा नजदीक भी थीं। हिन्दी में, उर्दू के शब्दों की खासी बहुतायत रहती और वह भी स्वाभाविक लगता। यह सांझेपन का भाव आज नहीं है, और इसे खोकर हमने अपना बहुत बड़ा नुकसान किया है। जितना ज्यादा सांझेपन की दुहाई देते हैं, उतने ही ज्यादा, व्यवहार में, एक-दूसरे से दूर होते जा रहे हैं।

माहौल में नये-नये सवाल, नये-नये तनाव उठ रहे थे। देश किस ओर जायेगा, एक सवाल तो यह था। इप्टा के मंच पर से शैलेन्द्र का एक गीत उन दिनों गाया जाता था : 'वीर जवाहरलाल, अब अपना वचन निभाये दियो, जनता की सरकार अब दिल्ली में बैठाये दियो।' सभी आँखें जवाहरलाल पर लगी थीं। केन्द्रीय सरकार के प्रति, किसका क्या रुख होगा, दूसरा सवाल यह था। भाषा के आधार पर राज्यों का गठन अभी नहीं हुआ था। आर्थिक नीति भी अभी तक तय नहीं थी। सामान्य जीवन में भी अभी विभाजन रेखाएँ नहीं खींची गयी थीं। सरकारी और गैरसरकारी का भेद भी अभी परिभाषित नहीं हुआ था। मुझे याद है, डा० राजेन्द्र प्रसाद पहले राष्ट्रपति बने। 26 जनवरी के दिन वह प्रोसेशन में निकले। मैंने प्रोसेशन को कन्नाट सरकस और पंचकुई रोड के नाके पर देखा। सड़कों पर भीड़ थी और राजेन बाबू, फिटन में बैठे, हाथ जोड़े लोगों का अभिवादन स्वीकार कर रहे थे। भीड़ इतनी थी कि मुश्किल से उनकी फिटन के लिए आगे बढ़ने का रास्ता मिल पा रहा था। बाद में कुछ ही साल बाद, इस तरह के जुलूस को छोड़ कर, राजपथ पर रस्मी तौर पर गणराज्य दिवस मनाया जाने लगा था। पर उन दिनों की अनौपचारिकता, स्वाभाविकता, खुलापन याद आता है तो अच्छा लगता है। तरह-तरह के चुटकुले भी सुनने को मिलते। अंग्रेजों का रोआब अभी भी हमारे मस्तिष्क पर बना हुआ था। अंग्रेजों की जगह अब भारतीय पदाधिकारियों ने ली थी, और भारतीय लोग ही इसका मजाक उड़ाने लगे थे। पहले गवर्नर जनरल राजा जी थे—ये राज गोपालाचार्य, वाइसराय के भवन में रहने लगे थे (जिसे आज हम राष्ट्रपति भवन कहते हैं)। कोई मनचला कहता कि राजा जी के एडजुटेंट ने राजाजी से अनुरोध किया है कि स्नान करने के बाद अपनी धोती वह खुले आँगन में अलगनी पर नहीं डाला करें, क्योंकि दुनिया देखती है कि गवर्नर जनरल की धोती लटक रही है।

इसमें शक नहीं कि स्वतंत्रता आंदोलन के दिनों में कांग्रेस की अपनी विशिष्ट सांस्कृतिक मान्यताएँ उभरी थीं। सादापन, उनमें से एक मान्यता थी। खादी का पहरावा उन्हें जनसाधारण से भी जोड़ता था और एक विशेष प्रकार के अनुशासन में भी रखता था। जाहिर है, अंग्रेज हाकिमों के रहन-सहन की पद्धति के सामने उसे अटपटा ही नज़र आना था। कांग्रेसी कार्यकर्ता रेलगाड़ी में थर्ड क्लास के डिब्बे में सफ़र करते थे। हुआ यह कि उन्होंने अपना ढर्रा छोड़ दिया, और पराया अपनाने की होड़ में लग गये। नयी ज़रूरतों और अपनी मान्यताओं के बीच ताल-मेल बैठाने की कोशिश नहीं की। नतीजा यह हुआ कि कुछ ही मुद्दत बाद लम्बी-चौड़ी विलायती कारों में कांग्रेसी नेता बैठे नज़र आने लगे, पर खादी का कुर्त्ता-पाजामा पहने हुए। अजीब बात है कि उन्हें स्थिति का अटपटापन नज़र नहीं आता था।

उन दिनों की उखड़ी स्थिति, कांग्रेस के लिए आज तक सँभल नहीं पायी। इसमें संदेह नहीं कि उन्हीं दिनों ऐसे निष्ठावान समाजसेवी कार्यकर्ता जो निःस्वार्थ रूप से गहरी लगन के साथ काम करते रहे थे, अब धीरे-धीरे बाहर धकेल दिये जाने लगे थे और उनकी जगह तिकड़मी सियासतदान आगे आने लगे थे। पहली तरह की निःस्वार्थ सेवा अब यों भी पिछड़ने लगी थी क्योंकि ये लोग काम तो लगन से करते थे, वर्षों जेलखानों में भी रह चुके थे लेकिन देश की राजनीति तथा आर्थिक-सामाजिक व्यवस्था के निर्धारण में कोई योगदान करने में असमर्थ भी थे। नीति-निर्धारण तो सदा ऊपर से होता आया था, स्थानीय नेता तो उसे केवल अमली जामा पहनाते थे, उसका अनुसरण करते थे। लेकिन देश के सामाजिक-सांस्कृतिक जीवन में ये लोग अहम भूमिका निभा सकते थे, पर मध्यवर्ग के पैसे वाले लोग बाढ़ की तरह अन्दर घुस आये और उसके बाद इन्हीं की चलने लगी। मैं ऐसे ही एक निष्ठावान व्यक्ति के बारे में जानता हूँ जो आजीवन कांग्रेस आंदोलन के साथ जुड़े रहे, लगभग सोलह वर्ष तक जेलों में रहे, हमारे शहर की कांग्रेस समिति के प्रधान रहे, पर आज़ादी के बाद, मक्खन में से बाल की तरह निकाल दिये गये, कुछ ही सालों में उनकी कहीं ज़रूरत नहीं रह गयी थी। आज़ादी के कुछ वर्षों बाद अचानक मुलाकात हो जाने पर पता चला कि अब वह घर-घर जाकर लोगों को तंबाकूनोशी के खिलाफ़ उपदेश देते हैं, सिगरेट पीना छोड़ देने की सीख देते हैं। मेरे लिए बड़ी विचलित करने वाली मुलाक़ात थी।

कालाबाज़ार भी उन्हीं दिनों खुलने लगा था। पहले तस्करी रही थी, रिश्वतख़ोरी भी थी पर कालाबाज़ार नई चीज़ थी। उसके बारे में भी तरह-तरह के चुटकुले सुनने में आते थे। चाँदनी चौक में, सड़क के किनारे बैठा एक आदमी कंघे बेच रहा था। एक ग्राहक ने कंघी चुनी। क्या कीमत है? चार आने, साहिब। अरे, क्यों? सामने वाली दुकान पर तो तीन आने में बिक रही है? कंघीवाला, ग्राहक के कान के पास मुँह ले जाकर बोला: यह ब्लैक मार्किट है, साहिब!

किस सरलता से लोग कालाबाज़ार की बात कर सकते थे, आज तो कालाबाज़ार ही चारों ओर छा गया है।

मेरा पहला कहानी संग्रह जब छप कर आया तो मूल्य एक रुपया बारह आने था। यह 1953 की बात है। किसी पत्रिका में कहानी छपती तो अव्वल तो कुछ मिलता ही नहीं था, संपादक ने छाप दी, यह भी बहुत बड़ा एहसान किया पर अगर मिलता भी तो आठ-दस रुपये। श्रीपतजी ने पहली बार उजरत बीस रुपये की थी, और इसी से लेखक अभिभूत हो उठे थे। कुछ लेखक सही मुआवजे के लिए आवाज़ उठाते थे—जैसे राकेश—क्योंकि ये लोग पेशेवर लेखक होने जा रहे थे—पर अधिकांश लेखक चुप ही बने रहते।

लेकिन लेखन के क्षेत्र में हरकत थी। उसका सही-सही विश्लेषण कर पाना कठिन है। पर माहौल में उत्तेजना अवश्य थी। एक तो पूरा समाज अपने लिए नया ढर्रा ढूंढ़ रहा था, नयी व्यवस्था की कोई स्पष्ट रूपरेखा सामने नहीं थी परन्तु उसकी चिन्ता बहुत लोगों को थी। समस्याओं के प्रति उदासीन कोई नहीं था। देश की राजनीति भी तब अत्यधिक व्यक्ति-केन्द्रित नहीं थी। नेहरू का प्रभाव देशव्यापी था, और लोगों को उन पर नाज़ था, यह भी भावना थी कि वह जो कुछ करेंगे देश के हित को ही ध्यान में रख कर करेंगे, लेकिन फिर भी नीतियों की बात अधिक होती थी, व्यक्तियों की कम, नेतागण बहुत थे, उनका मान भी था, क्योंकि सभी स्वतंत्रता संघर्ष में से निकल कर आये थे, पर फिर भी, जहाँ तक मुझे याद है, बहसें होतीं तो नीतियों की चर्चा अधिक होती। व्यक्तियों की बात होती भी तो इस रूप में कि अमुक की दृष्टि क्या है, विचार कैसे हैं। सारी राजनीति व्यक्तियों के इर्द-गिर्द नहीं घूमती थी जैसे आज घूमने लगी है।

युवा लेखकों का असंतोष भी व्यवस्था और नीतियों को लेकर ही था। आज़ादी से पहले के दस-बारह वर्षों में साहित्य और रंगमंच के क्षेत्र में प्रगतिशील विचारधारा की बड़ी प्रबल भूमिका रही थी। आज़ादी के बाद, संगठन के स्तर पर कमजोरी आयी, पर विचारधारा के स्तर पर, जीवन और कला के प्रति दृष्टि के स्तर पर शिथिलता नहीं आयी। कहीं-कहीं पर तंगनजरी ज़रूर आयी और उसने संगठन को भी और साहित्य को भी नुकसान पहुँचाया, या अत्यधिक सरलीकरण की प्रवृत्ति जिससे साहित्य में एकांगिता आयी। लेकिन प्रगतिशील विचारधारा की मूल प्रेरणा, जीवन के साथ जुड़ने, जीवन की गहराई में पैठने, सामाजिक जीवन के अंतर्विरोधों के प्रति सचेत होने, व्यक्तिगत जीवन की परिधि को लाँघ कर विशाल जनसमुदाय के जीवन की धड़कनों के प्रति संवेदनशील होने, एक संतुलित वस्तुगत दृष्टि अपनाने की थी और यह बहुत बड़ी बात थी। इसकी सार्थकता से आज भी इन्कार नहीं। और इसमें भी संदेह नहीं कि उस ज़माने से लेकर आज तक हमारे साहित्य की मूल प्रवृत्ति यही रही है—साहित्य समाजोन्मुख हो इससे किसी को इन्कार नहीं, लेखक समाज से जुड़े, अपने अन्दर की दुनिया में ही सारा वक्त नहीं बना रहे, इससे भी इन्कार नहीं। पर उन दिनों, इन्हीं मुद्दों को लेकर बहसें हुआ करती थीं। इलाहाबाद में परिमल सक्रिय था। प्रगतिशील लेखन पर प्रचारात्मकता का आरोप लगाया जाता था, या इस बात का कि वह राजनीतिक मुद्दों को प्राथमिकता देता था, या किसी विशेष राजनीतिक पार्टी के निर्देशन पर चलता था। मेरी नज़र में ये सभी आरोप बड़े सतही थे। जिस गहरी मानवीयता और मानवीय मूल्यों से उत्प्रेरित यह विचारधारा थी, उससे लेखक के बन्द खुलते थे, उसकी दृष्टि में

विशालता आती थी, वह उस बंद घेरे में से निकलता था जिसमें आत्मकेन्द्रित साहित्य, उत्तरोत्तर अधिकाधिक अंतर्मुखी होता जा रहा था। यह विचारधारा एक संतुलित दृष्टि की माँग करती थी। और मुझे लगता है कि बहुत से ऐसे लेखक जो इस समाजोन्मुखता को 'प्रचार' कह कर इस विचारधारा का विरोध करते थे, पिछले कुछ वर्षों में स्वयं इसके अधिक निकट आये हैं। स्वयं अज्ञेय ने हाल ही में कहा था, "मैं पच्चास साल से लिख रहा हूँ, और अगर समाज से अपने को नहीं काट सका हूँ तो मेरा जुड़ाव समाज के साथ है।..."

उन दिनों बहसें चलती थीं। 'प्रचार' का आरोप तब भी प्रगतिशील लेखन पर लगाया जाता था। कुछ लोग तब भी कहा करते थे कि इसमें राजनीति प्रमुख है, और कला गौण है, आदि-आदि। यह विचारधारा, मेरी नज़र में, लेखक को जीवन की धड़कनें सुन पाने की, साहित्य को जीवन के ठोस आधार पर खड़ा करने की प्रेरणा देती है। यह सामयिक भी था और आज की दुनिया के अनुरूप भी था। इसने न तो अपनी विरासत को नकारा है, बल्कि उसकी गहरी मानवीयता, नैतिकता और कलात्मकता का ऊंचा मूल्य आँका है पर साथ ही साथ उसका अंधाधुन्ध अनुसरण नहीं किया। पाश्चात्य साहित्य के प्रति भी इसकी दृष्टि इसी भाँति संतुलित रही है। और यदि यह दबी-कुचली जनता का पक्षधर बन कर सामने आता है तो उसका यह दायित्व भी उसको समूची विचारधारा में से ही निकल कर आता है, उस दृष्टि के अनुरूप है जो उसे इस विचारधारा से मिलाती है।

पर उन दिनों बहसें 'राजनीति' को लेकर अधिक हुआ करतीं और इसी कारण बहुत-सी गलतफ़हमियाँ भी पैदा हुईं। परंतु उन दिनों जो भी 'आंदोलन', साहित्य के क्षेत्र में उठे, वे सभी, किसी-न-किसी रूप में इसके प्रतिक्रियास्वरूप उठे थे या इससे प्रभावित थे।

लेखक दिल्ली की ओर आकृष्ट होने लगे थे। रोज़गार के साधन तो यहाँ पर ज़्यादा नहीं थे, पर यहाँ पर अपनी सरकार बैठने लगी थी, नेतागण थे, समूचे देश के लिए फैसले होते थे, दिल्ली, देश का धड़कता दिल बनता जा रहा था। जिस 'मोहभंग' की चर्चा उस काल के साहित्य में मिलने लगी थी, अभी तक वह मोहभंग उन वायदों-आश्वासनों तक ही सीमित था, जिन्हें सत्ता में आने के बाद क्रियान्वित नहीं किया जा रहा था। पर अंदर-ही-अंदर सभी जानते थे कि देश की स्थिति कुछेक सालों में नहीं बदल सकती, और किन नींवों पर देश खड़ा होगा वे भी अभी मजबूत नहीं हो पायी थीं। स्वतंत्रता आंदोलन की यादें अभी मिटी भी नहीं थीं। इसलिए अगर मोहभंग था तो सरकार के ढुलमुल आचरण पर, समझौतापरस्ती पर, या ऐसे कदम उठाने पर जो बुद्धिजीवियों को, विशेषकर वाम विचारों के बुद्धिजीवियों को विपरीत दिशा में ले जानेवाले लगते

थे। लेकिन सभी कुछ विपरीत दिशा में जा रहा हो, ऐसा भी नहीं था। दिल्ली के मुकाबले में अन्य शहर इतने गतिशील नहीं जान पड़ते थे। लेखन-प्रकाशन-जीवन यापन आदि की बेहतर संभावनाओं को देखते हुए लेखक दिल्ली और बम्बई की ओर आकृष्ट हो रहे थे। सभी ऐसे लेखकों से, जो उन दिनों छपने लगे थे, दिल्ली में मुलाकात हो जाती थी। कमलेश्वर भी पहली बार दिल्ली में ही मिले, जब 'राजा निरबंसिया' छप कर आयी थी। शेखर जोशी भी दिल्ली में ही मिले, हालाँकि उन्होंने इलाहाबाद नहीं छोड़ा। राकेश भी पंजाब छोड़कर दिल्ली पहुँच गया था। राजेन्द्र यादव कलकत्ता में बैठा था, पर दिल उसका भी दिल्ली में ही था। 'नयी कहानी' के प्रवर्तक, तीनों दिल्ली पहुँच गये थे, और दिल्ली से ही इसका सूत्रपात हुआ, इसका भी प्रतीकात्मक महत्त्व है। लेकिन हमारा कथा साहित्य सचेत रूप से शहरी हो रहा हो, ऐसा नहीं था। गाँव-देहात की बात बहुत की जाती थी, मार्कण्डेय, शिवप्रसाद सिंह, रेणु आदि की कहानियाँ चाव से पढ़ी जाती थीं। लेकिन लेखक पर शहरी माहौल का प्रभाव बढ़ने लगा था, इसमें शक नहीं। कुछ ऐसे भी थे जो रहते शहर में थे, पर बात गाँव की करते थे, ऐसे भी जो रहते शहर में थे, पर बात कारखाने के मजदूरों की करते थे। हम धीरे-धीरे दोनों से दूर होते जा रहे थे और उनके साथ हम मात्र भावनात्मक स्तर पर और कोरे विचार के स्तर पर जुड़ते थे। मध्यवर्गीय जीवन के दबाव हम पर धीरे-धीरे हावी हो रहे थे, और हमारे अन्दर की तड़प इतनी ज़बरदस्त नहीं थी कि हमें खींचकर उनकी बस्तियों की ओर ले जाती। और यह तड़प, राजनीतिक मान्यताओं से नहीं, बल्कि हमारे संवेदन की मजबूरी बनकर उठनी चाहिए थी। पर ऐसा नहीं हुआ, या बहुत कम हुआ है। किसी चित्रकार को पर्वत आकृष्ट करते हैं तो वह, अन्दर से मजबूर होकर पहाड़ों पर जा पहुँचता है। ऐसी मजबूरी हमने महसूस नहीं की। हाँ, साहित्यकार जीवन के उसी पहलू के बारे में किसी अधिकार के साथ लिख सकता है, जिसे वह गहराई से जानता हो, और जिसे किसी हद तक उसने संस्कार रूप से ग्रहण किया हो। पर यह अलग से बहस का विषय है। मैं तो केवल उस तड़प की बात कर रहा हूँ जो कलाकार को कभी-कभी कहाँ से कहाँ ले जाती है ताकि वह अपनी बात कह सके।

दिल्ली अब पहले-जैसी नहीं रही। बल्कि यह कहना ज्यादा सही होगा कि जिस दिशा में दिल्ली बढ़ने लगी थी उसी दिशा में बढ़ती हुई वह आज यहाँ तक पहुँच गयी है कि पहली दिल्ली इसमें अब ढूँढ़े नहीं मिलती—पुरानी दिल्ली के कुछ हिस्सों को छोड़कर।

[1987]

इक्के

इक्कों का इतिहास मैं नहीं जानता। शायद संयुक्त-प्रांत में भी बहुत थोड़े जिज्ञासु आपको ऐसे मिलें, जो इसके जन्म और विकास की पूरी कहानी आपको सुना पाएं। पर इक्के के अस्तित्व पर किसी को शक नहीं और न ही इसकी आबादी में अभी तक किसी प्रकार की कमी नज़र आयी है। विज्ञान के नये-नये आविष्कार भी इसकी संतति को बढ़ने से रोक नहीं पाए। आदिवासी तो फिर भी अपनी आबादी बस्तियों से बाहर रखते हैं; लेकिन इक्के बड़े-बड़े शहरों के हर चौराहे पर अपना आसन जमाए रहते हैं। वहीं दिन के वक्त चक्कर काटते हैं और वहीं सड़क के किनारे सटकर सो जाते हैं। यदि आपको यह डर हो कि अब इक्का बहुत दिन और जीवित नहीं रह सकेगा, तो आपका यह डर निर्मूल है। यही प्रश्न किसी ने एक इक्के वाले से पूछा था कि 'अब तो लोग इक्के पर कम बैठा करेंगे, अब तो ताँगों, साइकिलों, बसों का रिवाज है,' तो यह अकाट्य युक्ति जवाब में सुनी थी—'इक्का सदा चलेगा, मालिक! जिन्हें इक्के की मार है, वे घूम-फिरकर भी इक्के पर ही बैठेंगे। इसलिए नहीं कि इक्का सस्ता है। लोग चाय, तंबाकू सस्ता होने पर थोड़े ही पीते हैं। बदन को जैसे रोग लग जाता है। जब तक दो क़दम इक्के पर न हो जाएँ, बदन जैसे खुलता ही नहीं। इक्का चलेगा, मालिक!'

यह जानना कठिन है कि इक्का चेतन हालत में कब होता है और सुस्तावस्था में कब। यहाँ इक्के से मुराद इक्के वाला, इक्के का घोड़ा और लकड़ी की दो पहियों वाली अलौकिक गाड़ी इन तीनों से है। यदि उसे जिसे इक्केवाला 'बेटा,' 'साला' और 'घोड़ा' कहकर पुकारता है, हिलाओ, तो एक बार उसके बदन पर हल्की-सी कँपकँपी दौड़ेगी, इसके बाद वह फिर ऊँघने लगेगा। इक्के वाला आँखें बंद किए रस्सी से टेक लगाए सोया रहता है। यदि आप पास जाकर कहें कि क्यों बे, कोतवाली चलोगे, तो बिना आँखें खोले जवाब आयेगा—'नहीं मालिक, हम मूलगंज जायेंगे', और फिर सो जाता है। जब शाम हुई और मिलों के बन्द होने का समय नजदीक आया, तो साईस और घोड़े में मौन वार्तालाप शुरू हुआ :

घोड़ा—क्या टैम हुआ है ?

साईस—अभी दोपहर है, सोए रहो।

घोड़ा—तो यह साथ वाला क्यों हल्ला मचा रहा है, सोने क्यों नहीं देता ?

साईस—यह कोई बाबू है, साईस नहीं। अभी मिल से निकला है। मिल अभी चालू है, सोए रहो।

घोड़ा—इससे कहो, यहाँ से चला जाय। आज मिल का बिगुल बजने पर हमें जगाना मत, हम सोए-सोए चलेंगे।

छह बजे का बिगुल बजने पर साईस की आँखें धीरे से खुलती हैं, तब वार्तालाप में भी थोड़ी चुस्ती आ जाती है।

घोड़ा—जगा दिया ? कहा जो था कि मत जगाना।

साईस—अरे, तू कब जागने वाला है, चलते-चलते फिर सो लेना।

घोड़ा—एक बार नींद टूट जाय, तो फिर कब आती है ? चल, हमें पानी पिला ला, फिर सवारी बैठा लेना।

साईस—रास्ते में पिलाऊँगा। आओ, मालिक, मूलगंज दो-दो आने। नहीं मालिक, और कहीं नहीं जायेंगे। क्या···क्या···क्या···चल बेटा, ट···प्रु···प्रु···!

घोड़ा—चाबुक मत मार।

साईस—अरे, चाबुक है कहाँ मेरे पास, तुझे विश्वास नहीं। एक डण्डी से लीर बाँध रखी है। तू चाबुक खाने वाला कब है।

घोड़ा—सवारी को कह पीछे सरककर बैठे, हम पर बोझ पड़ता है।

साईस—मालिक, ज़रा पीछे हटकर बैठना, घोड़े पर दबाव पड़ता है।

गरज़ यह कि इक्का, इक्के वाला और इक्के का घोड़ा ये तीनों एक घर के रहने वाले हैं, और तीनों के मेल से इक्का बना है। जैसी मैली इक्के की गद्दी, वैसे मैले साईस के कपड़े, और जैसा नाटा, काला और सड़ा हुआ साईस का शरीर, वैसा ही घोड़े का। आपने रंगदार इक्के भी देखे होंगे, सफेद टोपी वाले साईस भी और घंटियों वाले घोड़े भी; लेकिन यह न हंसों में, न कौवों में। यह महज़ नक्काल है, जो इक्कों की नक़ल करना चाहते हैं।

इक्कों की नस्ल एक होते हुए भी उनके सुर-ताल अलग-अलग होते हैं और उनकी झूलने की दिशाएं भी। जो इक्के दायें-बायें झूलते हुए चलें, वे दर्जा अव्वल के इक्के गिने जाते हैं। उन पर सलामती से बैठते वक्त दायें हाथ से रस्सी और बाएँ हाथ से नीचे की गद्दी को पकड़े रहना लाज़मी है। इस तरह दाईं ओर गिरते वक्त आप साईस के गलबहियाँ डालकर बच सकते हैं और बायीं ओर गिरते वक्त गद्दी पर मज़बूती से हाथ बिठाकर कूद सकते हैं; पर कूदने का मौका अक्सर आता नहीं। दूसरे दर्जे के इक्के वे हैं, जिनकी हिलोर पूर्व से पश्चिम की ओर होती

है, यानी आगे-पीछे। ऐसे इक्कों पर दोनों हाथों से रस्सियों को पकड़ कर बैठना लाजिमी है। लेकिन ऐसे इक्कों पर बैठना आसान बात नहीं। योगासनों की तरह इसे भी सीखना पड़ता है, वरना बदन के जोड़ पहले ढीले होकर फिर अकड़ने लगते हैं।

यह इक्के वाले की मेहरबानी है, जो आपको अपने दाएँ-बाएँ बिठला लेता है, वैसे इक्के किसी और को बैठालने के लिए नहीं बने। बुझक्कड़ों का अनुमान है कि इक्के मुग़लों की देन हैं। दीवानेखास के सदस्य उन पर बैठकर दरबार तक जाया करते थे। पर मुग़लों की किताबों में इक्के का ज़िक्र नहीं मिलता। एक सड़क-सवार का अनुमान था कि इक्के घुड़दौड़ में इस्तेमाल किए जाते थे और कोचवान इक्कों पर बैठकर उन्हें हाँका करते थे। हर दौड़ के बाद सबसे पीछे रहने वाले इक्के को गुलाबी पगड़ी और दो तोले अफ़ीम इनाम में दी जाती थी। यह सज्जन इस बात के समर्थक न थे कि इक्के अमीरज़ादों की सवारी थी : 'क्यों साहब, आपने किसी खानदानी को इक्के पर बैठे देखा है?' उनका इशारा अपनी तरफ़ था। मैं कुदरतन चुप था, क्योंकि हाल ही में इक्के पर से उतरा था। इक्के वाले स्वयं इक्के का इतिहास नहीं जानते। बड़े मियाँ से पूछा, पर उनका जवाब सरल होते हुए भी संतोषजनक न था। बोले—'इक्के बहुत पुराने हैं मालिक, सतयुग से चल रहे हैं। लछमन जब सीता जी को बैठालकर बन में छोड़ने गये थे, तो इक्के पर बैठालकर ले गए थे। सो भी हमारे किसी पुरखा ने देखा हो, हमने तो नहीं देखा, क्यों झूठ कहें।' खैर, कुछ भी हो, इक्का किसी सवारी के बैठने के लिए नहीं बना। असल सवारी तो साईस खुद होता है। आप क्या एक हाथ में रस्सी थामे, दूसरे हाथ से अपनी टोपी सँभाले और लातें हवा में लटकाए कोई सवारी नज़र आते हैं। साईस स्वयं गद्दी पर चौखट लगाए दायें-बायें की सवारियों के दर्म्यान दूल्हा बनकर बैठता है और बीड़ी के क़श लगाता है।

इक्का ही एक ऐसी गाड़ी है, जिसमें हादसे की जिम्मेवारी सवारी पर होती है। यदि किसी सामने के इक्के पर आते हुए यात्री के घुटने आपके घुटनों के साथ टकरा जाएँ, जिससे आप गिरते-गिरते बचें और आपकी धोती उसकी चप्पल की कीच से लतपत हो जाय, तो इक्के वाला आपसे बिगड़ उठेगा—'सँभल के बैठो बाबू, कभी इक्के पर नहीं बैठे हो?' यदि आप उसे डांटने की सोचें, तो उसकी यह युक्ति आपको अवाक् कर देगी कि 'बिगड़ते काहे को हो बाबू, हम इक्का चलाएँ या तुम्हारी सुध-बुध में लगे रहें। हम आगे देखें या पीछे? बुरा न मानना बाबू, जब से बैठे हो इक्के में, कूद रहे हो। घुटने न टकराएँ, तो क्या हो। टाँगें ऊपर करके बैठते, तो घुटने क्यों टकराते? अभी गिर जाते, तो हमें बुरा-भला कहते!' आप खून का घूंट पीकर चुप हो जाते हैं।

लेकिन इक्कों के हादसे बहुत कम हुआ करते हैं, नहीं के बराबर। इसका

कारण बड़े मियाँ ने यह दिया था कि 'मालिक, जान किसे प्यारी नहीं होती। और फिर कोई इस मासूम के नीचे आकर क्यों दम तोड़ेगा ? चालीस बरस इक्का हाँकते हो गए, कभी मरा हुआ कुत्ता तक नीचे नहीं आया ! आदमी का क्या गम ! इक्के का घोड़ा बड़ा निर्दोष जानवर है, अनजाने में कोई आगे आ जाय, तो खुद खड़ा हो जाता है।' मैंने पूछा—'बड़े मियाँ, तुम लोग घंटी क्यों नहीं रखते ? मैंने किसी इक्के पर घंटी लगी नहीं देखी। अगर घंटी हो, तो प्यादे खुद आगे से हट जाएँ।' वे बोले—'शर्मिंदा करते हो, मालिक ! वह इक्का क्या, जिसे घंटी की ज़रूरत पड़े। आप दुश्मनों की बातों पर मत जाओ। ताँगे वालों के घंटियाँ होती हैं, और कोतवालों में भी ताँगे वाले ही ले जाये जाते हैं। भला घंटी बजाकर भी कोई किसी की जान बचा सकता है ?'

बारिश के दिनों में इक्के का रूप बदल जाता है। उसकी छत रोज़ की तरह चौकोन रहने के बजाय गोल हो जाती है। उस पर बाँस का गोल-सा छाता तान दिया जाता है। बारिश में यह बहुत लाभदायक है, क्योंकि इससे इक्के वाले पर और घोड़े की दुम पर बारिश नहीं पड़ती। अगर आप एतराज करें, तो इक्का वाला कहेगा—'बाबू, आप तो अगले मोड़ पर उतर जाइएगा, हमें तो दिन-भर इक्का चलाना है। और अगर घोड़े की दुम सन जाय, तो दस दिन नहीं उठता।' साथ ही यह गोल छाता स्थिर भी नहीं रहता, आगे की ओर अक्सर खिसक आता है। इसे अपने स्थान पर खड़ा रखना भी आगे बैठी हुई सवारी का काम है। 'मालिक, ज़रा छाते को पीछे सरका देना, मेरा हाथ लगाम में रुका हुआ है'—इक्के वाला कहेगा। इक्के वाले के दोनों हाथ अपने चारों ओर लिपटी चादर के बीच लगाम थामे रहते हैं। जिस सवारी का हाथ ऊँचा उठकर छाते को पीछे सरकाता है, उसे पाँच बूंद बारिश का ठंडा पानी भी छाते से मिल जाता है, जो आस्तीन के अंदर-ही-अंदर कोहनी तक और कोहनी से धीरे-धीरे काछ तक सरकने लगता है। इसे खादी की आस्तीन भी चूस नहीं पाती। इक्के वाले का गरम-गरम हाथ अंदर-ही-अंदर लगाम खींचता और ढीलता है। अगर उसकी नज़र सवारी की इस दुर्दशा पर पड़ जाय, तो वह हँसकर कह देगा—'मालिक, हाथ बचाकर रखते, तो ठीक रहता। बहुत ठंड पड़ रही है मालिक, क्या करें !'

मैंने अकसर सोचा है कि आखिर इक्के का फायदा क्या है ? किसी और गाड़ी पर इन्सान बैठे, तो आराम से बैठता तो है। यहाँ तो रस्सी पकड़कर लटके रहो, सड़क पर वाक़िफ़ लोगों से आँख छिपाते फिरो और फिर कभी घुटने टकराएँ और कभी कीच उड़े। बड़े मियाँ ने ही इसका भी जवाब दिया—'मालिक, इक्का बवासीर का रोग नष्ट करता है।' और इसके बाद पूरी व्याख्या से यह रहस्य समझाने लगे—'इक्के की चूल में गुण है, मालिक ! पेट की अंतड़ी को छूता है—पहले थपकी से, फिर हिला-डुलाकर और उसके बाद जब तेज़ी में हो, तो छटक-

छटक कर। आपकी सेहत तो भगवान की कृपा से अच्छी जान पड़ती है। घर में किसी के रोग हो, तो इक्के पर घुमाइए। लेकिन इक्का दुड़की वाला नहीं होना चाहिए, नहीं तो पेट नरम नहीं होगा, वैसे-का-वैसा तना रहेगा। इक्के के पहिए भी देख लीजिएगा। आजकल हम लोग नक्काल हो रहे हैं, मालिक! बराबर पहियोंवाले इक्के भी बनने लग गए हैं। कभी दायाँ और बायाँ हाथ भी एक-जैसे हुए हैं। इक्के में हिंडोल कहाँ से लाओगे, अगर दोनों पहिए एक-जैसे होंगे। यह हिंडोल ही बवासीर का इलाज है।'

मैं चुप था। बड़े मियाँ का इक्कों के बारे में अपना दर्शनशास्त्र है, जिसे समझना और सराहना मेरे लिए कठिन है। जिसे मैं बेफ़ायदा और फ़ज़ूल समझता हूँ, उसके वे गुण गाते हैं। अब इक्के की सफ़ाई को ही लो। गद्दी इतनी मैली होती है कि उसे देखा नहीं जाता, और घोड़े की पीठ पर थपकी दो, तो धूल का बवंडर उड़ने लगता है। लेकिन बड़े मियाँ इसे भी ग़नीमत समझते हैं। एक बार मैंने कहा—'बड़े मियाँ, इक्के की गद्दी इतनी मैली हो रही है, इसे धुलवाते क्यों नहीं?' फौरन जवाब मिला—'हम दाढ़ी कब मुँड़वाते हैं और घोड़े को नहलाते कब हैं? हम धोने-माँजने में लगे रहें, तो इक्का कौन हाँकेगा? और धोने से चीज़ फटती है, साफ़ थोड़े ही होती है। दो बरस हुए बैसाखी पर हमने यह भी किया था। गद्दी उतार कर पानी में डाली और एक बार साबुन लगाया। सच मानो, हमारे हाथ में बस तागे-ही-तागे रह गए, गद्दी-वद्दी सब साबुन के साथ ही बह गई! धोते नहीं, तो दस दिन और निकाल जाती। अब साज़ है मेहरबान, जब कहीं से टूटता है, हम रस्सी से बाँध देते हैं, और जो रस्सी टूटती है, कपड़े से बाँध देते हैं। दस साल निकाल दिए, मालिक, इस साज़ ने। अब हम मरम्मती कराने लगें, तो साज़ का कुछ रह जायगा? छलनी हो जायेगा, सब-का-सब। धोने से तो चीज़ छलनी हो जाती है। पानी तो जैसे क्षय का रोग है इक्के के लिए। जितना पानी से दूर रहे, उतनी इसकी उमर बढ़ती है। इसे तो तेल चाहिए। इसे तेल दिये जाओ और पानी के नज़दीक मत आने दो, तीन पीढ़ी इक्का चलेगा।'

अगर इक्केवाला किसी को नफ़रत करता है, तो ताँगेवाले को, और प्यार करता है, तो अपने घोड़े को। अगर किसी इक्केवाले के सामने किसी ताँगेवाले की तारीफ़ कर दो, छूटते ही जवाब आयेगा—'अरे, कैसी भोली बातें करते हो बाबू! ताँगेवाले के घर तो हम नाता भी नहीं करते। यह सूम तो वर्दी पर नाच रहे हैं। आजकल जिसे वर्दी मिल जाय, वही अपने आपको लाठ साहब का नाती समझने लगता है। यह ताँगेवाले तो माँगकर खाते हैं। इनकी तो वर्दी भी सेठ देता है...।' और इसी लहजे में ताँगेवालों के बाप-दादे क़ब्रों से उखाड़े जाते हैं।

अगर कोई बात तीर की तरह किसी इक्केवाले के दिल को चुभती है, तो वह घोड़े पर किया गया आक्षेप है। एक दिन यूँ ही सहज स्वभाव से बातें हो रही थीं।

मैं पूछ रहा था कि इक्के की रफ़्तार क्या होती है, घंटे में कितने मील तय कर लेता है ? बड़ेमियाँ ने जवाब दिया था—'यह घंटे-घंटे की बात है, सवारी को देखकर इसका अंदाज़ होता है। सवारी अच्छी हो, तो इक्का तीन-तीन मील भी हाँक लेता है , वरना मामूली सवारी पर तो आध मील से ज़्यादा नहीं चलता।' इतने ही में भूल से मैं यह कह बैठा—'बड़े मियाँ, तुम्हारा घोड़ा ज़मीन से गर्दन तक नहीं उठाता। यह तो आध मील भी न चल पाता होगा। ताँगेवालों के घोड़े होते हैं कि सिर तान कर चलते हैं।'

'ठीक कहते हो, बाबू !' बड़ी गंभीरता से सिर झुकाए हुए बड़े मियाँ ने जवाब दिया।

मैंने मज़ाक में फिर कहा—'इसे क्या ग़म खा रहा है, जो बूढ़ों की तरह गर्दन झुकाए चलता है ? इसे भी क्या कोई बेटी ब्याहनी है ?' बड़े मियाँ कुछ और ही सोचते हुए जान पड़े । मैंने फिर कहा—'कोई चिंता है क्या इसे ?'

'भूख की चिंता है, मालिक ! खाली पेट पर अकड़कर चल सकता है ? इतना कम है कि चल रहा है ? दो जून हमें भी खिलाता है और थोड़ा अपने मुँह में भी डालता है।'—बड़े मियाँ ने रुक-रुककर कहा। मैंने कनखियों से देखा, तो बड़े मियाँ की आँखें तर थीं। इसके बाद सारा रास्ता उन्होंने कोई बात न की।

ये हैं इक्के—बूढ़े, शिथिल, टूटे हुए ! हमारे सदियों के दीन इतिहास के चिह्न ! पर फिर भी इक्का, घोड़ा और साईस तीनों सिमटकर बैठे हुए, एक-दूसरे से चिपटे हुए—जैसे सर्दी के दिनों में अनाथ बालक बाहर की सर्दी से बचने के लिए एक-दूसरे के साथ चिपककर बैठे रहते हैं।

[1947]

रिपोर्ताज भी साहित्य है

मैं किसी सूखाग्रस्त इलाके का दौरा करूं, एक रिपोर्ताज के रूप में अपने अनुभव बयान कर दूं, वे दिल को तो छुएँगे ही, अगर मेरी कलम में ताकत है तो शायद ऐसा चित्रण भी कर पाऊँ, जो सूखे की जीती-जागती, मार्मिक तस्वीर पेश कर दे, उसे पढ़कर पढ़नेवालों की आँखों के सामने सूखे के दृश्य घूम जायें, अगर मेरे अपने दिल में दर्द है, मैं मात्र दर्शक के रूप में वहाँ नहीं गया, मानवीय सद्‌भावना मुझे खींचकर वहाँ ले गयी थी, तो मेरा रिपोर्ताज उस दर्द से अछूता नहीं रहेगा, पढ़ने वाले के दिल को भी बेचैन करेगा, उसके दिल में सद्‌भावना जगायेगा, मुमकिन है मैं पढ़ने वालों को विकट स्थिति का एहसास करा दूं जिसमें से सूखाग्रस्त इलाके के लोग गुजर रहे हैं, यहाँ तक कि उनके दिल में भी वैसा ही दर्द उठे।

अगर मैं ऐसा रिपोर्ताज लिख पाता हूँ तो क्या मेरा रिपोर्ताज साहित्य की सभी शर्तें पूरी नहीं कर देता ? मेरे रिपोर्ताज में यथार्थ चित्रण भी है, कोई लाग-लपेट नहीं, जो देखा है, वही लिखा है, मेरे वर्णन में प्रामाणिकता है, चित्रण सजीव है, उसमें गहरी संवेदना है, पढ़ने वाले को सचेत भी करता है, सूखे की समस्या को सही परिप्रेक्ष्य में पेश भी करता है। मैंने उसे ईमानदारी से लिखा है, गहरी सद्‌भावना के साथ लिखा है, तो क्या साहित्य की भी यही माँगें नहीं होतीं ?

क्या रिपोर्ताज का पाठक यह कहने पर मजबूर नहीं हो जायेगा कि यह भी साहित्य ही है ? साहित्य में और इसमें क्या फर्क रह गया ?

कहानी भी तो यही कुछ करती है, जीवन-दर्शन कराती है, उसे पढ़कर भी यथार्थबोध होता है, वह भी सीधा दिल पर असर करती है, और जीवन के सत्य से हमारा साक्षात कराती है।

पर फिर भी अंदर से आवाज उठती है, नहीं, कहानी कहानी है, और रिपोर्ताज, रिपोर्ताज। कहानी साहित्य है, रिपोर्ताज, सब गुण रहते हुए भी, रिपोर्ताज ही है।

अंतर क्या हुआ? दोनों भावनात्मक स्तर पर प्रभावित करते हैं, दोनों सोचने पर बाध्य करते हैं, दोनों हृदय को उद्वेलित करते हैं।

कुछ लोग रिपोर्ताज पढ़कर कहते हैं, कहने को तो रिपोर्ताज है पर इससे साहित्य का-सा रस मिलता है। उनका कथन कुछ-कुछ वैसा ही है जैसे कोई कहे कि है तो यह सौतेली माँ, पर व्यवहार में बिलकुल माँ जैसी है, मतलब कि रिपोर्ताज है तो रिपोर्ताज पर उसमें से साहित्य का-सा रस भी हमें मिलता है।

मैं सोचता हूं, अंतर है। कहानी और रिपोर्ताज में तो अंतर जरूर है। केवल विधा का ही अंतर नहीं है। कहानी लिखते समय लेखक की कल्पना शक्ति, उस समूची सामग्री को कला का रूप देती है। लेखक अपने अनुभव का यथावत् चित्रण नहीं करता, उसकी कल्पना उसमें से एक नई चीज का सृजन करती है जो रिपोर्ताज में आपको नहीं मिलेगा। यह सर्जनात्मक कल्पना वह भट्ठी है, जिसमें से अनुभव का कच्चा माल, गल-पिघलकर, अपना मूल रूप खोकर, कहानीकार के हाथ में एक नया कलात्मक रूप ग्रहण कर लेता है। कमाल यह है कि कहानी लिखी जाने पर वही घटनाएँ फिर से हमारे सामने आ सकती हैं, चित्रण भी बहुत कुछ वैसा ही होगा। घटना वही घटना है भी और नहीं भी। चित्रण वही चित्रण है, पर फिर भी थोड़ा अलग है, यह अलग क्या है? किस बात में अलग है? बात यह है कि कहानी लिखने वाला उसी सामग्री से एक नयी दुनिया की सृष्टि करता है, वही घटनाएँ अब सामान्य जगत की घटनाएँ न रहकर उस दूसरी दुनिया की घटनाएँ बन जाती हैं, वे एक ऐसे क्रम में जा जुड़ती हैं जो कहानी का घटना क्रम है, उस जीवन का घटना-क्रम नहीं है जिसकी तस्वीर रिपोर्ताज लिखने वाला पेश करता रहा है, फर्क यही है कि रिपोर्ताज लिखने वाला; सामान्य जगत में, सूखाग्रस्त इलाके में घूमता है, उसे बयान करता है, जबकि कहानीकार वही सामग्री उठा कर उसे अपने कल्पनालोक में ले जाता है और वहाँ उसका रूपांतरण कर देता हैं। कहानी-लेखक कहानी की उस दुनिया में विचरता है जिसके नियम अलग हैं, जबकि रिपोर्ताज लिखने वाला उसी सूखाग्रस्त इलाके की जमीन पर ही बना रहता है, वही कुछ लिखता है जिसे वह देखता है, जिसका वह अनुभव करता है। सच्चाई दोनों में है, यथार्थ भी दोनों में है, पर कहानी सर्जनात्मक कल्पना की भट्टी में से नया रूप लेकर निकला हुआ माल है, जबकि रिपोर्ताज वही कच्चा माल है, जो उसी रूप में सामने आया जिस रूप में रिपोर्ताज लिखने वाले ने उसे देखा था।

भुखमरी के बारे में बहुत-सी कहानियाँ आपने पढ़ी होंगी, रिपोर्ताज भी पढ़े होंगे। पर अगर मैं भूल नहीं करता तो रिपोर्ताज को आप भूल चुके होंगे, जबकि कहानी कहीं न कहीं ज़रूर मन के किसी कोने में अटकी रह गयी होगी।

एक जापानी कहानी याद आती है। एक रात सफर करता हुआ कोई सौदा-

गर किसी पड़ाव पर एक सराय में उतरा । देर बहुत हो चुकी थी, और बला की सर्दी पड़ रही थी, और सराय मुसाफिरों से खचाखच भरी थी। बहुत मिन्नत-समाजत करने के बाद सराय के मालिक ने उसे एक बरसाती में ठहराया और एक पुराना, फटा हुआ लिहाफ ओढ़ने को दे दिया ।

लिहाफ ओढ़े सौदागर कुछ देर तक तो सोया रहा, पर आधी रात को वह चौंक कर जाग गया । उसे लगा जैसे लिहाफ में से आवाज़ें आ रही हैं। उसने साफ सुना था । दो फुसफुसाती-सी आवाज़ें । एक आवाज़ दूसरी से कहती :

'बड़े भय्या, तुम्हें जाड़ा तो नहीं लग रहा ?'

जवाब में दूसरी आवाज़ । ठिठुरती-सी कहती—

'और तुम्हें ? तुम्हें तो जाड़ा नहीं लग रहा ?'

मुसाफिर परेशान हो उठा । डर गया कि कमरे में कोई भूत घुस आया है, या लिहाफ जादू का लिहाफ है । सौदागर ने जैसे-तैसे रात काटी और सुबह भागा हुआ सराय वाले से शिकायत करने गया । सरायवाले ने उसकी शिकायत को टालते हुए कहा, कभी लिहाफ भी बोलते हैं, साहिब ? खैर, सौदागर तो अपने रास्ते चला गया, पर सरायवाले ने थोड़ा तहकीकात की । यह फटा-पुराना लिहाफ उसने एक कबाड़ी से खरीदा था । पता चला कि कबाड़ी को वह लिहाफ एक मालिक-मकान ने बेचा था । वास्तव में वह लिहाफ दो अनाथ बच्चों का था जो इसे ओढ़ कर, एक-दूसरे के लिपटकर रात काटते थे । पर एक दिन जब मालिक-मकान ने कोठरी का किराया माँगा, और वे किराया नहीं दे पाये, तो मालिक-मकान ने लिहाफ अपने कब्ज़े में कर लिया और अनाथ बच्चों को लात जमा कर बाहर कर दिया । अनाथ बच्चे जाने कहाँ गये, पर लिहाफ में उनकी ठिठुरती आवाजें अटकी रह गयीं । जब भी कोई मुसाफिर इस लिहाफ को ओढ़ता तो उसमें से आवाज़ें आने लगतीं—

'बड़े भय्या, तुम्हें जाड़ा तो नहीं लग रहा ?'

'और तुम्हें तो नहीं लग रहा ?'

रिपोर्ताज बहुत कुछ कहेगा, पर क्या वह कहानी की भाँति कह पायेगा ? दोनों में वही भावनाएँ होंगी, विषय भी वही होगा, पर कहानी पाठक को उठा कर कला के संसार में पहुँचा देगी जो रिपोर्ताज नहीं कर पायेगा । रिपोर्ताज ठिठुरते भाइयों का हृदय-विदारक वर्णन कर देगा, निर्मम जाड़े का जीवंत चित्रण करेगा, पर क्या बोलते लिहाफ की चर्चा कर पायेगा ? क्या बोलते लिहाफ-जैसी चीज के लिए रिपोर्ताज में गुंजाइश भी होगी ? बोलता लिहाफ अगर रिपोर्ताज में आयेगा, तो रिपोर्ताज झूठा पड़ जायेगा, कहानी में आयेगा तो वह एक बहुत बड़ी सच्चाई को

व्यक्त कर रहा होगा। रिपोर्ताज में आयेगा तो पढ़ने वाला कहेगा—'कभी लिहाफ भी बोलते हैं ?' कहानी में आयेगा तो पढ़ने वाला उसकी सच्चाई से अभिभूत हो उठेगा।

ऐसी ही एक कहानी शरत् बाबू की है, 'अभागिनी का स्वर्ग'। ऐसी ही एक और कहानी की याद आती है, किसी फ्रांसीसी लेखक की लिखी हुई, माँ की ममता पर जिसमें एक प्रेमी, अपनी माँ को मार कर, उसका दिल एक तश्तरी पर रख कर, अपनी प्रेमिका—एक वेश्या—के पास ले जाता है, क्योंकि उसने इसी चीज की माँग की थी। पर दहलीज लाँघते जब प्रेमी गिर पड़ता है, और तश्तरी पर रखा दिल फर्श पर जा गिरता है, तो वेश्या तो हँसी से लोट-पोट होने लगती है, पर फर्श पर पड़े मांस के लोथड़े, माँ के दिल में से आवाज़ आती है: 'बेटा, तुम्हें चोट तो नहीं लगी ?'

खैर ! अब एक सवाल मन में उठता है। कहानी की बात छोड़ भी दें, अगर कहानी साहित्य की एक विधा है, तो निबंध भी तो साहित्य की ही एक विधा है। यदि निबंध या ललित निबंध, साहित्य माना जा सकता है तो रिपोर्ताज क्यों नहीं माना जा सकता ? रिपोर्ताज यथार्थ का चित्रण करता है, हमें उद्वेलित भी करता है, वास्तविकता का बोध कराता है, निबंध तो मूलत: टिप्पणी करता है। रिपोर्ताज तो धरती के साथ-साथ चलता है, जबकि निबंध विचारों और तर्क की दुनिया में रहता है, रिपोर्ताज तो दिल को छूता है, गहरे संवेदन की उपज है, इसके मुकाबले में निबंध तो केवल जहनी ऐय्याशी है। कुछेक निजी प्रकार के निबंधों को छोड़कर जिनमें भावना का हल्का-सा पुट रहता है, निबंध रहता-बसता ही तर्क के क्षेत्र मे है, बौद्धिक विलास की दुनिया में वे भावोद्वेग जो रिपोर्ताज पैदा करता है, निबंध कहाँ पैदा करता है। फिर क्या यह सरासर बेइंसाफी नहीं कि ललित निबंध अथवा निबंध को तो हम साहित्य मानें पर रिपोर्ताज को साहित्य नहीं मानें ?

निबंध लिखने वाला कह सकता है कि जिस भाँति कहानीकार की कल्पना जीवन में से उठायी गयी किसी स्थिति को नया रूप देती है, उसी भाँति अपने तौर पर निबंध उस स्थिति को देखने का एक नजरिया देता है, नया कोण देता है। उसे हम नये रूप में देखने लगते हैं, उसमें ऐसे तत्त्व दिखाता है, जिनकी ओर पहले हमारा ध्यान नहीं गया था। जवाब में रिपोर्ताज लिखने वाला कह सकता है कि निबंध फिर भी जेहनी ऐय्याशी ही है—जिस कोण से निबंध लेखक जीवन को देखता है वह उसका निजी कोण होता है, वह वस्तुपरक नहीं होता। यदि रिपोर्ताज का लेखक अपनी ओर से कुछ जोड़ता है तो उसके भीतर पायी जाने वाली सद्भावना व्यग्रता, चिन्ता। निबध पढ़ते समय आप ज़िंदगी से धीरे-धीरे कटते जाते हैं, विचारों-तर्कों की दुनिया मे पहुँचते जाते हैं, जबकि रिपोर्ताज कभी भी ज़िंदगी

का दामन नहीं छोड़ता, उसमें ज़िंदगी की धड़कन बनी रहती है। निबंध लिखने वाला जीवन का दर्शक मात्र होता है, उस पर टिप्पणी करने वाला, जबकि रिपोर्ताज लिखने वाला जीवन की ऊहापोह में सक्रिय रूप से भाग लेने वाला व्यक्ति होता है। निबंध का माहौल बौद्धिक होता है, कुछ हद तक दायित्व की ओर झुकता हुआ, जबकि रिपोर्ताज में ज़िंदगी की धड़कन होती है।

और फिर, रिपोर्ताज, जितनी जल्दी हो सके, पाठक तक पहुँचना चाहता है। उसका समाज के प्रति एक दायित्व होता है, लोगों को सचेत करना, लोगों के सामने किसी स्थिति विशेष की सही तस्वीर पेश करना, लोगों को आगाह करना, सरकार को सचेत करना, इसी कारण रिपोर्ताज अखबारों में अधिक छपते हैं, पुस्तकों में कम, क्योंकि उनमें एक तात्कालिकता होती है, जो इंतजार नहीं कर सकती, उसे समाज के प्रति एक दायित्व निभाना होता है, जिसे स्थगित नहीं किया जा सकता।

जहाँ तक रोचकता का प्रश्न है, रिपोर्ताज किसी अन्य विधा से कम रोचक नहीं होता है। उसका यथार्थ चित्रण ही उसे रोचक बना देता है। रिपोर्ताज समय का दस्तावेज होता है, जिस तरह फोटोचित्र समय के किसी क्षण को पकड़ लेता है, उसे इतिहास में सुरक्षित कर देता है। कहानी लिखने वाला भले ही कहता फिरे कि रिपोर्ताज वक्त बीतने पर पुराना पड़ जाता है, जबकि कहानी पुरानी नहीं पड़ती, निबंध भी भले ही कहे कि वह पुराना नहीं पड़ता, उसकी भी विशिष्टता देर तक बनी रहती है, जबकि रिपोर्ताज वक्ती होता है, वक्त बीत जाने पर उसकी रोचकता कम हो जाती है, वैसे ही जैसे उसकी प्रासंगिकता कम हो जाती है।

जवाब में रिपोर्ताज लिखने वाला कह सकता है कि केवल रिपोर्ताज ही क्यों वक्ती होता है। साहित्य की अनेक विधाएँ भी तो हैं जो वक्त की माँग को पूरा करने के बाद धीरे-धीरे अपनी प्रासंगिकता खोती जाती हैं। व्यंग्य को ही लीजिए, क्या व्यंग्य वक्ती नहीं होता? विशेष रूप से रोजमर्रा की ज़िंदगी पर किया जाने वाला व्यंग्य जैसे राजनीतिक व्यंग्य, क्या व्यंग्य पुराने नहीं पड़ जाते? समय बीत जाने पर उन्हें तो कई बार समझना भी कठिन हो जाता है। फिर, व्यंग्य साहित्य हो सकता है, तो रिपोर्ताज क्यों नहीं हो सकता?

और फिर, क्या किसी साहित्यिक रचना का अधिक समय तक रोचक बने रहना उसे रिपोर्ताज से अधिक मूल्यवान बना देता है? कितने लेखक हैं जिनकी रचनाएँ आज लोकप्रिय हैं, क्या सचमुच कल भी लोकप्रिय बनी रहेंगी? क्या यह सच नहीं कि अपने समय में कुछ लेखकों की तूती बोलती है पर वक्त बीत जाने पर उनकी रचनाएँ, पुस्तकालयों की धूल चाटती रहती हैं, केवल शोध छात्र ही कभी उन्हें उठाकर देखें तो देखें। अनेक लेखक तो मरने से पहले ही पुराने पड़ चुके

होते हैं। यह भी लेखकों की क्या खुशफहमी नहीं है कि वे जो कुछ लिख रहे हैं वह अमर साहित्य है, जबकि रिपोर्ताज लिखने वाला केवल वक्ती ज़रूरत को पूरा कर रहा है?

सभी लेखक, एक तरह से, वक्त की ही ज़रूरत को पूरा करते हैं। भले ही वे कहानी-लेखक हों, निबंध-लेखक हों या रिपोर्ताज का लिखने वाला। इसी में रचनाओं की सार्थकता होती है। और इस दृष्टि से रिपोर्ताज की सार्थकता से कौन इन्कार कर सकता है। वह वक्त की एक अहम जरूरत को पूरा करता है। वह आज के जमाने की उपज है, हमारे समाज के विकट विरोधाभासों की मांग को पूरा करने वाली विधा है, और इस तरह साहित्य की एक सशक्त, जीवंत विधा है, उसका अपना दायरा है, उसकी अपनी भूमिका है, उसकी अपनी साहित्यिक विशिष्टताएँ हैं, वह किसी अन्य विधा का स्थान नहीं लेना चाहता, पर वह निश्चय ही, साहित्य में, अपने स्थान पर सुरक्षित खड़ा है, और पूरी ओजस्विता के साथ अपनी भूमिका निभा रहा है।

[1983]

राष्ट्रीय एकता और भाषा की समस्या

मैं भाषाविज्ञ नहीं हूँ, भाषाएँ कैसे बनती और विकास पाती हैं, कैसे बदलती हैं, इस बारे में बहुत कम जानता हूँ, इसलिए किसी अधिकार के साथ भाषा के सवाल पर नहीं बोल सकता। मेरी अपनी स्थिति भी अनूठी ही है। मेरी मातृ-भाषा पंजाबी है, मेरी शिक्षा उर्दू भाषा में हुई है, लिखता मैं हिंदी भाषा में हूँ और पढ़ाता मैं अंग्रेजी हूँ। आप कहेंगे, ऐसा व्यक्ति न घर का, न घाट का। जो चार जबानों से वासता रखता हो, वह एक जबान का भी नहीं हो पायेगा।

पर शायद ऐसी स्थिति से मुझे एक लाभ भी है। भाषा के सवाल को मात्र भावना के स्तर पर लिए जाने, और उससे पैदा होने वाली उत्तेजना और सिर-फुटौव्वल से बचा रहता हूँ। अंग्रेजी को छोड़ूँ तो खाऊँगा कहाँ से, हिंदी को छोड़ूँ तो जिंदगी-भर का किया-कराया कुएँ में, पंजाबी को कैसे छोड़ सकता हूँ वह तो मेरे खून में है, और उर्दू को कैसे छोड़ूँ, वह तो मुझे संस्काररूप में मिली है। मुझे ये सभी भाषाएँ प्यारी हैं, मैं किसी एक को भी छोड़ना नहीं चाहता, मैं इनकी उपयोगिता से इनकी देन और महत्त्व से परिचित हूँ। और शायद इसी कारण मैं इस सवाल पर बोलने का दुःसाहस भी कर बैठा हूँ।

कौन नहीं जानता कि भाषा के सवाल को लेकर हमारे देश में तरह-तरह की विडम्बनाएँ पायी जाती हैं। मैं आपके सामने अपने कुछेक विडम्बनापूर्ण अनुभव ही रखना चाहता हूँ।

मेरे पिताजी हिंदी भाषा के उत्साही समर्थक थे, पर अपना सारा पत्र-व्यवहार उर्दू भाषा में किया करते थे। पंजाब में हिंदी भाषा का प्रचार सबसे अधिक दो उर्दू पत्रिकाओं 'मिलाप' और 'प्रताप' के माध्यम से किया जाता रहा है। आर्य-समाज के एक विभाग का मुखपत्र 'आर्यगजट' नाम की एक पत्रिका हुआ करती थी, जो उर्दू में प्रकाशित की जाती थी, आज भी उसकी कुछ पुरानी प्रतियाँ मेरे पास रखी हैं। मेरे पिताजी आर्यसमाजी विचारों के थे, आर्यसमाज के जाने-माने कार्यकर्त्ता थे। हमारे घर में रोज बहसें चला करती थीं, हिंदी भाषा को लेकर,

और अक्सर इन बहसों में गर्मी भी आने लगती। एक दिन मैंने कहा, "तो पिता जी, आपकी ही बात रही। आज से हम घर में केवल हिंदी बोला करेंगे, न पंजाबी में बात करेंगे, न अंग्रेजी में। शुद्ध हिंदी में बोलेंगे।" पिताजी क्या कहते। उन्हें मानना पड़ा, पर तीसरे वाक्य पर ही उनकी जबान लड़खड़ा गयी। हिंदी का प्रचार करना एक बात है, हिंदी का प्रयोग करना बिलकुल दूसरी बात। घर के अंदर, परिवार के सदस्यों के बीच हिंदी में वार्तालाप कर पाना उन्हें बड़ा अटपटा लगने लगा, और शीघ्र ही वह अपनी मातृभाषा पंजाबी पर लौट आये और कहने लगे, "यह क्या है, तू अपने बाप के साथ मजाक करता है।"

पिताजी व्यवसाय के व्यापारी थे। पेशावर, श्रीनगर आदि स्थानों पर दुकानदारों के साथ उनका पत्र-व्यवहार रहता था। उनके साथ उनकी जारी चिट्ठी-पत्री उर्दू भाषा में चलती थी। एक दिन जब मैंने उनसे कहा कि आप उन्हें हिंदी भाषा में पत्र लिखा कीजिए तो बिगड़ उठे, "क्या बकता है? तू मेरा व्यापार चौपट करना चाहता है?" पिताजी की अपनी शिक्षा उर्दू और फारसी में हुई थी। कभी-कभी मैं उन्हें शेखसाअदी और अनेक कवियों का कलाम गुनगुनाते पाता, एक बार कहने लगे, "तुम्हें कभी मौका लगे तो फारसी जरूर पढ़ना। बड़ी खूबसूरत जबान है। शेखसाअदी 'गुलिस्तां' और 'बोस्तां' में बड़ी सुंदर बातें कही हैं।"

पिताजी ने हमारे लिए हिंदी और संस्कृत भाषाएँ पढ़ने की विशेष व्यवस्था की, पर गनीमत यह रही कि उन्होंने हमें उर्दू और अंग्रेजी पढ़ने से नहीं रोका, क्योंकि व्यापारी के नाते वह इन भाषाओं की उपयोगिता और जरूरत को जानते थे। वह हिंदी के साथ अपने भावनात्मक लगाव पर यथार्थ जीवन की जरूरतों को कुर्बान नहीं करना चाहते थे। वह हिंदी को लागू तो करना चाहते थे लेकिन अन्य भाषाओं को नुकसान पहुँचा कर नहीं।

आजादी के बाद स्थिति बहुत कुछ बदली। जिस उदार दृष्टि की जरूरत थी, वह नहीं रही। हमारा देश बहुजातीय और बहुभाषी देश है, सभी लोग अपनी-अपनी जबान से प्यार करते हैं, और सभी अपनी-अपनी जबान से जुड़े हैं। प्रत्येक व्यक्ति के लिए उसकी मातृभाषा सबसे सुंदर, सबसे मीठी भाषा होती है। (उसमें उसकी माँ की आवाज बोलती है, सैकड़ों-हजारों वर्षों की संस्कृति बोलती है, उसमें वह अपने दिल की धड़कनें सुनता है) इसलिए जबान का मसला नाजुक मसला है। इसे दूसरे का दिल दुखाकर, अपनी भाषा को ऊँचा और दूसरे की भाषा को छोटा कह कर नहीं सुलझाया जा सकता।

पिछले कुछ सालों में जहाँ हिंदी का पठन-पाठन बढ़ा है वहाँ अहिंदी भाषी प्रांतों में हिंदी की लोकप्रियता कम हुई है। जमाना था जब दक्षिणी भारत में बड़े उत्साह से हिंदी का अध्ययन किया जाता था। मेरे एक तमिल मित्र दस वर्षों तक बहुत ही मामूली वेतन लेकर एक स्वयंसेवक की तरह हिंदी अध्यापन का काम

तमिलनाडु में करते रहे थे। पर अब स्थिति बदल गयी है। हिंदी डायरेक्टरेट द्वारा आयोजित एक लेखक-कैंप में मुझे विशाखापट्टनम जाने का सुअवसर मिला। रेलगाड़ी में बैठा। मैं विशाखापट्टनम की ओर जा रहा था जब उसी प्रदेश के रहने वाले एक मुसाफिर से बातें होने लगीं। जब उस सज्जन को पता चला कि मैं हिंदी कैंप में भाग लेने जा रहा हूँ तो उसने मुंह फेर लिया। बड़ी रुखाई से बोले, "तुम अपने घर से दूर बस इसी काम के लिए जा रहे हो? इससे बेहतर काम तुम्हें नहीं मिला।"

ऐसा ही एक अनुभव मुझे मास्को में भी हुआ जहाँ मैं एक अनुवादक के रूप में काम करता था। एक दिन मैं वहाँ फ्रांसीसी दूतावास में वीसा लेने गया तो वहाँ मेरी मुलाकात एक दक्षिण भारत से आये युवक से हो गयी, वह भी वीसा लेने आये थे। उन्हें भी जब पता चला कि मैं हिंदी में कहानियाँ लिखता हूँ तो उन्होंने भी मुँह फेर लिया। जब दूतावास की परिचारिका थोड़ी देर बाद कमरे में आयी तो एक हिंदुस्तानी का मुँह एक दीवार की ओर था और दूसरे का दूसरी दीवार की ओर।

भाषा के सवाल को लेकर सबसे बड़ी भूल जो हमारे देश में हुई है, वह इसे धर्म के साथ जोड़ना था। और यह भूल अभी भी की जा रही है, और यदि आगे भी ऐसे ही चलता रहा तो इसके बड़े दुःखद परिणाम निकलेंगे।

इस दृष्टि से सबसे विकट स्थिति उर्दू भाषा की रही है। उर्दू की कहानी भी अनूठी कहानी है। देश का बंटवारा होने पर पाकिस्तान ने अपनी राष्ट्रभाषा उर्दू घोषित की। हमारे यहाँ लोगों ने कहा, ठीक ही तो है, पाकिस्तान में मुसलमान बसते हैं, मुसलमानों की जबान उर्दू ही तो है। पर कुछ ही साल बाद पूर्वी पाकिस्तान—जो अब बांगलादेश कहलाता है—के मुसलमानों ने कहा कि हमारी भाषा तो बंगाली है, उर्दू नहीं है। और इसके कुछ ही दिन बाद पश्चिमी पंजाब के मुसलमान कहने लगे कि हमारी मातृभाषा तो पंजाबी है और सिंध के मुसलमानों ने कहना शुरू कर दिया कि हमारी भाषा सिंधी है, और सीमा प्रांत के मुसलमानों ने कहा कि उनकी जबान पश्तो है। ये आवाज़ें उठीं जरूर, लेकिन सांप्रदायिकता का जोर वहाँ पर भी ज्यादा होने के कारण ये आवाज़ें दब गयीं।

पर सवाल जरूर उठता है, अगर उर्दू जबान मुसलमानों की है तो बांगला देश के मुसलमान उर्दू को क्यों नहीं अपना पाये? अगर पंजाबी जबान सिक्ख मतवालों की जबान है तो क्या वह मेरी जबान नहीं हो सकती?

इसमें शक नहीं कि भावनात्मक लगाव के कारण हम अपने सहधर्मियों से जुड़ते हैं, अपनी जाति के लोगों से जुड़ते हैं। पर भाषा उनमें एक तत्त्व होती है, और वह भी कई बार निर्णायक तत्त्व नहीं होती। कहीं पर एक जाति के लोगों के धर्म अलग-अलग होते हैं, पर भाषा एक होती है, कहीं-कहीं पर धर्म एक होता है

पर भाषाएँ अलग-अलग होती हैं। रूस में रहने वाले यहूदी की भाषा रूसी है, जर्मनी में रहने वाले यहूदी की भाषा जर्मन है। इंगलैंड में रहने वाले यहूदी की भाषा अंग्रेजी है, भले ही धर्म सभी का एक है और भावनात्मक स्तर पर वे यहूदी धर्म और यहूदी भाषा से जुड़े हैं।

बहुत दिन पहले एक बार मुझे नागपुर जाने का इत्तफाक हुआ। पंजाब से निकले बहुत अर्सा बीत चुका था और मैं बड़ा अकेला महसूस कर रहा था। नागपुर की सड़कों पर घूमते हुए मुझे एक दिन एक सरदार जी नजर आ गये। वह दुबला-पतला सरदार कोई पोस्टमैन था, जो साइकिल पर डाक बाँटने निकला था। उसे देखते ही मैं उसके पीछे भाग खड़ा हुआ। मैंने कहा और नहीं इसके साथ पंजाबी भाषा में दो बात तो कर सकूँगा। मैं लपककर उसके पास पहुँचा। वह साइकिल पर से उतर आया और हैरान-सा मेरी ओर देखने लगा। मैंने ठेठ पंजाबी में उसका अभिवादन किया और पंजाबी में ही उससे बतियाने लगा। लेकिन मेरी हैरानी की सीमा न रही जब मैंने पाया कि वह मेरी बात नहीं समझ रहा है। वह सिक्ख था, सिर पर केश थे, कलाई पर कड़ा था, लेकिन वह हत्‌बुद्धि-सा मेरी ओर देखे जा रहा था। मुझे झेंप हुई तब उसने मराठी भाषा में तथा टूटी-फूटी हिंदुस्तानी में मुझ से कहा कि वह मेरी जबान नहीं जानता कि उसके बाप-दादा किसी जमाने में महाराष्ट्र में आकर बस गये थे और वह केवल मराठी भाषा ही जानता है।

यदि भाषा मजहब से जुड़ी है तो उस सरदार की भाषा पंजाबी क्यों नहीं थी? नागगुर में बस जाने वाले सिक्ख की भाषा मराठी है, पंजाबी नहीं, केरल में बस जाने वाले मुसलमान की भाषा मलयालम है, उर्दू नहीं।

हाँ किसी दूसरे भाषाई क्षेत्र में रहते हुए भी, यदि कुछ लोग, भावनात्मक कारणों से किसी भाषा से जुड़ते हैं, तो इसका यह मतलब नहीं हो जाता कि भाषा धर्म से जुड़ी है।

हमारे यहाँ ऐतिहासिक कारणों से ऐसे क्षेत्र भी हैं जिनके अंदर ऐसे भाग पाये जाते हैं जहाँ भारी संख्या में बसे हुए लोगों की भाषा उस क्षेत्र की भाषा न होकर, कोई दूसरी भाषा है, जैसे आंध्र प्रदेश में हैदराबाद का इलाका, जहाँ उर्दू बोली जाती है, बंबई में बसे हुए हिंदी-भाषी, पंजाबी-भाषी तथा अनेक अन्य भाषाएँ बोलने वाले लोग। लेकिन इससे भी हम यह नतीजा नहीं निकालते कि उनकी भाषा धर्म से जुड़ी है।

(हर प्रदेश की अपनी भाषा है, लेकिन अगर किसी इलाके की भाषा उर्दू रहते हुए भी आप यह कहकर उसे मान्यता नहीं देना चाहते कि उर्दू मुसलमानों की भाषा है तो यह आपकी अपनी सांप्रदायिकता ही है, और कुछ नहीं) सांप्रदायिकता के हाथों किसी भाषा की क्या गति हो सकती है, इसकी मिसाल शायद

उर्दू की स्थिति से बढ़कर और कहीं नहीं मिलेगी। उर्दू के बारे में कमाल तो यह है कि कभी कहा जाता है कि यह भाषा है, और कभी कहा जाता है कि यह भाषा नहीं है। आप कहते हैं, तो यह वजूद में आ जाती है, आप कहते नहीं हैं, तो गायब हो जाती है। वर्षों पहले जब भारत सरकार की ओर से भाषा संबंधी एक कमीशन बनाया गया था तो एक वरिष्ठ हिंदी-प्रेमी ने बड़ा चहककर कहा था, "उर्दू का काम तो हमने तमाम कर दिया।" वह बोल उर्दू में ही रहे थे, लेकिन उन्हें इस बात का संतोष था कि उर्दू को उन्होंने मार मिटाया है। जाहिर है वह हवा में अपनी तलवार चला कर नहीं आये थे। कभी यह भी कहा जाता है कि उर्दू अलग से कोई भाषा नहीं है, वह मात्र अलग लिपि है। यदि हिंदी और उर्दू एक ही भाषा है और उनकी दो लिपियाँ हैं, तो आप दोनों लिपियों को मान्यता दे दीजिए। इसमें क्या दिक्कत है? लेकिन कुछ लोगों का कहना है कि इस साझी भाषा की एक ही लिपि हो सकती है, और वह देवनागरी लिपि है। इसके पीछे तो यही जहनियत काम कर रही है कि लिपि को मारो, जबान अपने आप मर जायेगी। एक हवा उठी थी कि उर्दू को देवनागरी लिपि में लिखना चाहिए। चूंकि हिंदी और उर्दू एक ही भाषा हैं, इसलिए उर्दू के कवि भी वास्तव में हिंदी के ही कवि हैं। पर जब पाठ्य-पुस्तकें छपने लगीं तो गालिब, मीर, और उर्दू के अन्य कवियों का कहीं नाम नहीं। कहीं एकाध कवि को लेकर आलुओं पर से मिट्टी पोंछी गयी थी। अगर इसके पीछे सच्चा विश्वास होता तो कौन नहीं जानता कि गालिब न केवल भारत के बल्कि संसार भर के महान कवियों में माने जाते हैं। और उर्दू साहित्य ने हमारे देश के साहित्य को चार चाँद लगाये हैं। यदि सचमुच हमें इस साहित्य से प्रेम होता तो उसे सुरक्षित और अधिक विकसित कर पाने के लिए, उसे पूरी-पूरी मान्यता देते, और उस भाषा और साहित्य की परंपराओं को जीवित रख पाने के लिए भरसक प्रयत्न करते। हमारी स्थिति की विडंबना यह है कि हम कभी तो उर्दू के अस्तित्व से ही इन्कार करते हैं, और कभी केवल कागजी तौर पर उसके अस्तित्व को मान्यता देते हैं। जब कागजी मान्यता देते हैं तो उर्दू की तरक्की के लिए उर्दू बोर्ड खड़ा करते हैं, लाखों-करोड़ो की रकम जुटाते हैं, लेकिन व्यवहार में उसके अस्तित्व को मान्यता नहीं देते। यह नीति बिल्कुल वही है कि किसी पेड़ की शाख-पत्तियों पर तो पानी छिड़को, लेकिन पेड़ की जड़ काट दो। यदि आप सचमुच चाहते हैं कि उर्दू फले-फूले तो आप ही का यह फर्ज भी हो जाता है कि आप स्वयं इस बात का अध्ययन करें और उसे उनके प्रदेश में बहाल करें, उसे सरकारी मान्यता मिले, स्कूलों-कालेजों में बाकायदा उर्दू पढ़ाई जाने लगे, उर्दू की शिक्षा जड़ पकड़े, बढ़े। कभी अनुदानों से भी भाषाएँ जीवित रह पायी हैं?

यदि उर्दू के साथ न्याय नहीं किया गया तो हम साम्प्रदायिकता के दोष से

कभी मुक्त नहीं हो पायेंगे। हाल ही में हमारे गृह-मंत्री ने टिप्पणी की है कि उर्दू आक्रमणकारियों की भाषा है। यह भाषा के सवाल को जान-बूझकर साम्प्रदायिकता का रंग देना है, कौन नहीं जानता कि उर्दू का जन्म हमारे अपने देश में हुआ था, हमारे ही देशवासियों की प्रतिभा ने उसे विकसित किया है, निखारा है। 700 बरस पहले जहाँ से आक्रमणकारी आये थे, वहाँ की जबान न तब उर्दू थी, न आज है। और यदि आक्रमणकारियों की जबान को आप मान्यता नहीं देना चाहते तो संस्कृत भी तो आक्रमणकारियों की ही जबान थी। यह सवाल को जानबूझकर सियासी रंग देना है। किसी भाषा पर विचार करते समय न तो हम इस बात को प्राथमिकता देते हैं कि उस भाषा के बोलने वालों का धर्म क्या है, और न इस बात को कि वे आक्रमणकारी हैं, अथवा नहीं। कौन नहीं जानता कि ये आक्रमणकारी मूलत: हमारी अपनी जाति के ही लोग थे।

यह एतराज भी उठाया जाता है कि उर्दू में भारतीय संस्कृति की छाप न मिल कर किसी विदेशी बाहरी संस्कृति की छाप मिलती है, साकी और पैमाना की, गुल ओ बुलबुल की, आदि-आदि। क्या यह सच नहीं कि रेनेसा काल में सारे यूरोप के साहित्य पर यूनानी और रोमन पुराण कथाओं की भरपूर छाप पड़ी थी, जो अब इन देशों के साहित्य का अभिन्न अंग बन गयी है, क्या उससे अंग्रेजी साहित्य, अंग्रेजी साहित्य ही नहीं रह गया था, या अंग्रजी भाषा अंग्रेजी भाषा नहीं रह गयी थी?

हमारी स्थिति की विडंबना भाषा में शुद्धता पर जोर देने में भी पायी जाती है। शुद्ध भाषा का मसला भी सांप्रदायिकता की ही देन है। भाषा शुद्ध होनी चाहिए, मतलब कि संस्कृतनिष्ठ होनी चाहिए। हिंदी भाषा में शुद्ध की माँग भी बहुत हद तक उर्दू को ही लक्ष्य करके की जाती है। उर्दू का शब्द किसी वाक्य में आ जाये तो कुछ भाई लोगों को चिढ़ होती है, अंग्रेजी का शब्द आ जाये तो इतनी चिढ़ नहीं होती, बल्कि कहीं-कहीं पर तो खुशी होती है क्योंकि इससे बौद्धिकता का, आधुनिकता का रंग आता है।

हमारे देश का दुर्भाग्य यह रहा है कि हमारे सयासतदान भाषा को हाँकते रहे हैं। भाषा के नाम पर लोगों को हाँका नहीं जा सकता। मैं तो कहूँगा कि सयासतदान को भाषा के पीछे-पीछे चलना चाहिए, उसके विकास-क्रम को समझना चाहिए, भाषा खुद उसे रास्ता दिखायेगी, भाषा के आगे-आगे चल कर उसका मार्गदर्शन नहीं करना चाहिए। हिंदी में से उर्दू के शब्दों को चुन-चुन कर निकालने का काम, हिंदी के अंदर, संस्कृत के शब्द ढूंढ़-ढूंढ़कर ठूंसने का काम, हमारे सयासतदानों के ही हुक्म पर होता रहा है। 'सिगरेट पीना मना है' काटकर आपने 'धूम्रपान वर्जित है' लिख दिया, यह अपने मतानुसार भाषा को चलाने की चेष्टा है, उसे हाँकने की कोशिश है, वरना आप जन-जीवन में पाये जाने वाले

बोलचाल के शब्दों को क्यों नहीं अपनाते ?

भाषा का सवाल न तो स्कूलों-कालिजों की शिक्षा के क्षेत्र में अभी तक संतोषजनक ढंग से सुलझ पाया है न विज्ञान और टेक्नालोजी के क्षेत्र में, न संस्कृति के क्षेत्र में और न ही प्रशासन के क्षेत्र में, क्योंकि इसे हल करने की कोशिश के पीछे भाषाई अंधराष्ट्रवाद अथवा संकीर्ण सांप्रदायिकता काम कर रही है। क्या कारण है कि अनेक देशों ने इसे सुभीते से हल कर लिया है जबकि हमारे यहाँ यह और ज्यादा पेचीदा होता चला गया है। स्विट्जरलैंड में तीन भाषाओं में सरकार का सारा काम चलता है। फ्रेंच, जर्मन और स्विस भाषाओं में, और स्विट्जरलैंड छोटा-सा देश है। वहाँ किसी एक भाषा को आसानी से राष्ट्रभाषा घोषित किया जा सकता था और उसे ऊँचा दर्जा देकर अन्य भाषाओं को सहयोगी भाषाओं का दर्जा दिया जा सकता था। पर वहाँ भाषा के सवाल पर जातपात नहीं बरती जाती। हमारे यहाँ हर बात में जात-पात ऊँच-नीच चलती है। किसी भी समस्या को हम वस्तुनिष्ठ दृष्टि से देखने-आँकने में असमर्थ होते जा रहे हैं। जब तक विवेकपूर्ण, तर्कसंगत, सद्भावनापूर्ण और वैज्ञानिक दृष्टि से इस मसले को सुलझाने की कोशिश नहीं की जाती उस वक्त तक यह प्रश्न हमारी प्रगति के रास्ते में बहुत बड़ी रुकावट बना रहेगा।

[1978]

संघर्ष, परिवर्तन और लेखकीय मानसिकता

शायद सबसे पहले परिवर्तन के परिप्रेक्ष्य में किसी लेखक की मानसिकता की बात करना ज्यादा आसान होगा। प्रत्येक लेखक का संवेदन बाहर की दुनिया में होने वाले परिवर्तन को बड़ा महसूस करता है। लगता है जैसे यह उसके संवेदन का नैसर्गिक गुण हो। क्या था और क्या हो गया—परिवार में, समाज में, दुनिया भर में होने वाले परिवर्तन उसकी चेतना के साथ ज़रूर टकराते हैं और भावनात्मक स्तर पर उद्वेलित करते रहते हैं। यदि ऐसा न होता तो लेखक की कल्पना खंडहरों, उजड़े हुए नगरों और अतीत के प्रांगण में न घूमती फिरती। उपन्यासों में किसी बीते कालखंड को उजागर करने के पीछे, एक तरह से परिवर्तन की अनिवार्यता का बोध ही काम करता है। क्या था और क्या हो गया, इसका भास लेखक के संवेदन को उकसाने का निश्चय ही एक तत्त्व बना रहता है। समय की गति और उस गति के प्रभावाधीन, बचपन से जवानी और जवानी से बुढ़ापे में बदलने वाले जीव की कहानी कितनी ही बार साहित्य में कही गयी है। रोमांटिक दृष्टि वाले लेखक तो बार-बार इसमें लौटते रहे हैं। लेखक की दृष्टि विसंगतियों को देखती है, विडंबनाओं को, अंतर्विरोधों को, और जीवन की परिवर्तनशीलता उसे सबसे अधिक विडंबनाएँ और विसंगतियाँ जुटाती है। हरा-भरा घर कैसे सुनसान हो गया, जिन महलों के सामने हाथी झूलते थे, वहाँ खंडहरों में अब साँप लोटते हैं, कहाँ गई जवानी की किलकारियाँ, जवानी को कैसे बुढ़ापे ने ग्रस लिया, और बुढ़ापे को मौत ने—लेखक की नज़र इस परिवर्तन को देखती है और महसूसती रहती है। ज्यों-ज्यों यादों-स्मृतियों का उसका अपना भंडार बढ़ता जाता है, भले ही वे लेखक की निजी स्मृतियाँ हों या उसके समाज की स्मृतियाँ या राष्ट्र की साझी स्मृतियाँ—परिवर्तन की प्रक्रिया और भी ज्यादा तीव्रता के साथ दिल पर असर करती है। अपने बारे में ही बात करते हुए मैं अगर मुड़कर देखूँ तो मुझे सारा परिप्रेक्ष्य बदला हुआ जान पड़ता है। मेरे भाई-बहिन, माँ-बाप अब नहीं रहे। घर में नयी पौध प्रगट हो गई है। मित्र-संबंधी बुढ़ा रहे हैं। पहले वाला

माहौल बदल गया है । मेरी बहनों को घर में खुलकर हँसने की मनाही थी, घर के छज्जे पर भी वे खड़ी नहीं हो सकती थीं; पाँचवीं-छठी जमात की पढ़ाई के बाद ही उन्हें स्कूल में से उठा लिया गया था। ज़माना था जब मेरे शहर की सड़कों पर गोरे फौजी घूमा करते थे, उनके कारण माहौल में एक दहशत थी। मेरे दादा हर राह जाते अंग्रेज को फ़र्शी सलाम बजा लाते थे। बचपन में हम लोग अंग्रेजी फौजियों की परेड देखने जाया करते थे। लगता है जैसे बिल्कुल ही दौर बदल गया है। अब शहर की सड़कों पर विदेशों से आये इक्के-दुक्के हिप्पी घूमते नज़र आते हैं, किसी ने गले में माला पहन रखी है तो कोई मैला-सा पाजामा और बनियान पहने नंगे पाँव घूम रहा है। ये सब बदलती दुनिया के नज्ज़ारे हैं।

बदल कर फकीरों के हम भेस ग़ालिब
तमाशा-ए-अहले करम देखते हैं।

यह तमाशा जरूर नित नये बदलाव और परिवर्तन का तमाशा रहा होगा, जिसका ग़ालिब ने जिक्र किया है।

ज़माना बदलता है तो उसमें केवल बाह्य परिवर्तन ही नहीं होते, कि जहाँ पहले कारवान चलते थे, वहाँ रेलगाड़ियाँ चलने लगीं, और धीरे-धीरे हवाईजहाज आ गये और जाने क्या-क्या। मेरे बचपन के दिनों में हमारे शहर में केवल ताँगे ही चला करते थे। फिर किसी कंपनी ने बसें चलायीं। शहर से केंटोनमेंट और केंटोनमेंट से शहर, एक इकन्नी दो और सारा फ़ासिला तय कर लो। पर इससे ताँगेवालों के रोज़गार को खतरा पैदा हो गया। हर बार जब बस चलती तो कहीं से कोई उड़ता हुआ पत्थर उस पर पड़ता, सड़क के किनारे खड़ा कोई ताँगेवान सौ-सौ गालियाँ देता, बस की ओर देखकर थूकता, हाथ उठा-उठा अश्लील इशारे करता। उन दिनों छोटे शहरों में यूनियनें नहीं थीं, वरना ताँगेवालों की यूनियन भी बसों के खिलाफ मुज़ाहिरे करती। अपना विरोध प्रगट करने से वे चूकते भी नहीं थे। हर परिवर्तन के साथ संघर्ष जुड़ा होता है, कभी किसी रूप में, कभी किस रूप में। कहीं रोज़गार को धक्का लगता है और हम संघर्ष करते हैं, कहीं जीवन-यापन का पुराना ढर्रा टूटने लगे तो मन शंकित हो उठता है और उस जाने-पहचाने ढर्रे से हम जुड़े रहना चाहते हैं और परिवर्तन का विरोध करते हैं। मेरे लड़कपन के ही दिनों में हमारे शहर में बिजली आयी थी, एक बिजली कंपनी खुली थी, सड़कों के किनारे खंभे गाड़े जाने लगे थे, तारें बिछायी जाने लगी थीं। हमारे शहर के लिए यह बिल्कुल नई चीज़ थी और हमारे घर में भी महीनों बसें चलती रही थीं। मेरी माँ का तर्क था कि जब और लोग घरों में बिजली लगवा रहे हैं तो हम क्यों न लगवायें, पिताजी का तर्क था कि बिजली से नज़र खराब होती है, इससे बच्चों में निठल्लापन आयेगा, जब मन चाहा बटन दबाकर कमरे में रोशनी कर ली। अब तो लैंप की चिमनी साफ़ करनी पड़ती, उसमें तेल डालना पड़ता है,

हरीकेन लैंप को, ज़रूरत पड़ने पर, एक कमरे में से उठाकर दूसरे में ले जाना पड़ता है। बिजली आ गयी तो बच्चे निठल्ले हो जायेंगे और खर्च भी बढ़ेगा।

पर जिस तरह बसें, कुछ देर बाद, शहर की सड़कों पर दौड़ने लगीं, और घोड़ा-गाड़ियों को उन्होंने सड़क पर से खदेड़ दिया, वैसे ही घर-घर बिजली के कुमकुमे भी जगमगाने लगे, और दीये और कुप्पियाँ और हरिकेन लैंप न जाने कहाँ लोप हो गये।

पर हमारे शहर में जिस तरह बसों पर पथराव हुआ था, वैसे ही एक प्रेमी जोड़े पर भी पथराव हुआ था। मेरा एक दोस्त एक लड़की से प्रेम कर बैठा था, और उसे साथ लेकर घूमने निकल पड़ा था। यह फ़िल्मों का असर था या अंग्रेजी नावलों का असर, या पुराने, दकियानूसी रीति-रिवाज का विरोध, छिप-लुककर प्रेम करने के बजाय उन्होंने बेलाग होकर प्रेम करना चाहा था। आज वैसे किसी प्रेमी जोड़े को देखो तो भला लगता है, पर उन दिनों जब वे सड़क पर निकले थे तो घर-घर में दहशत-सी फैल गई थी, औरतों ने दाँतों-तले उँगलियाँ दबा ली थीं, और मर्दों की आँखों में खून उतर आया था, और फिर उन्हीं प्रेमियों के हमउम्र लड़कों ने, उन पर ढेले फेंके थे, और वे जैसे-तैसे जान बचाकर घर पहुँचे थे। पुरानी मान्यताएँ टूटने का डर इतना निर्मम भी हो सकता है, यह तभी देखने में आया था। परिवर्तन का इतना कटु विरोध पहले कभी नहीं देखा था।

पर परिवर्तन के साथ संघर्ष बराबर जुड़ा रहता है। और वह संघर्ष मात्र स्थितियों तक ही सीमित न रहकर हमारी मान्यताओं और मूल्यों को अपनी लपेट में ले लेता है। पुरुष-नारी संबंधों के साथ जो परंपरागत मान्यताएँ जुड़ी हैं और पाश्चात्य 'सभ्यता' के प्रभावाधीन इन मान्यताओं को जो चुनौती मिली है, प्रेमचंद ने इसी सवाल से जूझते हुए अनेक उपन्यास लिख डाले।

घर के अंदर परिवर्तन को लेकर संघर्ष चले, या बाहर समाज में संघर्ष चले, मान्यताओं-मूल्यों का दखल कहीं न कहीं, किसी न किसी रूप में जरूर रहता है। ऊपर से बड़ी सीधी-सादी लगने वाली घटना के साथ भी मीलों लंबे तंतु जुड़े रहते हैं। मुझे याद है जब हमारे शहर में पहली बार एक अंग्रेजी सिगरेट कंपनी ने अपना कैंप लगाया था। कैंप खुलने के कुछ दिन पहले उस कंपनी के इश्तहार बाँटे गये थे। ताँगे में एक आदमी इश्तहारों का पुलिंदा हाथ में लिये बैठा था और पास में उसने कैंची ब्रैंड सिगरेटों की बहुत-सी डिब्बियाँ रख ली थीं। ताँगे में ही एक ढोलची भी बैठा था जो बराबर ढोल बजा रहा था। ताँगे के दोनों तरफ कैंची की डिब्बियों के बड़े-बड़े इश्तहार लगे थे। ढोल की आवाज़ सुनकर लोग सड़क पर आ जाते, और ताँगे के अंदर बैठा आदमी जहाँ इश्तहार फेंकता वहाँ पर साथ में किसी-किसी वक्त दो-दो, तीन-तीन डिब्बियाँ सिगरेटों की भी फेंक देता। लोग लपक-लपककर सिगरेट उठा लेते। हुक्के के कश लगाने वाले लोग सिगरेटों की आज़माई करने

लगे। मुफ्त का सिगरेट था, क्यों न पीते। फिर जब कैंप लगा तो अंग्रेज़ कंपनी ने उसमें चाँदमारी की प्रतियोगिता चला दी। छर्रे वाली बंदूक लेकर निशाना बाँधो, और अगर निशाना सही बैठे तो सिगरेटों का पूरा-पूरा डिब्बा इनाम में ले लो। पहले तो हुक्के का गुणगान करने वाले बड़े-बूढ़ों ने विरोध किया, लौंड़े-लपाड़े कैंप को देखने गये तो उनकी टाँगों पर बेंत लगाये, पर धीरे-धीरे लोगों ने कैंप का मुंह किया और देखते ही देखते कैंची सिगरेट की लोकप्रियता बढ़ने लगी। पहले मुफ़्त मिल जाती थी, अब इकन्नी-भर में पूरी डिबिया मिलने लगी।

अब कौन नहीं जानता कि इंगलैंड की एक बहुत बड़ी कंपनी ने हिंदुस्तान को अपने सिगरेटों का बाजार बनाने के लिए यह सब तरकीब की थी।

लेखकी मानसिकता मात्र परिवर्तन को देखती ही नहीं रहती, परिवर्तन के भीतर छिपे अंतर्द्वंद्वों के प्रति सचेत भी रहती है और उन्हें आँकती भी है। जीवन को बदलने वाली प्रक्रिया ही वास्तव में साहित्य का विषय बनती है, मात्र बदलाव के दृश्य नहीं। इसी कारण संघर्षरत मानव साहित्य का वीर नायक बनता रहता है। इसी कारण घटनाओं और पात्रों का घात-प्रतिघात किसी रचना की कथावस्तु बनते हैं। जीवन के बदलने वाले तत्त्व उस रचना के मूल प्रेरक होते हैं, और यही लेखक के हाथ में रचना का ताना-बना बनते हैं, इन्हीं को वह चलाता है। परिवर्तन का बाह्य रूप तो अपने में केवल छायामात्र ही होता है। प्रत्येक स्थिति के भीतर होने वाले टकराव में ही कुछ देखकर लेखक कलम उठाता है। और ये स्थितियाँ एक ही प्रकार की नहीं होतीं, तरह-तरह की होती हैं, और टकराव मात्र स्वार्थों का टकराव ही नहीं होता, मूल्यों का टकराव भी होता है। इसीलिए लेखक मात्र परिवर्तन का दर्शक नहीं होता, परिवर्तन के भीतर होने वाले संघर्ष और उस संघर्ष से जुड़ी मान्यताओं-मूल्यों से भी वह जुड़ा होता है। और जितना अधिक गहरे में वह जुड़ा होता है, और जितनी व्यापक उसकी सूझ होती है, उतना ही अधिक प्रामाणिक, बहु-आयामी और अर्थपूर्ण उसका साहित्य भी होता है। इस तरह लेखक की परिधि के कुछ भी बाहर नहीं होता। वह प्रेम कहानियाँ लिखे तो भी, और वर्ग-संघर्ष की कहानियाँ लिखे तो भी, और विश्वव्यापी टकरावों, विरोधों की कहानियाँ लिखे तो भी, उसके लिए कुछ भी निषिद्ध नहीं है, और न हो सकता है। हाँ, यह ज़रूरी है कि वह देखता क्या है, क्या अन्तर्विरोधों को उसने सही पकड़ा है, मूल्यों और मान्यताओं की उसकी सूझ हमें कुछ दिखाती है या नहीं दिखाती, हमारे दिमाग को रोशन करती है, या नहीं करती, जीवन की हमारी सूझ को बेहतर बनाती है या नहीं बनाती।

आज हम बड़े-बड़े परिवर्तनों के दौर में से गुज़र रहे हैं, और विकट संघर्षों और मूल्यों के टकराव के दौर में से भी। लड़कपन के दिनों मैंने वियतनाम का कभी नाम नहीं सुना था। आज हर आये दिन अखबार खोलने पर संसार-भर में

जगह-जगह घटने वाली घटनाओं की खबरें मेरे ज़ेहन से टकराती हैं, कभी कंपूचिया, कभी एल सालवादोर, कभी नामिबिया। लेखक के दृष्टि क्षेत्र में ये स्थान और ये घटनाएं अपना स्थान ग्रहण कर रही हैं। लड़कपन में मैं सपने में भी नहीं देख सकता था कि कभी वायुयान हज़ारों मील फ़ी घंटा की रफ़्तार से बाह्य अंतरिक्ष में उड़ान भरेंगे और फिर घरघराते हुए पृथ्वी पर लौट भी आयेंगे। मैं कल्पना भी नहीं कर सकता था कि कभी ऐसे बम भी ईजाद किये जायेंगे जो मिनटों में समूचे संसार को नष्ट-भ्रष्ट कर दें। यह अंदाज़ भी नहीं लगा सकता था कि पृथ्वी पर बैठा हुआ कोई साइंसदान लाखों-करोड़ों मील दूर अंतरिक्ष में उड़ते हुए किसी वायुयान का दिशा-निर्देश भी कर सकेगा।

इन सब बातों के बारे में सोचते हुए, अंततः हम लेखक की दृष्टि पर आ जाते हैं, क्योंकि प्रत्येक लेखक अपनी दृष्टि के बल-बूते पर ही लिख सकता है। और मूलतः इंसान और मानव समाज ही उसके साहित्य का विषय होते हैं। वह तब्दीलियों को भी अपनी नज़र से देखता है, और संघर्ष को भी।

यह संभव है कि वह परिवर्तनों को परिवर्तन माने ही नहीं। वह उन्हें भगवान की लीला माने। परिवर्तनों को वह कालचक्र का अंग मान कर, उन्हें कोई महत्त्व ही न दे। न परिवर्तन को, न संघर्ष को और न मान्यताओं को। साम्राज्य बनते हैं, फिर टूट जाते हैं, फिर नये साम्राज्य खड़े हो जाते हैं, वे भी धराशायी हो जाते हैं, और उनका स्थान कोई और साम्राज्य ले लेते हैं, किसी एक कालखंड में उठने वाले साम्राज्य या डूबनेवाले साम्राज्य का महत्त्व क्या है। यह चक्र चलता रहता है। संस्कृतियाँ पनपती हैं, फिर काल के महागर्त में डूब जाती हैं। यह सब उसे केवल लीला नज़र आये।

यह भी एक दृष्टि है। एक ओर दृष्टि यह भी है कि आज होने वाले परिवर्तनों के सामने लेखक त्रस्त और व्याकुल हो उठे। उसकी दृष्टि मानवजाति को अंधी गली में फँसे हुए जीव-सी लगे, जहाँ निस्तार का कोई साधन नहीं, कोई संभावना नहीं।

परिवर्तन का अपना कोई महत्त्व नहीं, वह किसी परिप्रेक्ष्य से जुड़कर ही मूल्य ग्रहण करता है। किसी ने कोई सपना सँजोया हो, और वह सपना साकार न हो पाये और उसका दिल जो कभी विश्वास और उत्साह से भरपूर था, टूट-टूट जाये, तो सपना सँजोने वाले व्यक्ति के तथा उसके सपने को साकार रूप दे पाने के उसके संघर्ष के संदर्भ में ही उस परिवर्तन का कोई महत्त्व होगा, तभी वह दिल को छुएगा :

'मुकाबिला तो दिले नातवाँ ने खूब किया।'

किसी का सपना हो, या दो जून रोटी जुटा पाने का संघर्ष, परिवर्तन के पीछे काम करने वाले संघर्ष तथा उनसे जुड़ी गहरी भावनाएँ, उस परिवर्तन को अर्थपूर्ण

बना देते हैं। आजादी के पहले लाखों-लाख लोगों के दिल जज्बे से भरे रहते थे, आजादी के साथ लाखों-लाख लोगों की महत्त्वाकांक्षाएँ जुड़ी थीं। आजादी के बाद के सालों में बहुत कुछ बदला, गतिशील जीवन ने नई-नई करवटें लीं, पर परिवर्तन का जो रूप सामने आया, उससे लाखों-लाख लोगों को धक्का भी लगा। कोई भी लेखक जब उस परिवर्तन को आँकेगा तो वह उन सभी महत्त्वाकांक्षाओं के संदर्भ में, वस्तुस्थिति के संदर्भ में और उनसे जुड़ी अनेक मान्यताओं-मूल्यों में रखकर ही उन्हें आँक पायेगा। मात्र दर्शक बनकर परिवर्तन का चित्रण वह नहीं करता। लेखक वास्तव में परिवर्तन से उत्प्रेरित नहीं होता, वह उस परिवर्तन को लाने वाले कारकों और उन कारकों के पीछे काम करने वाली मान्यताओं से प्रेरित होता है। हाँ, मैं उस लेखक की बात नहीं करता जो परिवर्तन के महत्त्व को भी नकारता है और परिवर्तन लाने वाले संघर्ष के महत्व को भी, उन जुझारू तत्त्वों के महत्त्व को भी जो जिंदगी में उतार-चढ़ाव पैदा करते हैं। बच्चों की कहानियों का राजकुमार अंत में विजयी होता है। उसकी विजय से उसकी स्थिति बदलती है, पर विजय प्राप्त कर पाने के लिए तरह-तरह के दानवों तथा शैतानी ताकतों के विरुद्ध संघर्ष करते हुए ही, वह सच्चा राजकुमार बनता है।

क्या था और क्या हो गया, देखो कैसा शानदार महल था, अब खंडहर का ढेर बना गया है, कैसी सुंदर युवती थी, अब जराग्रस्त कुबड़ी बुढ़िया में बदल गयी है—दुनिया को इस तरह देखना उसे चित्रवत् देखना है। और मेरी समझ में इस दृष्टि में मूलतः एक अधूरापन है, यह जीवन को उसके सतही रूपों में देखना है। लेखक सतह के नीचे उतरता है, वह परिवर्तन की तह में काम करने वाली प्रक्रियाओं को देखता है और उन प्रक्रियाओं को देखते हुए वह परिवर्तन को आँकता है। मात्र बदलाव की बात कर देने से वह संतुष्ट नही होता, आज तो यों भी नहीं, क्योंकि इसे भगवान की लीला कह देने से बात नहीं बनती।

जीवन की कोई स्थिति, कोई घटना एक लेखक को उद्वेलित करती है, उसे उसमें कुछ नज़र आता है, जीवन का कोई अंतर्विरोध, कोई विडम्बना, उसी में उसे कहानी अथवा नाटक अथवा कविता भी नज़र आती है, और वह अपनी कलम उठाने पर मजबूर हो जाता है। और तभी अभिव्यक्ति का संघर्ष शुरू हो जाता है। पर यह प्रक्रिया सोलह आने सचेत प्रक्रिया नहीं होती। लेखक की चेतना सोयी हुई तो नहीं होती, लेकिन उसके संवेदन में समायी हुई जरूर होती है। सचेत प्रक्रिया से इंकार तो नहीं लेकिन यह मात्र तर्क अथवा चिंतन के धरातल पर ही नहीं होती, लेखक के समूचे रचनात्मक व्यक्तित्व का अंग बनकर ही सक्रिय होती है। लेखक भावनाओं में डूबता-उतराता रहता है, पर चूंकि जीवन के साथ उसका संवेदन जूझ रहा होता है, इसलिए उसका संपूर्ण रचनात्मक व्यक्तित्व ही सक्रिय होता है, जिसमें उसका तर्क और मस्तिष्क उसकी भावनाओं आदि के

साथ-साथ अपनी भूमिका निभाते चले जाते हैं।

और उस रचनात्मक संवेदन को चलाने वाली लेखक की जीवन दृष्टि होती है। जीवन दृष्टि न हो तो लेखक को किसी घटना में कुछ भी नज़र नहीं आये। प्रत्येक लेखक के संवेदन की विशिष्टता उसकी जीवन दृष्टि में होती है और लेखक की रचना को महत्त्व और सार्थकता भी उसकी जीवन दृष्टि से ही प्राप्त होती है। इसीलिए, लेखक जो कुछ भी लिखता है, उसमें उसकी जीवन दृष्टि लक्षित होती है।

लिखते समय बाहर की दुनिया का ध्यान नहीं रहता। अपने अंदर की दुनिया में ही लेखक विचरता है और उस समय, जैसा उसका रचनात्मक व्यक्तित्व बन चुका होता है, उसी के बल पर उसकी रचना बनती है।

यह भी मुमकिन है कि जीवन की कोई घटना घटते समय लेखक के मस्तिष्क से टकराये, परंतु लेखक को लिखने पर मजबूर नहीं करे और लेखक बरसों बाद अचानक ही उसे ले बैठे, और पूरी तन्मयता के साथ उसे लेकर लिखने लगे। परिवर्तनशील परिवेश में कोई चीज़ उसे छू तो सकती है, पर ज़रूरी नहीं कि उसे लेकर लेखक फ़ौरन ही कलम उठा ले। तरह-तरह के अनुभव, कहीं न कहीं, रचनात्मक संवेदन के क्षेत्र में बीज बनकर गिरते रहते हैं, कौन जाने कब कोई बीज फूटने लगे। यह भी ज़रूरी नहीं कि जब लेखक उन घटनाओं से उद्वेलित होकर लिखने बैठे तो उन घटनाओं का चित्रण ही करने लगे। हो सकता है कि उसकी रचना में उन घटनाओं का लेशमात्र भी न मिले। किसी रचना की सामयिकता उसमें दी गयी घटनाओं की वास्तविकता पर निर्भर नहीं करती। कभी-कभी हमें समय के स्वर सुनाई देते हैं, मात्र ध्वनियाँ, मात्र भावावेश, घटना क्रम का लेशमात्र भी वहाँ मौजूद नहीं होता। फिर भी उस रचना पर अपने समय की छाप होती है। परिवेश में होने वाले परिवर्तन और संघर्ष का प्रभाव लेखक के व्यक्तित्व पर पड़ता तो ज़रूर है, पर छनकर पड़ता है।

तो क्या यह सब अनायास ही होता है, साहित्य-रचना में सायास कुछ नहीं होता?

मेरा उत्तर इसके बिलकुल उलट होगा। कहानी का जन्म अनायास होता है, पर कहानी के जन्म की तैयारी सायास होती है। कुछ-कुछ मनुष्य के जन्म की तरह। लेखक का संवेदन उर्वर बन पाये, वह पनपे, इसके लिए संवेदन का पोषण नितांत आवश्यक है। लेखक जीवन से जुड़ता है, तो अपने संवेदन का पोषण करता है, स्वयं जीता है, अनुभव ग्रहण करता है, तो संवेदन का पोषण करता है, आस-पास की दुनिया को देखने-समझने का प्रयास करता है, अपने दृष्टि-क्षेत्र को विशाल बनाता है, तो अपने संवेदन का पोषण करता है। गहराइयों में उतरना, जीवन के अंतर्द्वंद्वों को समझना, महसूस करना नैतिक, सामाजिक, आध्यात्मिक

प्रश्नों से जूझना, सभी कुछ उसके संवेदन का सायास पोषण ही है। पर जब लेखक लिखने बैठता है तो बाहर की दुनिया से अपने को समेटकर अपने रचना-संसार में उतर जाता है। यहाँ वही संवेदन जिसका वह सायास विकास करने की चेष्टा करता रहा है' अब सक्रिय होने लगता है, और जैसा वह संवेदन उस वक्त तक बन पाया है, उसी के अनुसार वह रचना रचेगा। वही संवेदन लेखक का रचनात्मक व्यक्तित्व होता है। इसीलिए कई बार मुग़ालता भी होने लगता है जब हम उसके सचेत अथवा बौद्धिक व्यक्तित्व को उसके रचनात्मक व्यक्तित्व का ही प्रतिरूप मानने लगते हैं। मार्क्सवाद को मानना एक बात है, मार्क्सवादी दृष्टि से कहानी लिखना बिल्कुल दूसरी बात। मार्क्सवादी दृष्टि, लेखक के संवेदन में खप-कर, उसके संवेदन का अभिन्न अंग बनकर ही रचना में चरितार्थ हो पाती है।

विचारधाराओं ने निश्चय ही महान साहित्य को उत्प्रेरित किया है। हमारे संत साहित्य में क्या विचारधारा झिलमिलाती नज़र नहीं आती? पर उसकी प्रेरणा से तभी उत्कृष्ट साहित्य रचा जा सका जब वह संवेदन का, लेखक के समूचे रचनात्मक व्यक्तित्व का अंग बनी, जब रचनाकार उसके रंग में रंग गया, वह उसकी दृष्टि में रच-बस गयी। इसी रूप में, परिवर्तन और संघर्ष में, मैं लेखक की मानसिकता को देख पाता हूँ।

कला सचमुच वह प्रक्रिया है जिसमें लिखने वाले के निजी उद्वेग, मूर्तरूप लेते हुए, धीरे-धीरे आत्मनिष्ठ न रहकर, वस्तुनिष्ठ होते चले जाते हैं। रचना-प्रक्रिया एक यात्रा है, निजी उद्वेगों को परोक्ष, वस्तुपरक सच में बदलने की। यह साहित्य का नैसर्गिक गुण है। यही कला है। लेखक के लिए अपने उद्वेग, ज्यों के त्यों, कागज़ पर उतार देना कला नहीं है। कलाकार अपने उद्वेगों का परिष्कार करता है, उसकी अभिव्यक्ति इन निजी उद्वेगों की परिष्कृति है। और जब यह वस्तुपरक सत्य का रूप लेती है, तो यह जीवन की तस्वीर बनती चली जाती है, उसमें वस्तुगत यथार्थ की प्रामाणिकता आने लगती है, और भले ही वह किसी स्थिति विशेष को नहीं आँक रही हो, वह जीवन के किसी सत्य से हमारा साक्षात कराने लगती है। इस अर्थ में, लिखने की प्रक्रिया, निश्चय ही लेखक के आंतरिक भावना जगत से निकल कर, बाहर की ओर जाने वाली बाह्योन्मुख प्रक्रिया होती है। बाहर की दुनिया के अक्स पकड़ते हुए, अक्स, बिंब और प्रतीक पकड़ते हुए उसे रचना का वस्तुपरक रूप मिलने लगता है। इस तरह यह लेखक के संवेदन में से जन्म लेने वाली कला वस्तु भी है, और जीवन की कोख में से जन्म लेने वाला सत्य भी है।

प्रेमचंद आज के संदर्भ में

प्रेमचंद जन्म शताब्दी वर्ष संपन्न होने जा रहा है। बस, दो-चार दिन ही बाकी रह गये हैं। जो संस्थाएँ अथवा संस्थान कोई आयोजन नहीं कर पाये हैं, वे हड़बड़ी में हैं कि जैसे-तैसे कोई छोटी-मोटी गोष्ठी ही कर डालें, मानो न कर पाने से कहीं बहुत बड़ी चूक हो जायेगी। कितने ही आयोजन तो 31 जुलाई को ही रखे गये हैं, जगह-जगह, शहर-शहर में, बनारस में, दिल्ली में, लमही में, रेडियो और टेलीविजन पर। एक होड़-सी लगी है।

बड़ी शुभ और उत्साहवर्द्धक होड़ है यह। हम अपनी विभूतियों को एक बार फिर स याद कर लिया करें, उनकी रचनाओं को फिर से एक नजर देख लिया करें, जिन्होंने हमारे साहित्य को समृद्ध बनाया है और आने वाली पीढ़ियों का पथ-प्रदर्शन किया है।

यह उत्साह इतना स्वतः स्फूर्त-सा लगता है कि इसका विश्लेषण करने की गुंजाइश नहीं रह जाती। कहीं किसी पर दबाव नहीं था कि वह प्रेमचंद की जन्म-शती मनाये, कहीं औपचारिकता निभाने की जरूरत नहीं थी। अगर देखा-देखी की बात रही हो तो कुछ लोग नाक-भौंह सिकोड़ सकते थे—हमारे बीच ऐसे लोगों की क्या कमी है जो अपनी मौलिकता दिखाने के लिए, दूसरों के आयोजनों की खिल्ली उड़ायें। पर ऐसा नहीं हुआ, अगर हुआ भी है तो बहुत कम। इसलिए ये आयोजन मात्र फर्ज निभाने वाली बात नहीं थे। बनावटी आयोजन का बनावटीपन छिपा नहीं रहता। उनके पीछे श्रद्धाभाव था, सद्भावना थी, अंदर से उठनेवाला एक आत्मीयता का भाव था।

इसमें शक नहीं कि काल और परिवेश की दृष्टि से भी प्रेमचंद हमारे बहुत नजदीक हैं। बहुत-से लोग आज भी हमारे बीच मौजूद हैं जो उनके सहयोगी रह चुके हैं। उनके दोनों सुपुत्र हमारे बीच मौजूद हैं, और अनेक गण्यमान्य लेखक तथा पत्रकार जिनके साथ उनका गहरा संपर्क रहा। इनके मुँह से बहुत-से किस्से सुनने को मिलते हैं, प्रेमचंद के व्यक्तित्व के बहुत-से पहलू सामने आये हैं, पर इसी

कारण हम उनके प्रति आत्मीयता का भाव रखते हों, ऐसा नहीं है।

यह भी सही है कि हमारा परिवेश बहुत नहीं बदला है, न तो सामाजिक व्यवस्था की दृष्टि से और न ही उन विसंगतियों-अंतर्विरोधों की दृष्टि से जिनसे प्रेमचंद का समाज पीड़ित था। इस तरह उनके लेखन में हमें अपने समाज की झलक मिलती है, और यह भी हमें प्रेमचद के निकट लाती है।

लेखक और पाठक का रिश्ता बड़ा नाजुक-सा रिश्ता होता है। पाठक बहुत जल्दी प्रभावित तो हो जाता है—किसी लेखक के पांडित्य से भी, उसकी दार्शनिक मुद्रा से भी, उसकी चमत्कारपूर्ण शब्दावली से भी—लेकिन प्रभावित होना एक बात है, उसे अपना समझना, उसे आत्मीय मानना बिलकुल दूसरी बात। जो लेखक जिंदगी की सच्चाई से हमारा साक्षात् कराये, पाठक अपने को उसके अधिक निकट पाने लगता है, वह लेखक के प्रति कृतज्ञ-सा महसूस करने लगता है। जिंदगी की सच्चाई से साक्षात् होने पर एक रोशनी-सी मिलती है, जीवन का कोई पहलू आलोकित हो उठता है, इससे पाठक कुछ ग्रहण करता हुआ महसूस करता है, और लेखक की महत्ता उसे गहरे में प्रभावित करती है। लेकिन लेखक और पाठक की दूरी फिर भी कुछ-न-कुछ बनी रहती है। यह दूरी तब मिटती है जब लेखक की रचनाएँ उसके दिल की गाँठें खोलने लगें। जब लेखक की अपनी सहानुभूति और सद्भावना पाठक के दिल में उतर जाये, उसके दिल की गहराइयों तक जा पहुँचे और पाठक भी उसी सद्भावनापूर्ण नजर से दुनिया को देखने-पहचानने लगे जिस नजर से लेखक ने देखा और पहचाना था, तब ऐसा लगने लगता है जैसे लेखक ने जिंदगी को देखने का एक नजरिया दिया है, लेखक उसका हाथ पकड़कर अपने साथ ले चला है, और उसे अपने परिवेश को जानने-समझने की नजर दी है। जब लेखक और पाठक के दिल के तार इस तरह से जुड़ जाते हैं तो कला के बहुत सारे रूपवादी गुण पीछे छूट जाते हैं। तब इस बात का बहुत महत्त्व नहीं रह जाता कि लेखक ने अपनी कहानी किस्सागोई के अंदाज में कही है या अपनी ओर से टिप्पणी किये बिना कहानी का विकास हुआ है, कि अमुक कहानी पर आर्यसमाजी प्रभाव था या गांधीवाद का या मार्क्सवाद का, कि कहानी अंत में नसीहत करती है या नहीं करती, कि कहानी आदर्शवादी है या यथार्थवादी। इतना काफी है कि कहानी में जिंदगी बोल रही है और पाठक के दिल को उद्वेलित कर रही है।

शायद मानवप्रेम ही एक ऐसा तत्त्व है जो दिल की गाँठें खोलता है।

अब मानवप्रेम बड़ा व्यापक-सा शब्द है, वैसा ही व्यापक जैसा 'समाज' शब्द। प्रेमचंद का मानवप्रेम ऐसा नहीं है कि उसमें जालिम भी आ जाये और मजलूम भी आ जाये, जमींदार भी आ जाये और कर्ज के बोझ के नीचे पिसने वाला गरीब किसान भी आ जाये। या यों कहें कि उनका मानवप्रेम इतना खरा

है कि उसे कलुषित करने वाले तत्त्वों को प्रेमचंद बर्दाश्त नहीं कर पाते, और उसे उत्तरोत्तर साफ करते रहना चाहते हैं, शुद्ध मानवप्रेम के रूप में निखारते रहना चाहते हैं।

प्रेमचंद का मानवप्रेम उत्पीड़न के विरुद्ध, अन्याय के विरुद्ध अपनी आवाज उठाता है। और इस आवाज में इतना दर्द है, वह दिल की अतल गहराइयों में से निकली हुई आवाज है, इसीलिए हम पर असर कर जाती है। यों तो गाँवों के बारे में बीसियों कहानियाँ लिखी गयी हैं और आज भी लिखी जा रही हैं। उनमें से अनेक कहानियाँ मात्र आंचलिक होकर रह गयी हैं। कहीं पर उस दर्द का अभाव खटकता है, मानवप्रेम की कमी खटकती है, भले ही गाँव की ज़िंदगी की वास्तविकता को कितने ही प्रामाणिक ढंग से क्यों न आँका गया हो।

प्रेमचंद ने ठंडे दिल से कुछ नहीं लिखा, उन्होंने जो भी लिखा है, गर्मजोशी से लिखा है, दिल खोलकर लिखा है, और भरे-भरे दिल से लिखा है। ऐसे लेखन को ठंडे, यांत्रिक नाप-तौल की कसौटियों पर आँकना सही नहीं होगा। इस तरह के लेखक एक अलग कोटि में आते हैं, ऐसे लेखक जिनका व्यक्तित्व उनकी रचनाओं से कहीं अधिक ऊँचा और आकर्षक होता है। ऐसे लोग बहुत ज्यादा लिखते हैं, मुफलिसी, बीमारी और तरह-तरह की परेशानियों के बावजूद लिखते रहते हैं। चैन से बैठ ही नहीं सकते। उन्हीं की कलम से कुछ रचनाएँ निकल आती हैं जो कला के सर्वोच्च स्तर को छू जाती हैं। उनकी रचनाओं में शैली, वाक्य-विन्यास, कथावस्तु के गठन आदि से कहीं अधिक उनमें झलकता लेखक का प्रखर, उज्ज्वल, सुंदर व्यक्तित्व हमें आकृष्ट करता है। प्रेमचंद की रचनाओं में प्रेमचंद का व्यक्तित्व सबसे अधिक आकर्षक तत्त्व है। उनके दिल की असीम उदारता, उनके दृष्टिक्षेत्र का फैलाव, दुखी, दलित मानव के धड़कते दिल के साथ धड़कता उनका अपना दिल। इन बातों से खिंचा हुआ पाठक प्रेमचंद के पास जाता है। इसीलिए इक्की-दुक्की रचनाओं से हम प्रेमचंद की महत्ता को नहीं आँकते, न ही उनकी कमजोर रचनाओं के कारण प्रेमचंद छोटे पड़ जाते हैं।

प्रेमचंद की रचनाओं के माध्यम से हम अपने परिवेश को देख और पहचान पाते हैं। उनकी रचनाओं को पढ़ते समय किस पाठक ने इस बात का अनुभव नहीं किया कि वे कहानियाँ आज भी लिखी जा सकती थीं (हालाँकि वे लिखी नहीं गयी हैं), उसी दर्द के साथ, उसी सच्चाई को लेकर, उसी प्रामाणिकता के साथ, क्योंकि हमारा समाज आज भी उन्हीं विषमताओं से जूझ रहा है जिनसे प्रेमचंद के काल का समाज जूझ रहा था। यदि घीसू और माधव और दुखी चमार और होरी हमारे सामने आ खड़े होते हैं तो उस काल और परिवेश के प्रतिनिधि पात्र बनकर ही। और उन्हें देखने के बाद हमें अपने आस-पास उनके प्रतिरूप दिखायी देने लगते हैं। आज के लेखन से ऐसा नहीं हुआ। उनके पात्रों के माध्यम से हम आज

की दलित मानवता को देखते और पहचानते हैं, प्रेमचंद ने उन्हें पहचान पाने के लिए मानो हमें ये पात्र जुटाये हैं।

"...नया कफ़न चाहिए ! यह भी कैसा रिवाज है कि जिसे जीते-जी फटा चिथड़ा नसीब नहीं हुआ उसे मरने के बाद नया कफ़न चाहिए।"

ये शब्द आज का कोई कहानीकार भी अपने घीसू के मुंह से कहलवा सकता था। यह अलग बात है कि वह अभी तक कहलवा नहीं पाया।

"यदि धन-दौलत की ताकत और शिक्षित वर्गों की स्वार्थपरता, जैसी आज हम देखते हैं, वैसी आजादी के बाद भी बनी रही, तो मैं कहूँगा कि इससे बेहतर है कि देश को इस तरह की आजादी कभी न मिले। ब्रिटिश पूंजीपतियों की धनलिप्सा और शिक्षित वर्गों का स्वार्थ हमें मारे दे रहा है। जिन बुराइयों के विरुद्ध आज हम जान जोखिम में डालकर लड़ रहे हैं, क्या वे लोगों को इसलिए स्वीकार्य होंगी कि वे तब विदेशी न होकर देशी होंगी ? कम-से-कम मेरे लिए स्वराज्य का अर्थ यह नहीं है कि जॉन का स्थान गोविंद ले ले।"

लगता है प्रेमचंद ने हमारे काल को ही दूर से देख-समझकर 'आहुति' के नाटक के मुंह से यह कहलवाया है।

आयरलैंड के विश्वविख्यात कवि येट्स की एक कविता है जो उन्होंने अपने जीवनकाल के अंतिम वर्षों में अपने उन मित्रों को याद करते हुए लिखी थी जो उनके जीवन-साथी रहे थे। कविता की अंतिम पंक्तियों में उन्होंने कहा—

"प्रिय पाठक, जब कभी तुम मेरी रचनाएँ पढ़ोगे तो मेरे बारे में अपना निर्णय इस या उस कविता के आधार पर नहीं करना, तुम इस चित्रशाला में चले आना जहाँ मेरे जीवनसाथियों के चित्र टँगे हैं। इन चित्रों को देखकर तुम मुझे समझ पाओगे। मेरे जीवन का गौरव इसी में है कि ये मेरे जीवनसाथी थे।"

प्रेमचंद भी ऐसा ही कहते जान पड़ते हैं कि मेरे बारे में अपना निर्णय करना चाहो तो मुझे भी इस या उस रचना में नहीं खोजना, तुम भी इसी चित्रशाला में चले आना जहाँ घीसू और माधव, जोखू और दुखी चमार, सूरदास और होरी खड़े हैं। मेरे जीवन का गौरव भी इसी में पाया जाता है कि ये मेरे जीवन-साथी थे। इन्हीं को देखकर तुम मुझे समझ पाओगे।

शायद यही वह मूल बिंदु है जिससे हम उनकी देन का ऊँचा मूल्य आंकते हैं। उन्होंने हमारे देश की मूक मानवता को वाणी दी है। जिस विशाल जनसमुदाय का कोई अस्तित्व न था, उसे साहित्य के केंद्र में लाकर खड़ा कर दिया है। उन्होंने सामाजिक जीवन के ऐसे पहलू पर से परदा उठाया है, जिस ओर कोई आंख उठाकर नहीं देखता था। प्रत्येक महान लेखक जीवन के पट खोलता है, हमें जीवन-दर्शन कराता है, हमारी आँखों के सामने ज़ीवन की सच्चाइयों का उद्घाटन करता है। और प्रेमचंद ने भी हमारी आँखों के सामने जीवन के पट खोले हैं। इस

तरह जो तीखा मोड़ प्रेमचंद ने हमारे साहित्य को दिया, वैसा तीखा मोड़ हमारे साहित्य में उनके बाद किसी ने नहीं दिया। जिसे हम उनकी रचनाओं का धड़कता दिल कहते हैं वह वास्तव में उनके काल का धड़कता दिल ही था। प्रेमचंद ने इसी आवाज को, इसी स्पंदन, इसी धड़कन को सुना और व्यक्त किया। इसके सामने सचमुच तिलिस्म और ऐयारी के अफसाने पुराने पड़ गये थे, मात्र मनोरंजन का ध्येय पुराना पड़ गया था, अपने तंग दायरे में सिकुड़कर बैठा हुआ लेखक भी पुराना पड़ गया था। जब लेखक वक्त की आवाज को नहीं सुनता तब वह अपनी प्रतिभा और पैनी कलम के बावजूद अपने खोल में ही पड़ा रह जाता है। प्रेमचंद के दिल की विशालता, और खुलापन और मस्ती उन्हें इस देशव्यापी भावना से ही मिली थी, उसके साथ जुड़ने पर ही मिली थी।

आज जब हम प्रेमचंद का फिर से मूल्यांकन करने बैठते हैं और उनके गुण-दोष निकालने लगते हैं, तो कभी-कभी लगता है जैसे उनका मूल्यांकन न होकर हमारा मूल्यांकन हो रहा हो, जैसे उन्हें किसी कसौटी पर कसने के बजाय हमें कसा जाने लगा हो। जैसे प्रेमचंद हमसे ही पूछने लगे हों कि मेरे चले जाने के बाद तुमने क्या-कुछ किया। वह पूछते जान पड़ते हैं—मेरे रहते गरीब, अपहृत, शोषित व्यक्ति, भारत का 'दरिद्र नारायण' साहित्य का नायक बन गया था। क्या अभी भी वह साहित्य का केंद्रीय पात्र बना हुआ है? कहीं ऐसा तो नहीं हुआ कि वह तुम्हारी आँखों से ओझल हो गया हो? तुमने कौन-से पात्र चुने हैं? तुम जीवन के किस प्रांगण में रहते-बसते हो? मैं जीवन-भर ऐसे ही पात्रों के बारे में लिखता रहा। ये पात्र मेरे मस्तिष्क पर छाये रहते थे। क्या वे तुम्हारे मस्तिष्क पर भी छाये रहते हैं? क्या उनके वंशज तुम्हारी रचनाओं में उतरे हैं? कैसे हैं वे? जब मेरा प्रिय पात्र होरी मरा था, तो मैंने एक तरह से चैन की साँस ली थी। मैंने कहा था कि ऐसे किसान का तो न रहना ही ठीक है जो रौंदा जाने पर भी अपनी शिष्टता और भीरुता न छोड़े, और पंचायत और साहूकार और जमींदार की चिरौरी करता फिरे। यह मर जायेगा तो ऐसे किसान नहीं होंगे। पर अब क्या स्थिति है? क्या अब किसान को अभयदान मिल गया है? कहीं ऐसा तो नहीं कि हलकू का वंशज पूस की रात में अभी भी ठिठुरन के मारे कुत्ते से लिपटता फिरता हो कि उसके शरीर को कुछ गरमाइश मिले? और जोखू का वंशज अभी भी ठाकुर के कुएं से पानी न निकाल सकता हो?

वह हमसे यह भी पूछते जान पड़ते हैं कि उस भाषा को तुम्हारे हाथों क्या बना जो मेरे रहते साहित्य में पनपने लगी थी, जिसे हम बड़े चाव से मिली-जुली भाषा की संज्ञा दिया करते थे, और जिस भाषा के सतत विकास की संभावनाएँ खुलने लगी थीं? क्या हिंदी और उर्दू अभी भी मिली-जुली जबानें हैं या तुमने इन्हें एक-दूसरी से अलग कर दिया है? और उर्दू, जिसे हमने उसी भाँति विरासत में

पाया था जैसे हिंदी को, मेरी नजर में वे दोनों एक थीं—तुमने कितना अंगीकार किया है, उसकी क्या गति हुई है?

कुछ दोस्तों को प्रेमचंद के प्रति इस तरह के उद्गार व्यक्त करना भावुक प्रलाप-सा जान पड़ता है। वे प्रेमचंद को शुद्ध साहित्य की कसौटी पर परखना चाहते हैं, मात्र उनकी पुस्तकों के गुण-दोषों के आधार पर, और इस तरह उन्हें परखते हुए वे उन्हें दूसरे दर्जे का लेखक घोषित करते हैं।

उन्हें प्रेमचंद की रचनाओं में अनेक दोष नजर आते हैं। उनका कहना है कि प्रेमचंद की रचनाओं में जीवन की विषमताओं का एक तरह का सरलीकरण पाया जाता है जो उनके लेखन को सतही बना देता है। जीवन सरल नहीं है, बहुत पेचीदा है, उसमें रास्ता सुझाना भी अनधिकार चेष्टा है, प्रेमचंद में इन पेचीदगियों को देखने की क्षमता नहीं थी, वरना वह रास्ता न सुझाते फिरते। इसी कारण वह आज असंगत हो गये हैं। इस दृष्टि से प्रेमचंद के गिने-चुने पात्रों का भी चरित्र-चित्रण एकांगी है, वे उनकी आदर्शवादी दृष्टि की उपज हैं। लेखक की आदर्शवादिता कला में खपकर आये तो वह स्वीकार्य होती है, लेकिन प्रेमचंद की आदर्शवादिता उनके अपने उत्साह और आवेश की उपज थी, इसलिए अक्सर थोपी हुई होती है। उनके पात्र टकसाली पात्र हैं, अधिकांश एक जैसे, सभी लेखक के आदर्शवादी मस्तिष्क की उपज। फिर उनके यहाँ कहानी खुद नहीं बोलती। सारा वक्त—या कम-से-कम, बहुत-सी कहानियों में—प्रेमचंद खुद बोलते हैं। आदि-आदि।

प्रेमचंद जीवित होते तो इस आलोचना को बड़े धैर्य से सुनते। और वह शायद सहमत होते हुए भी कहते, मेरा रास्ता बड़ा लंबा और कठिन था, कोई सिखाने-समझाने वाला नहीं था, पर फिर भी धीरे-धीरे कलापूर्ण कथा-साहित्य के गुणों के प्रति मैं भी उत्तरोत्तर सचेत होता गया था, इसी कारण मेरी आरंभिक रचनाओं और बाद की, विशेषकर अंतिम चरण की, रचनाओं में बड़ा अंतर पाया जाता है।

इस उत्तर से वे लोग संतुष्ट नहीं होंगे, क्योंकि उन्हें सोद्देश्य साहित्य से ही चिढ़ है, उन्हें सामाजिक कहानियों से ही बू आती है, उन्हें वे स्थूल कहानियाँ कहते हैं। वे साहित्य में सामाजिक तत्त्व का पाया जाना ही नितांत अनावश्यक और अप्रासंगिक मानते हैं। और सामाजिक तत्त्वों के साथ-साथ वे साहित्य में नैतिकता के तत्त्व को भी दकियानूसीपन कहते हैं। वे आधुनिक संवेदन की बात कहते हैं जिसमें न तो व्यक्तिगत स्तर पर नैतिक मूल्यों के लिए कोई स्थान है और न ही सामूहिक, सामाजिक स्तर पर। इसी कारण उन्हें प्रेमचंद का लेखन पसंद नहीं, क्योंकि प्रेमचंद नैतिकता से गहरे जुड़े थे, व्यक्तिगत धरातल पर भी और सामूहिक धरातल पर भी। प्रेमचंद की नजर में नैतिकता पुरानी नहीं पड़ गयी है

बल्कि नैतिकता मात्र व्यक्ति के जीवन से ही जुड़ी न रहकर, समूचे समाज के जीवन का अंग बन गयी है, और इस तरह साहित्य में एक नया आयाम जुड़ा है। पर इन मित्रों की नजर मे नैतिकता गौण हो गयी है। इसीलिए प्रेमचंद भी उनकी नजर में गौण हो गये हैं। वे इंसान को व्यक्तिगत नैतिकता और सामाजिक नैतिकता, दोनों से काटकर दिखाना चाहते हैं, इसीलिए आज साहित्य में जिस मूल्यहीनता की बात की जाती है, और जिसे आधुनिकता की संज्ञा भी दी जाती है, वह वास्तव में एक ओर व्यक्तिगत जीवन में नैतिकता को अप्रासंगिक मानना और दूसरी ओर नैतिकता के विकसित रूप—सामाजिक नैतिकता को नकारना है। प्रेमचंद में ऐसा नहीं है इसीलिए प्रेमचंद स्थूल लेखक हैं। ये लोग यह तो कहेंगे कि आज मानवजाति भयावह युग म जी रही है। उन तत्वों-कारणो की चर्चा भी करेंगे जो उसे भयावह बना रहे हैं लेकिन वे उनसे दो-चार होना नहीं चाहेंगे क्योंकि उनकी नजर में यह साहित्य का क्षेत्र नहीं है, और वे पेचीदगियों की दुहाई देते हुए अपने खोल में लौट जायेंगे, जबकि सामाजिक नैतिकता की चेतना लेखक को मजबूर करती है कि वह उनका सामना करे।

ये मित्र पश्चिम के साहित्य के आधार पर अपने साहित्य को परखते हैं। पश्चिम में आज मनुष्य अकेला रह गया है। अगर हमारे साहित्य मे भी मनुष्य अकेला दिखाया गया है तो लेखक में आज का संवेदन पाया जाता है, अन्यथा नहीं। आज पश्चिम में जीवन जटिल हो गया है, निस्तार का कोई रास्ता नही, पुराने मूल्य और मानदंड कुछ नहीं सुझाते, इंसान अंधी गली में खो गया है। यदि हमारे साहित्य में भी इस अंधी गली-जैसी स्थिति का चित्रण है तो लेखक का संवेदन आधुनिक है, अन्यथा वह अभी भी पिछड़े हुए, परंपरागत चिंतन का शिकार है। पेचीदगियों की बात, मनुष्य की अंधकारपूर्ण नियति की बात, प्रत्येक को अपना त्रास ढोने की बात—इनकी ध्वनियाँ हमारे साहित्य मे सुनायी पड़ती हैं तो हमारा साहित्य आधुनिक भावबोध का है, अन्यथा नहीं। वे इसी दृष्टि के बल पर प्रेमचंद को परखते और पुराना तथा अप्रासंगिक और दूसरे दर्जे का लेखक घोषित करते हैं।

हमारा नजरिया हमारे अपने साहित्य के विकास के परिप्रेक्ष्य में प्रेमचंद को देखने का है। साहित्य, लेखक के अपने काल और परिवेश की उपज होता है, लेखक की प्रतिभा परंपरा से प्राप्त होने वाली विरासत को आगे बढ़ाती और विकसित करती है। उसे नये-नये आयाम और नयी दिशा देती है। यही प्रेमचंद ने किया है। 1920 का यूरोप और 1920 का भारत समान स्थिति में नहीं थे। यूरोप, पहले विश्व-युद्ध के बाद हतबुद्धि, अपने जख्म सहला रहा था और वहाँ का लेखक मोहभंग की पीड़ा भोग रहा था, जबकि भारत में आजादी की जंग जोर पकड़ रही थी, दिलों में नये-नये वलवले उठ रहे थे और लेखक इन वलवलो से

उद्वेलित और अनुप्राणित हो रहा था। यूरोप का युद्धोत्तर साहित्य निराशा और मोहभंग का साहित्य है, जबकि भारत का उस समय का साहित्य नयी-नयी उमंगों से प्रभावित साहित्य है। तो क्या युगबोध के नाम पर प्रेमचंद के साहित्य को पिछड़ा हुआ साहित्य कह दें?

हमारा साहित्य इस शताब्दी के आरंभ से ही अधिकाधिक समाजोन्मुख होता गया है। इसका केवल यही मतलब नहीं कि लेखकों ने सामाजिक समस्याओं पर कहानियाँ-उपन्यास लिखे हैं, इसका मुख्यतः यह अर्थ है कि व्यक्ति की नियति में सामाजिक तत्त्व के प्रभाव और भूमिका को प्राथमिकता दी जाने लगी है। उन्नीसवीं सदी के अंत में वेश्या का चरित्र एक कुलटा का चरित्र था। पर प्रेमचंद की सुमन कुलटा नहीं, आत्मसम्मान वाली नारी है, जो अपने सामाजिक परिवेश से जूझ रही है। मनुष्य के जीवन में उसके सामाजिक परिवेश की भूमिका को हम करीब-करीब निर्णायक मानने लगे हैं। यहाँ तक कि हमारा बहुत-सा लेखन सामाजिक प्रतिबद्धता का लेखन बन गया है।

पश्चिम में ऐसा नहीं हुआ। बीसवीं शताब्दी का पाश्चात्य साहित्य अधिकाधिक आत्मकेंद्रित हुआ है। और उसने सामाजिक तत्त्व को या तो गौण माना है या पूरी तरह से नकारा है। पाश्चात्य लेखक के दृष्टि-क्षेत्र में सामाजिक तत्त्व की भूमिका ने कोई विशेष महत्त्व ग्रहण नहीं किया।

अब आत्मकेंद्रीय साहित्य को कसौटी मानकर हम समाजोन्मुख साहित्य का मूल्यांकन करें, तो यह कहाँ की दानिशमंदी है? और इस पर फतवे दें कि प्रेमचंद सतही थे, स्थूल थे, मानवचरित्र में गहरे नहीं उतरे, वह बाहर की दुनिया में घूमते रहे, इसलिए उनका नजरिया तंग था, आदि-आदि।

यह दो दृष्टियों का टकराव नहीं है, यह सरासर हमारे दोस्तों का भटकाव है। प्रेमचंद के नजरिये को तंग नजरिया कहने वाले नहीं जानते कि उनका अपना नजरिया कितना सिकुड़ता गया है, उनकी नजरें केवल अपने तक ही आकर ठहर गयी हैं, अपने से बाहर वे कुछ नहीं देख पाते।

जो लेखक अपने परिवेश से जुड़ता है, उसी के लेखन में उसके युग के स्वर भी सुनायी पड़ने लगते हैं। भावबोध और युगबोध उसी के भीतर से उठते हैं, कहीं बाहर से नहीं लाये जाते।

ये दो दृष्टियाँ हैं, एक दृष्टि से प्रेमचंद को देखें तो प्रेमचंद उत्तरोत्तर छोटे पड़ते चले जाते हैं, दूसरी दृष्टि से देखें तो वह उत्तरोत्तर महत्ता ग्रहण करते चले जाते हैं। देखना यह नहीं है कि प्रेमचंद के बारे में कौन कहाँ तक ठीक कहता है, देखना यह है कि कौन-सी दृष्टि सही है और कौन-सी गलत।

[1979]

'कफन' : आर्थिक चेतना के जटिल आयाम

बहुत दिन तक 'कफ़न' मुझे अच्छी नहीं लगी। मैं इसे प्रेमचंद की प्रतिनिधि कहानियों में नहीं मानता था। यार-दोस्त जब उसकी तारीफ़ करते तो मैं चुप रहता, पर मुझे उनका उत्साह अखरता था। मैं अक्सर उसे 'झूठी आधुनिकता' का ही लक्षण मानता, क्योंकि सभी तरह की नकारात्मकता आधुनिक मानी जाने लगी थी। इस पर प्रेमचंद ने अपनी इस कहानी का कहीं जिक्र नहीं किया था। एक जगह पर प्रेमचंद ने अपनी सर्वप्रिय बारह कहानियाँ गिनाई हैं, और उनमें यह कहानी शामिल नहीं है। यह भी मेरे लिए इस बात का प्रमाण था कि प्रेमचंद स्वयं इसका ऊँचा मूल्य नहीं आँकते थे। ज़माना था—आज भी है—जब दोस्तों को जीवन के भयावह, रोमांचकारी, बीभत्स चित्र ज्यादा पसंद हैं। उनकी नजर में आशापूर्ण दृष्टिकोण साहित्य में दकियानूसीपन की निशानी है, टूटे हुए मनुष्य का चरित्र आधुनिक है, आदि-आदि। मैं सोचता था कि 'कफ़न' की वाहवाही इस कारण अधिक है कि वह 'आधुनिकता' के मानदंडों के ज्यादा अनुकूल बैठती है। और चूँकि वह प्रेमचंद की कलम से निकली थी इसलिए उसे आधुनिक लेखन की एक अच्छी मिसाल के रूप में भी प्रस्तुत किया जा सकता था। इस तरह की टिप्पणियाँ भी पढ़ने को मिलतीं कि 'कफ़न' तक पहुँचते-पहुँचते प्रेमचंद अपनी थोथी आदर्शवादिता से मुक्ति पा चुके थे और अपनी कहानियों में नग्न यथार्थ को प्रस्तुत करने लगे थे। इस तरह की टिप्पणियाँ तो और भी ज्यादा मुझे अखरा करती थीं, मानो 'कफ़न' और ऐसी ही दो-एक 'नग्न यथार्थ' की कहानियों को छोड़कर प्रेमचंद की शेष लगभग तीन सौ कहानियों का कोई मूल्य न हो।

पर सच यह था कि मैंने यह कहानी बहुत बरस पहले पढ़ी थी, और एक ही बार पढ़ी थी। बाद में इसकी चर्चा ही सुनता और करता रहा था। ऐसा अक्सर होता है। सन् 40 में पढ़ी रचना पर हम सन् 80 में बड़े जोश-खरोश के साथ बहस करते हैं। बेशक, हर सशक्त कहानी अपना प्रभाव छोड़ जाती है, वर्षों तक वह प्रभाव बना रहता है, लेकिन यह जरूरी नहीं कि वह कहानी का यथोचित

प्रभाव ही हो। मेरे अधकचरे युवा मस्तिष्क ने घीसू और माधव की अमानुषिकता का प्रभाव तो ग्रहण कर लिया था, लेकिन वह उन मूल तत्त्वों को समझने में असमर्थ रहा था जिनकी रोशनी में ही उनकी अमानुषिकता समझ में आती है।

जब कहानी पढ़ी थी तो घीसू और माधव बड़े घृणास्पद जीव लगे थे, सहानुभूति के स्थान पर उनके प्रति मन में घृणा जागी थी, उनकी स्वार्थपरता, नीचता आदि के कारण। माधव की पत्नी के मर जाने पर गहरा सदमा हुआ था। और मन ने कहा था, ऐसे चरित्रों को दिखाने में क्या तुक है जो इतने गिरे हुए हैं। आखिर क्यों? किस उद्देश्य से प्रेमचंद ने इनके बारे में कहानी लिख डाली है, जबकि प्रेमचंद के दिल में वंचित अपहृत लोगों के प्रति गहरा संवेदन पाया जाता है जबकि उनके उत्पीड़न से भरे अंधकारमय जीवन में यदि उन्हें कहीं प्रकाश की लौ नजर आती है तो इस मानवीयता में, कहीं न कहीं उनमें टिमटिमाती रहती है, कहीं भूखे पेट रहकर भी अपना कौर बाँटकर खाने में, कहीं उनकी सत्यप्रियता के रूप में झलकती है और वे मानवेतर व्यवहार तक कर जाते हैं। पर यहाँ माधव और घीसू से ज्यादा नीच कौन होगा? लगता था प्रेमचंद ने एक ऐसा कथानक और एक ऐसी स्थिति चुनी थी जो उनकी सामान्य दृष्टि से बिल्कुल मेल नहीं खाती थी, जिसमें मनुष्य की मानवीयता उजगार न होकर उसकी पाशविकता सामने आई है। इसीलिए न यथार्थ के नाम पर ही यह कहानी मुझे रुचती थी, और न चरित्र-चित्रण के धरातल पर ही।

पर अब मैं अपनी राय बदलने पर बाध्य हुआ हूँ और शर्मिन्दा महसूस करता हूँ कि इतनी उत्कृष्ट रचना को अपनी नासमझी के कारण नकारता रहा हूँ।

घीसू और माधव का व्यवहार तो घृणास्पद है ही। पर क्या कहानी के अंत तक पहुँचते-पहुँचते हमारी दृष्टि उनके प्रति वही बनी रहती है जो कहानी के आरंभ में थी, जब झोंपड़ी के अंदर माधव की पत्नी प्रसव-पीड़ा में छटपटा रही थी और बाहर बाप-बेटा भुने हुए आलू खाने में मस्त थे?

प्रेमचंद की सबसे दर्दनाक कहानियाँ वे हैं जो भूख, प्यास और ठिठुरन आदि के इर्द-गिर्द बुनी गई हैं, जीवन की अति साधारण माँगों के परिप्रेक्ष्य में वे इंसान को जिंदगी और मौत से जूझता हुआ दिखाते हैं, उनके जीवन की दारुण स्थिति इन्हीं पर केंद्रित होकर सामने आती है। इन विषयों पर वही आदमी कहानी लिख सकता है जिसने अभाव में वर्षों तक जूझते रहने वाले इंसानों को देखा हो और उनकी पीड़ा जानी हो। लगता है ग़रीब की दुनिया में सब कुछ गौण है, प्रसूति में चिल्लाने और अंत में दम तोड़ जाने वाली पत्नी गौण है, पिता-पुत्र और पति-पत्नी का रिश्ता भी गौण है, भुने हुए दो आलू सबसे अधिक महत्त्व रखते हैं। यह वह दुनिया है जहाँ भूख ने सभी मूल्यों को असंगत बना दिया है। इस वातावरण में उतरने पर प्रेमचंद पाते हैं कि भद्र समाज में पाए जानेवाले मूल्यों का यहाँ कोई अर्थ

नहीं रह गया है। 'ठाकुर का कुआँ' में जोखू की पत्नी डरी-सहमी औरत है, पर 'कफन' का घीसू अपना डर, अपनी शर्म-हया को तिलांजलि दे चुका है, वह जानता है कि उसकी दुनिया सांस्कृतिक मूल्यों पर नहीं, केवल दो जून रोटी पर चलती है। और उसे बेटे के मुँह में से छीनकर खा लेना, उसकी मरती पत्नी की ओर पीठ फेरकर भी खा लेना असंगत नहीं जान पड़ता। इसमें कुछ भी अटपटा नहीं है।

प्रेमचंद इन बाप-बेटा के निठल्लेपन, बेहयाई, अकर्मण्यता पर बहुत कुछ लिखते हैं। सारे गाँव में इन पर कोई विश्वास नहीं करता, पर एक जगह पर आकर वह कहते हैं कि इनमें काम करने की इच्छा मर गयी है क्योंकि इन्होंने देख लिया है कि काम करने वाले भी इन्हीं की तरह खाली पेट ही जी रहे हैं। यहाँ आकर प्रेमचंद हमारे समाज की उस मूल विसंगति को निरावृत करते हैं जिसके परिप्रेक्ष्य में हम इन दो पात्रों के व्यवहार और चरित्र को एक दूसरे ही रूप में देखने और समझने लगते हैं। कहानी के मूल में वह सामाजिक विसंगति है जो न केवल इन दो पात्रों के बल्कि गाँव में रहने वाले अमीर-ग़रीब सभी के जीवन के पट खोलने लगती है।

> "एक ऐसे समाज में जहाँ दिन-रात पसीना बहाने वालों की स्थिति इनसे बेहतर नहीं, और किसानों के मुकाबले में वे लोग जो किसानों की दुर्बलताओं से लाभ उठाना जानते थे, कहीं ज़्यादा संपन्न थे, वहाँ इस तरह की मनोवृत्ति का पैदा हो जाना कोई अचरज की बात न थी।"

एक ऐसे समाज में जहाँ मेहनत करो तो भी भूखों मरो, और न मेहनत करो तो भी भूखों मरो, वहाँ मेहनत न करना, लंबे पड़े रहना एक तरह की गहरी सूझ का ही परिचायक है। और प्रेमचंद तो कहते हैं कि घीसू तो किसानों की तुलना में ज़्यादा चुस्त था क्योंकि वह खाली हाथ रहने वाले मेहनतकशों की पाँत में शामिल होने के बजाय "बैठकबाज़ों की कुत्सित मंडली में जा मिला था।" ये बैठकबाज़ गाँव के धनी लोग थे जो घीसू की भाँति निठल्ले पड़े रहते थे लेकिन इस कारण कि "किसानों की दुर्बलताओं से लाभ उठाना जानते थे...गाँव के सरगना और मुखिया बने हुए थे।"

इस एक टिप्पणी से प्रेमचंद अपनी कहानी का प्रयोजन स्पष्ट कर देते हैं और घीसू और माधव की मन:स्थिति को भी। घीसू और माधव को कम से कम इस बात का संतोष तो है कि वे अन्य किसानों की तरह खेती पर अपनी हड्डियाँ नहीं तोड़ते, और चतुर धनी उनके सीधेपन का लाभ तो नहीं उठाते, बल्कि उल्टे वे सभी का शोषण करते हैं, जैसे-तैसे उनसे पैसे ऐंठ लेते हैं। जब माधव पूछता है :

> "मैं सोचता हूँ, कोई बाल-बच्चा हुआ तो क्या होगा? सोंठ, गुड़, तेल, कुछ भी तो नहीं है घर में।"

तो घीसू जवाब देता है :

> "सब कुछ आ जायेगा।...जो लोग अभी एक पैसा नहीं दे रहे हैं वे ही कल बुलाकर रुपये देंगे। मेरे नौ लड़के हुए, घर में कभी कुछ न था, मगर भगवान ने किसी न किसी तरह बेड़ा पार ही लगाया।"

साठ वर्ष की उम्र तक पहुँचते-पहुँचते, घीसू ने अपने समाज को समझ लिया है, उसकी अकर्मण्यता के पीछे उसका आलसीपन ही नहीं, बल्कि एक दार्शनिक सूझ भी है, और यही दार्शनिक सूझ उसे जगह-जगह पर बड़ी पैनी टिप्पणी करने पर बाध्य करती है।

माधव की पत्नी मर जाती है और ये दोनों कफ़न जुटा पाने के लिए बाजार में पैसे माँगने निकलते हैं, और जब पाँच रुपये की रक़म बटोर लेते हैं तो घीसू कहता है :

> "कैसा बुरा रिवाज है कि जिसे जीते-जी तन ढकने को चीथड़ा भी न मिले, उसे मरने पर नया कफ़न चाहिए।"

यह भी सामाजिक स्थिति का विडंबनापूर्ण कटु सत्य ही है।

इस सामाजिक परिप्रेक्ष्य में घीसू और माधव इतने घृणास्पद नहीं लगते। हम उनकी स्थिति को समझ जाते हैं और हमारा गुस्सा उनसे हटकर उस सामाजिक पद्धति के प्रति बढ़ने लगता है जो अच्छे-भले मनुष्यों को गिरावट के इस धरातल तक पहुँचा देती है।

इसके बाद, धीरे-धीरे दिल में गहरा दर्द भी उठने लगता है। घीसू ने बीस वर्ष पहले एक बार भरपेट भोजन किया था, कि आज तक वैसा भोजन वह फिर से नहीं कर पाया, जब खा चुकने पर उससे 'खड़ा नहीं हुआ जाता था और वह चट-पट जाकर अपने कंबल पर लेट गया था।' कहानी फिर मानवीय सद्भावना की पटरी पर आ जाती है। घीसू साठ साल का होने को आया, पर इस लंबी जीवन-यात्रा में भरपेट भोजन कर पाने के अवसर गिने-चुने ही थे। इस भोज की चर्चा घीसू और माधो के प्रति एक प्रकार की करुणा जगाती है। साथ ही उस सामाजिक विडंबना पर भी चोट करती है जहाँ अकर्मण्य, निठल्ले ज़मींदार ही ऐसे भोज भी जुटा पाते हैं।

बाप उस भोज का किस्सा सुनाता है जो ठाकुर की बरात के समय बीस साल पहले हुआ था और जिसमें उसने डटकर भोजन किया था। उसने तो बीस साल पहले भरपेट भोजन किया था, पर उसके बेटे माधव पर क्या बीत रही है? जो दत्तचित्त उसका किस्सा सुन रहा है, वह बाप से पूछता है :

"तुमने बीस एक पूरियाँ खायी होंगी?"

"बीस से ज्यादा खायी होंगी।"

"मैं पचास खा जाता।"

और इसके फ़ौरन ही बाद लेखक हमें उनकी तत्कालीन स्थिति पर लौटा लाता है :

> "आलू खाकर दोनों ने पानी पिया और अलाव के सामने अपनी धोतियां ओढ़ कर पाँव पेट में डाले सो रहे।...और बुधिया अभी तक कराह रही थी।"

कुंठित, निराश, पतित लोगों की कहानी पढ़कर मन पर नकारात्मक-सा प्रभाव होता है, कुछ त्रास का, कुछ सामाजिक जीवन की भयावहता का। लेकिन 'कफ़न' पढ़ते हुए मात्र यही प्रभाव नहीं होता। दिल दर्द से भर उठता है।

मांस-मछली और शराब के सेवन के बाद इनकी इंसानियत जाग उठती है। यों तो पहले भी बुधिया के प्रति इनकी भावना अच्छी थी, जैसे-तैसे जोड़-तोड़ करके उनके जीवन में व्यवस्था लाने में उसकी कोशिशों को स्वीकार करते थे। लेखक भी इसी आशय की टिप्पणी यदा-कदा करता है :

> "जब से यह औरत आयी थी, उसने इस खानदान में व्यवस्था की नींव डाली और इन दोनों बेग़ैरतों का दोज़ख भरती रही थी।"

एकाध बार घीसू इस बात का भी संकेत करता है कि अगर जेब में पैसे होते तो शायद वे उसे इस तरह मरने नहीं देते, उसका कुछ इलाज करते :

> "यही पाँच रुपये पहले मिलते तो कुछ दवा-दारू कर लेते।"

हालांकि घीसू की ज़बान पर विश्वास नहीं होता, पैसे हाथ में आने पर तो वह ज़रूर मांस-मछली की ओर ही मुंह करता।

पर शराब पीकर उनकी दबी-कुचलती इंसानी हमदर्दी ज़रूर जाग उठती है। और वे बुधिया के प्रति आभार का भाव बार-बार व्यक्त करने लगते हैं :

> "बड़ी अच्छी थी बेचारी। मरी तो ख़ूब खिला-पिलाकर।"

कहानी का यह स्थल लेखक की महान सर्जनात्मक कल्पनाशक्ति से हमें प्रभावित किए बिना नहीं रहता।

वह, इतनी अच्छी कि खुद मरकर भी हमें भरपेट खाना खिला गयी।

इसके कुछ ही देर बाद घीसू दार्शनिक भाव से बोला :

> "हमारी आत्मा प्रसन्न हो रही है तो क्या उसे पुन्न न होगा?"

जीवन में तो वे उसे सुख नहीं दे पाये, पर मृत्यु के बाद वे उसके सुख की ही कामना करते हैं।

वे इस भरपेट भोजन के लिए इतने कृतज्ञ हैं कि माधव श्रद्धा से सिर झुकाकर प्रार्थना करता है :

> "भगवान् तुम अंतर्यामी हो, उसे बैकुंठ ले जाना। हम दोनों हृदय से आशीर्वाद दे रहे हैं। आज जो भोजन मिला, वह उम्र-भर कभी न मिला था।"

इन पात्रों की अमानुषिकता कहीं पीछे छूट जाती है और भावनात्मक स्तर पर कहानी में नये-नये आयाम जुड़ने लगते हैं। वह नई-नई बुलंदिया छूने लगती है। इन दोनों का व्यवहार तो बहुत बुरा था, पर इनकी इंसानियत अभी मरी नहीं है, न ही महसूस करने की इनकी क्षमता। केवल विडंबना यह है कि शराब पीकर ही ये लोग इंसान बन पाते हैं।

भरपेट भोजन के बाद वे कुछ पूरियाँ और बची-खुची मछली पास में खड़े एक भिखारी को बड़ी दरियादिली से दे देते हैं। और वे जीवन में पहली बार "देने के गौरव, आनंद और उल्लास का अनुभव करते हैं।"

> "ले जा, खूब खा और आशीर्वाद दे, जिसकी कमाई है वह तो मर गयी, मगर तेरा आशीर्वाद उसे ज़रूर पहुँचेगा। रोएँ-रोएँ से आशीर्वाद दो। बड़ी गाढ़ी कमाई के पैसे हैं।"

माधव ने फिर आसमान की तरफ देखकर कहा, "वह बैकुंठ में जाएगी दादा, बैकुंठ की रानी बनेगी।"

> "हाँ बेटा, बैकुंठ में जाएगी, किसी को सताया नहीं, किसी को दबाया नहीं। मरते-मरते हमारी जिंदगी की सबसे बड़ी लालसा पूरी कर गयी।"

नरक में तो केवल औरों को सताने-दबाने वाले लोग जाते हैं "जो ग़रीबों को दोनों हाथों से लूटते हैं और अपने पाप को धोने के लिए गंगा में नहाते हैं और मंदिरों में जल चढ़ाते हैं।"

पर जब नशे के असर में माधव यह याद करके कि, 'उस वेचारी ने जिंदगी में बड़ा दुःख भोगा, कितना दुःख झेलकर मरी' रोने लगा तो उसके पिता ने ढाढ़स बँधाते हुए कहा :

> "क्यों रोता है बेटा, खुश हो कि बह माया-जाल से मुक्त हो गयी। जंजाल से छूट गयी। बड़ी भाग्यवान थी कि इतनी जल्दी माया-मोह के बंधन तोड़ दिए।"

घीसू ठीक ही कहता है। बुधिया जिंदा रहती तो सारा जीवन तिल-तिल कर ही बिताती। खुशकिस्मत थी जो जल्दी ही इस यातनापूर्ण जीवन से मुक्ति पा गयी।

बुधिया से जुड़ा हुआ यह स्थल कहानी में गहरी मानवीयता और सद्भावना भर देता है और बुधिया एक देवी-सी जान पड़ने लगती है। उसने अपने अल्प जीवन में केवल दिया ही, माँगा कुछ नहीं, और जो मरकर भी इनकी सेवा करती रही—इन्हें भरपेट भोजन जुटा गयी। इनकी दृष्टि में, भूखे पेट बुधिया उपेक्षित है, पर भरपेट 'बैकुंठ की रानी' है। और वे स्वयं भूखे पेट जानवर हैं, और भरपेट, नशा कर चुकने पर इंसान बन जाते हैं, उनकी मानवीयता जाग उठती है।

इस तरह घीसू और माधव के माध्यम से लेखक सामाजिक जीवन की विसंग-तियों और विडंबनाओं को, परत दर परत, उघाड़ता चला जाता है और इन नकारात्मक पात्रों को आधार-रूप मानकर उस समाज का पूरा विश्लेषण कर देता है जो इस प्रकार के पात्रों को जन्म देता है। लेखक का कमाल इसी में है कि इतने अमानुषिक पात्रों को लेकर वह गहरी मानवीय भावनाओं से भरी कहानी लिखने में समर्थ हुआ है। यह कहानी प्रेमचंद की इस सामाजिक मान्यता को प्रमाणित करने का विलक्षण उदाहरण है कि इंसान का चरित्र उसके सामाजिक परिवेश की उपज होता है।

कहानी में कहीं कोई बिखराव नहीं, कोई ढीलापन नहीं। हर मोड़ पर नये-नये आयाम जुड़ते हैं, जहाँ एक ओर सामाजिक परिप्रेक्ष्य खुलता और ज्यादा साफ़ होता जाता है, वहाँ कहानी उत्तरोत्तर पैनी होती चली जाती है, उसकी चुभन ज्यादा तेज़ होती चली जाती है। कहानी में पात्रों का हृदय-परिवर्तन नहीं होता, 'बुरे' लोग 'अच्छे' नहीं बन जाते, केवल हमें बुरे लोग कम बुरे नज़र आने लगते हैं। जो कहानी दो पात्रों से शुरू हुई थी वह समाज के व्यापक परिप्रेक्ष्य को उघाड़-कर समाप्त होती है, लेकिन कहानी के केंद्र में फिर भी वे दोनों बाप-बेटे ही खड़े हैं। यह मात्र उन्हीं की कहानी न रहते हुए भी उन्हीं की कहानी है।

लगता है कहानी एक साँस में लिखी गयी थी, क्योंकि जिस जज्बे से लिखी जाने लगी थी वह कहीं टूटता नहीं, बल्कि एक वाक्य दूसरे वाक्य को सुझाता है, एक प्रसंग दूसरे प्रसंग का रास्ता खोलता चला जाता है, कहानी अपने आप आगे बढ़ती चली जाती है। लगता है लिखते समय प्रेमचंद का दिल इतना भरा हुआ था कि उनकी क़लम कहीं थमी नहीं, बस, लिखती ही चली गयी।

[1980]

प्रेमचंद के कथा-साहित्य की सामाजिक चेतना

प्रेमचंद ने अपनी पहली कहानी 1907 में लिखी थी। नाम था: 'संसार का सबसे अनमोल रत्न'। यह कहानी एक प्रतीक-कथा है। कहानी में दिलफरेब नाम की शाहज़ादी अपने प्रेमी दिलफ़िगार से कहती है कि वह उसके प्रेम को तब स्वीकार करेगी जब वह उसके लिए दुनिया का सबसे अनमोल रत्न उपहारस्वरूप पेश करेगा। प्रेमी वह अनमोल रत्न ढूंढ़ने निकल पड़ता है। इस खोज में उसे एक हत्यारे की आँखों में छलकता आंसू एक बेशकीमत रत्न जान पड़ता है। हत्यारे को फाँसी दी जाने वाली है, उस समय एक मासूम बच्चे के सामने आ जाने पर उसकी आँखों में आँसू भर आते हैं। प्रेमी यह आँसू लेकर प्रेमिका के पास आता है। लेकिन प्रेमिका इसे दुनिया का सबसे अनमोल रत्न स्वीकार नहीं करती। प्रेमी फिर अपनी खोज पर निकल पड़ता है। अब की बार वह मुट्ठी-भर राख उठा लाता है। यह राख एक पतिव्रता स्त्री की है जो अपने मृत पति की चिता पर जल मरी थी। परंतु प्रेमिका को यह भी मंजूर नहीं। अंत में प्रेमी एक मरते देशभक्त के खून की एक बूंद ले आता है जिसने अपने देश के लिए अपनी जान निछावर कर दी थी। और शाहज़ादी सहर्ष उसे ग्रहण कर उसके प्रेम को स्वीकार कर लेती है।

यह कथावस्तु प्रेमचंद की पहली कहानी की है। लगभग बीस-पच्चीस साल बाद, सन् '30 के आस-पास, जब प्रेमचंद अपने साहित्य-सृजन के अंतिम चरण में थे, तो उन्होंने श्री बनारसीदास चतुर्वेदी को अपने एक पत्र में लिखा:

> "मेरी एक ही महत्त्वाकांक्षा है और वह यह कि मेरा देश आज़ाद हो। मरने से पहले मैं ज़रूर कुछेक किताबें लिख जाना चाहता हूं पर उनका भी ध्येय देश की आज़ादी ही है···"

इस तरह यदि हम उनके समूचे साहित्य को देख जायें तो देश की आज़ादी की तड़प किसी-न-किसी रूप में एक सुनहरी तार की तरह झलकती नज़र आती है। जिस दिन प्रेमचंद ने कलम उठायी, उस दिन से लेकर अपने सर्जनात्मक जीवन

के अंतिम दिन तक वह स्वतंत्रता प्राप्ति के ध्येय के साथ जुड़े रहे, उसके प्रति निष्ठावान रहे। इसलिए यदि प्रेमचंद को कलम का सिपाही अथवा स्वाधीनता संग्राम का लेखक की संज्ञा दी जाती है, तो यह सही है। वह स्वयं भी 'कला कला के लिए' स्थापना के हामी नहीं थे, वह सामाजिक उपयोगिता की कसौटी पर ही साहित्य को आँकते-परखते भी थे। वह भी उसी साहित्य का ऊँचा मूल्य आँकते थे जो देश की प्रगति में सहायक हो।

प्रेमचंद का रचनाकाल उन आंदोलनों का भी काल था जो हमारे देश में उठ रहे थे, और जिनमें समय-समय पर बड़ी-बड़ी तब्दीलियाँ भी आयी थीं। प्रेमचंद समय-समय पर इनसे जुड़ते और प्रभावित होते रहे। वह आर्यसमाज के आंदोलन से भी प्रभावित हुए, वह उस नवजागरणकाल की दृष्टि से भी बहुत कुछ प्रभावित हुए जो पिछली शताब्दी के अंतिम वर्षों में ज़ोर पकड़ने लगी थी, और जो बंकिमचंद्र के साहित्य में लक्षित होती है, भारत के राजनीतिक मंच पर गांधीजी के आने के बाद, वह गांधीजी के व्यक्तित्व तथा विचारधारा से बेहद प्रभावित और उत्प्रेरित हुए। साथ-ही-साथ वह रूस में होने वाली क्रांति से भी प्रवाहित हुए और समाजवादी सिद्धांतों का उन पर गहरा असर हुआ। इस तरह हम देखते हैं कि जहाँ प्रेमचंद की निष्ठा अपने मूल ध्येय में ज्यों-की-त्यों बनी रही, वहाँ समय-समय पर वह उस ध्येय की पूर्ति में सहायक होने वाले विचारों, सिद्धांतों तथा कार्यक्रमों के प्रति भी सचेत रहे। उनकी धारणाएँ कभी भी रूढ़ नहीं हुईं, बल्कि उनमें एक तरह का खुलापन बराबर बना रहा।

एक मिसाल दूँ, प्रेमचंद की 'आहुति' नाम से एक कहानी है। यह कहानी गांधीजी के व्यक्तित्व तथा उनकी शिक्षा से बहुत प्रभावित है। यह कहानी सन् '30 में लिखी गयी थी। कहानी में दो युवक एक युवती से प्रेम करते हैं और उससे विवाह करने के इच्छुक हैं। एक युवक धनी परिवार का है, और खूबसूरत जवान है जबकि दूसरा युवक गरीब घर का है और देखने में सीधा-सादा। लड़की गरीब युवक को चुन लेती है, क्योंकि कालिज छोड़ने पर वह राष्ट्रीय आंदोलन में भाग लेने के लिए गाँव में चला गया था। जब धनी युवक उस लड़की के सामने गरीब युवक की खिल्ली उड़ाता है तो लड़की को, नज़र उठाने पर, आकाश में गांधीजी की छवि दिखायी देती है, 'दुबला-पतला, कृशकाय, अधनंगा इंसान, घुटनों तक चढ़ी हुई धोती, पिचका चेहरा, परंतु तपस्या, त्याग और निःस्वार्थ सेवा की प्रतिमूर्ति' और लड़की को अपने निर्णय पर गर्व का भास होता है।

प्रेमचंद ने इस कहानी में गांधीजी को युगपुरुष के रूप में, और राष्ट्र की इच्छाओं आकांक्षाओं और सांस्कृतिक मूल्यों के प्रतीक के रूप में पेश किया है। पर साथ ही साथ हम यह भी जानते हैं कि गांधीजी के साथ प्रेमचंद के गहरे मतभेद भी रहे, यहाँ तक कि उन्होंने कुछेक लेखों में गांधीजी की कड़ी आलोचना

भी की, और हम यह भी जानते हैं कि 'मंगलसूत्र' लिखने तक बल्कि इससे पहले भी, प्रेमचंद पर गांधीजी के चिंतन का प्रभाव बहुत कुछ कम पड़ गया था और वह समाजवादी विचारधारा के अधिक निकट आ गये थे।

प्रेमचंद के चिंतन में बहुत से तंतु साथ-साथ चलते गये, बहुत से अन्य, आकर मिलते गये और उनकी सामाजिक चेतना पर विचार करते समय हमें सतत विकास का-सा भास मिलता रहता है।

अब किसी लेखक की सामाजिक चेतना का हम इस दृष्टि से विश्लेषण नहीं करते कि उसमें से कोई तर्क-संगत विचार-प्रणाली उभरकर सामने आये। लेखक अपने काल के मूल अंतर्विरोध को देखता और महसूस करता है, उस काल की इच्छाओं-आकांक्षाओं से जुड़ता है। इसमें लेखक की अंतःप्रेरणा और उसका संवेदन अधिक सक्रिय होते हैं, केवल तर्क ही सक्रिय नहीं होता। इस तरह लेखक अपने काल के किसी महान ध्येय से तो ज़रूर जुड़ता है, लेकिन किसी नपी-तुली विचारधारा अथवा सिद्धांत से नहीं जुड़ता। विचारधारा से वह उसी हद तक जुड़ता है जिस हद तक उसे वह विचारधारा उस ध्येय की पूर्ति का सक्षम साधन जान पड़े, इससे आगे नहीं। इसलिए प्रेमचंद के लेखन में किसी नपी-तुली विचार प्रणाली की अपेक्षा करना गलत होगा। पर साथ ही साथ लेखक का चिंतन-पक्ष मज़बूत न हो, वह सिद्धांत का पक्का न हो तो मात्र भावना के स्तर पर किसी ध्येय के प्रति निष्ठा उसे ज्यादा दूर भी नहीं ले जाती। प्रेमचंद मात्र भावना के स्तर पर ही अपने ध्येय से नहीं जुड़े थे, वह अच्छे विचारक और चिंतक भी थे। हम जानते हैं कि यह कहानियों-उपन्यासों के अतिरिक्त अपने काल की राजनीतिक और सामाजिक समस्याओं पर नियमित रूप से लेख भी लिखा करते थे। दूसरे, लेखक के नाते भी, यथार्थ जीवन की उनकी पकड़ भी गहरी और मज़बूत थी, इसलिए कोई नपी-तुली विचार प्रणाली न रहते हुए भी उनकी सामाजिक चेतना बहुत कुछ सुलझी हुई और पैनी थी।

उन्नीसवीं शताब्दी के अंतिम बीस-पच्चीस सालों में राष्ट्रीय चेतना, नव-जागरण की प्रबल लहर के रूप में, हमारे देश में उठने लगी थी। इसमें समाज सुधार के आंदोलन भी थे, राष्ट्रीय स्वाधीनता की प्रबल भावना भी थी, और हम जानते हैं कि इस काल की नव-जागरण की भावना को भारतेन्दु और उनके अनेक समकालीनों ने वाणी दी थी। यह विरासत प्रेमचंद को भी मिली थी।

इस नवजागरण का एक पक्ष भारत की प्राचीन सांस्कृतिक परंपरा की श्रेष्ठता पर बल देना भी था। यह एक तरह से अपनी राष्ट्रीय अस्मिता को स्थापित करना ही था। और अपनी रचनाओं में प्रेमचंद ने भारत की इस अस्मिता को खूब उभारा है। इसे कई बार तो पाश्चात्य सभ्यता के साथ मुकाबला करते हुए—और जिस पाश्चात्य सभ्यता का प्रेमचंद बार-बार ज़िक्र करते हैं वह उस

काल की ह्रासोन्मुख पूंजीवादी पद्धति ही थी—और कई बार समकालीन भारत की गिरावट के साथ मुकाबला करते हुए पेश करते हैं। इतना ही नहीं, यह प्रेमचंद की अपनी मूल नैतिक दृष्टि का भी अंग बनकर सामने आती है।

प्रेमचंद ने विलास और त्याग के मूल नैतिक प्रश्न को लेकर बहुत लिखा है। कहीं-कहीं तो सारा का सारा उपन्यास अपनी अवधारणा को निष्कर्ष रूप में प्रमाणित करने के लिए लिखा गया है, जैसे 'कायाकल्प'। 'गोदान' को छोड़कर उनके लगभग सभी उपन्यास, विलास और त्याग के नैतिक प्रश्न के इर्द-गिर्द घूमते हैं। जितनी कम किसी मनुष्य में विलासवृत्ति पायी जायेगी, उतना ही अधिक उस मनुष्य का जीवन सार्थक और सुखी होगा और दूसरों के लिए उपयोगी होगा। यह विलासवृत्ति जीवन के सभी पहलुओं को प्रभावित करती है। कर्मभूमि का नायक इसलिए विफल हो जाता है कि यश की ललक, जो विलासवृत्ति का ही रूप है, उसके रास्ते में सबसे बड़ी रुकावट बनती है; 'कायाकल्प' की रानी देवप्रिया को उस वक्त तक सच्चे प्रेम की अनुभूति नहीं होती जब तक उसके प्रेम में से विलास का अंश समाप्त नहीं हो जाता और विलासिनी देवप्रिया तपस्विनी देवप्रिया नहीं बन जाती। वैसा ही निःस्वार्थ आदर्शप्रेम 'कर्मभूमि' में सकीना का अमरकांत के प्रति दिखाया गया है, और 'रंगभूमि' में सोफी का विनय के प्रति। 'सेवासदन' की नायिका सुमन भी स्वीकार करती है कि वह वेश्यावृत्ति की ओर ऐश-ओ-आराम की खातिर खिंची चली गयी थी। और 'ग़बन' का रमानाथ भी इसी आकर्षण के कारण बर्बाद होता है। विलासवृत्ति द्वारा बर्बाद किये जाने वाले पात्रों के सामने प्रेमचंद उन आदर्श पात्रों का सृजन करते हैं जो त्याग की मूर्ति हैं, जिनका जीवन निःस्वार्थ सेवा में रत है। रमानाथ की पत्नी जालपा अपने सच्चे त्याग द्वारा अपने पति को सही रास्ते पर ले आती है, 'रंगभूमि' का सूरदास अपने त्याग के बल पर फैक्ट्री के धनी मालिकों और सरकार तक से टक्कर ले सकता है और इस संघर्ष में अपनी जान तक की बाज़ी लगा देता है। प्रेमचंद के नायक उसी हद तक जन-नेतृत्व के अधिकारी बन पाते हैं जिस हद तक वे इस कसौटी पर खरे उतरते हैं। और प्रेमचंद की नायिकाएँ त्याग की जीती-जागती प्रतिमाएँ हैं, भले ही वह रमानाथ की पत्नी जालपा हो, अथवा 'गोदान' में खन्ना की पत्नी अथवा 'कायाकल्प' की लौंगी जिसके बारे में यह आदर्शसूत्र महल की दीवार पर लिख दिया गया है : "लौंगी को देखो!"

यह मूल नैतिक दृष्टि प्रेमचंद के लिए जिंदगी के सभी पहलुओं की कसौटी बनती है। इसी नैतिक दृष्टि से प्रेमचंद अपने काल की गतिविधि को परखते हैं। जगदलपुर का प्रासाद विलासवृत्ति का प्रतीक है, जो अपनी असंख्य रोशनियों से, जो एक दैत्य की आँखों की तरह चमकती हैं, अपनी ओर लोगों को आकृष्ट करता है, और जो भी व्यक्ति उसकी ओर खिंचा आता है, वही अपनी आत्मा खो बैठता है।

इसी तरह पाश्चात्य सभ्यता के मूल में विलासवृत्ति है, उसकी नींव में स्वार्थ भरा है, धन और सत्ता की पैशाचिक लिप्सा है, जिसके प्रभावाधीन हमारा देश अधोगति की ओर जा रहा है। अंग्रेजी सरकार द्वारा लागू की गई शिक्षा प्रणाली हानिकारक है क्योंकि वह आध्यात्मिकता की ओर ले जाने के बजाय हमें स्वार्थी और धनलोलुप बनाती है। हमारे राजे-रजवाड़े जघन्य हैं क्योंकि विलास के पंक में डूबे हुए हैं। इस तरह विदेशी सरकार के विरुद्ध संघर्ष करना एक नैतिक कर्त्तव्य बन जाता है, वह केवल स्वतंत्रता प्राप्त करने का राजनैतिक उद्देश्य नहीं रह जाता। गांधीजी भी प्रेमचंद की नज़र में इसीलिए युगपुरुष थे कि वह इस त्याग और निःस्वार्थ सेवा के मूर्तरूप थे। और प्रेमचंद के समूचे साहित्य में नारी चरित्र की मूल अवधारणा भी इसी नैतिक दृष्टि की उपज है। भारतीय समाज में स्त्रियों की हीनस्थिति को लेकर, प्रेमचंद ने लगभग 150 कहानियाँ लिखी हैं, जहाँ एक ओर वह उन सभी कुप्रथाओं आदि की कड़ी भर्त्सना करते हैं जिनके कारण स्त्रीजाति का जीवन दुःखी हो गया है, वहाँ नारी-चरित्र का जो रूप उभरकर आता है उसमें बड़ी गरिमा है, ओजस्विता है, पुरुष की तुलना में प्रेमचंद नारी को अधिक श्रेष्ठ मानते हैं, क्योंकि उसमें उच्चकोटि के आध्यात्मिक गुण हैं, वह त्याग की मूर्ति है, उसका प्रेम निःस्वार्थ प्रेम है, उसकी सेवा निःस्वार्थ सेवा है। इस तरह नारी चरित्र का एक आदर्श रूप हमारे सामने उभरता है। और सबसे महत्त्वपूर्ण बात यह है कि प्रेमचंद की कृतियों में अन्याय और उत्पीड़न के विरुद्ध आवाज़ उठाने वाले पात्र भी अकसर स्त्रियाँ ही हैं। सहनशीलता के साथ-साथ उनमें एक प्रकार की निर्भीकता है, न्यायप्रियता और आत्म-विश्वास है, जो उनकी भूमिका को गौरवपूर्ण बना देता है। प्रेमचंद के नारी पात्र निःस्वार्थ सेवी तो हैं, पर वे दासियाँ नहीं हैं, न ही मात्र विलास की वस्तु हैं।

इस तरह यह मूल नैतिक दृष्टि जो प्रेमचंद ने परंपरागत भारतीय चिंतन से ली थी और जो गांधीजी के प्रभावाधीन और भी गहरी हुई और उसमें अनेक और आयाम भी जुड़े थे, प्रेमचंद के अधिकांश साहित्य में झलकती है।

यह एक आदर्शवादी दृष्टि है, इसमें संदेह नहीं, पर प्रेमचंद अपने काल के विकट संघर्ष के साथ जुड़ने के कारण, मात्र आदर्शों की दुनिया में खोये नहीं रहे, वह सामाजिक यथार्थ के उत्तरोत्तर नज़दीक आते गये। ज़माना था जब प्रेमचंद यथार्थ को आदर्श के चश्मे में से देखते थे, लेकिन फिर वह ज़माना भी आया जब यथार्थ का आग्रह निर्णायक सिद्ध होने लगा था और प्रेमचंद की रचनाओं में से आदर्शवादी निदान पर कम बल दिया जाने लगा था।

इंसान और इंसानी रिश्तों को लेकर यदि कोई लेखक कथा-कहानी लिखने बैठेगा तो वह नैतिकता के प्रश्न को गौण मानकर ताक पर नहीं रख सकता। किसी ऐसे मानव समाज की कल्पना नहीं की जा सकती जिसमें नैतिकता असंगत

हो। यदि हम एक आर्थिक-सामाजिक पद्धति को बुरा और दूसरी और को अच्छा मानते हैं तो इसलिए कि हम उन्हें नैतिकता की कसौटी पर परखते हैं। सवाल यह नहीं है कि प्रेमचंद ने विलासवृत्ति को अपनी नैतिक अवधारणाओं की आधार-शिला बनाया, मुख्य बात यह है कि उन्होंने इंसानी रिश्तों में नैतिक आधार को प्राथमिकता दी। प्रेमचंद ब्रिटिश शासन पद्धति का विरोध करते हैं क्योंकि वह अनैतिक है, शोषण और हिंसा पर खड़ी है। वह न केवल शोषण पर खड़ी है बल्कि वह हमें नैतिक पतन की ओर ले जाने वाली है। प्रेमचंद ने अन्याय, हिंसा और भ्रष्टाचार को नैतिक धरातल पर अस्वीकार किया, उनके विरुद्ध आवाज़ उठायी।

प्रेमचंद ने अपनी साहित्यिक दृष्टि को आदर्शोन्मुख यथार्थवाद की संज्ञा दी है। प्रेमचंद की आदर्शवादिता उनकी गहरी मानवीयता की उपज है, इंसान के प्रति उनके गहरे दर्द में से ही जन्मी है। इंसान को सुखी देख पाने की उत्कट इच्छा से ही आदर्श जन्म लेते हैं, और चूंकि प्रेमचंद के दिल में वह गहरा दर्द पाया जाता था, इंसान-हमदर्दी पायी जाती थी, इसलिए वह बार-बार आदर्श जीवन के सपने भी देखते थे। और हम देखते हैं कि यही मानवीय सद्भावना उन्हें यथार्थवादी भी बनाती है, उन कारणों को तथा उन शक्तियों को समझने में समर्थ बनाती है जो ग़रीब इंसान की ओर ग़रीब देश की ऐसी हालत किये हुए हैं। यही मानवीय सद्भावना उनके सामने यथार्थ के पट खोलती चली गयी है। इस तरह इंसान-हमदर्दी से जुड़ता हुआ आदर्शवाद, लेखक की कलम को और ज़्यादा पैना बना देता है, उसे नयी स्फूर्ति प्रदान करता है, नई ओजस्विता और विश्वास देता है और जिस लेखक का संवेदन मात्र व्यक्तिगत जीवन के घेरे में नहीं घूमता समाज के सामूहिक जीवन से जुड़ता हो, वह सामाजिक स्तर पर अवश्य ही सोचेगा, सपने भी देखेगा, योजनाएँ भी बनायेगा, अपना दर्शन भी गढ़ेगा, वह सब कुछ करेगा। दुनिया का कौन-सा ऐसा विशिष्ट लेखक है जिसने सपने नहीं देखे, या जिसने आदर्श नहीं सँजोये। इंसान के दुःखदर्द से जुड़नेवाला हर लेखक किसी न किसी हद तक आदर्शवादी होता है। यह उसकी मानवीय दृष्टि का नैसर्गिक गुण है।

पर जहाँ प्रेमचंद आदर्श सँजोते हैं, वहाँ वह यथार्थ की गहराइयों में भी उतरते हैं। अपनी पहली कहानियों के बाद, जिनमें प्रेमचंद अपना आशय व्यक्त कर पाने के लिए काल्पनिक कथानक गढ़ते हैं जैसे दुनिया का अनमोल रत्न, वहाँ बाद में प्रेमचंद बड़ी तेज़ी के साथ यथार्थ जीवन में से अपने कथानक और पात्र लेने लगते हैं। और यहाँ पर आकर प्रेमचंद एक के बाद एक; उन सामाजिक कुरीतियों तथा कुप्रथाओं को उघाड़ते चले जाते हैं, जो हमारे समाज की गिरावट का कारण हैं और उनके दिल का समूचा दर्द, ग़म और गुस्सा इन रचनाओं में व्यक्त हुआ है। भले ही वह दहेज़ की प्रथा हो, बाल विवाह हो, विधवा की दारुण स्थिति

हो, वेश्यावृत्ति हो, सांप्रदायिकता अथवा जात-पात हो। प्रेमचंद जहाँ त्याग और निःस्वार्थ सेवा को महत्त्व देते हैं, वहाँ वह उन सभी अमानुषिक प्रथाओं का कड़ा विरोध भी करते हैं जो समाज में जन-साधारण के जीवन को नारकीय बनाये हुए हैं।

हम सबने प्रेमचंद की वे कहानियाँ और उपन्यासों के वे प्रसंग पढ़ रखे हैं जिनमें उन्होंने जात-पात पर कड़े प्रहार किये हैं और छोटी जात वालों के प्रति किये जाने वाले अमानुषिक व्यवहार का मार्मिक चित्रण किया है। 'ठाकुर का कुआँ' भी एक ऐसी ही छोटी-सी दर्दभरी कहानी है, जिसमें छोटी जात का एक किसान अपने झोंपड़े में लौटकर अपनी पत्नी से पीने के लिए पानी माँगता है। पत्नी लोटे में पानी भरकर दे देती है, लेकिन उस पानी में से बू आ रही है, लगता है कोई जानवर कुएँ में गिरकर मर गया था। गाँव में एक ही और कुआँ है, और वह गाँव के ठाकुर का कुआँ है, उसमें से छोटी जात वाले पानी नहीं ले सकते, लेकिन प्यासे पति की प्यास बुझा पाने के लिए उसकी पत्नी साहस बटोरकर रात के अँधेरे में ठाकुर के कुएँ की ओर चल पड़ती है। कुआँ ठाकुर के घर के ऐन सामने है। ठाकुर के घर का दरवाजा खुला है और अंदर से ठाकुर और उसके मित्रों की आवाजें सुनाई दे रही हैं। स्त्री अँधेरे में छिपी खड़ी रहती है, बहुत देर बाद मित्रमंडली विसर्जित होती है और ठाकुर के घर का दरवाज़ा बंद होता है। अभागी स्त्री कुएँ के पास जाकर डोल लटका देती है और शीघ्र ही स्वच्छ, निर्मल जल से भरा पात्र ऊपर आता है। पर अभी पात्र को वह कुएँ से खींच ही रही है जब ठाकुर के घर का दरवाज़ा फिर खुलता है और अँधेरे में ठाकुर की आवाज़ सुनाई पड़ती है। स्त्री इतना घबरा जाती है कि डोल को वहीं फेंक वह अँधेरे में भाग खड़ी होती है। यहीं कहानी खत्म हो जाती है। कहानी छोटी है पर उस दारुण भयावह स्थिति की अमिट छाप मन पर छोड़ जाती है जहाँ गाँव में एक ही कुआँ है और सभी इंसान उसमें से पानी नहीं पी सकते।

जिस भाँति प्रेमचंद जात-पात को बुरा मानते थे वैसे ही सांप्रदायिकता को भी बुरा मानते थे। देश की एकता के रास्ते में सबसे बड़ी रुकावट मानते थे। 1922-27 में उत्तरी भारत में बहुत जगहों पर हिन्दू-मुस्लिम दंगे हुए थे, बल्कि ये दंगे करवाये गये थे, उनके पीछे एक साज़िश थी। प्रेमचंद ने इस विषय को लेकर अनेक कहानियाँ लिखीं जैसे 'मंदिर और मस्जिद', 'गुप्तधन', 'क्षमा', 'बौड़म' आदि और ये सभी इसी काल में लिखी गयीं। अपनी अनेक कहानियों में उन्होंने सांप्रदायिक दंगों के बड़े लोमहर्षक चित्र प्रस्तुत किये हैं, जैसे 'मंदिर और मस्जिद' में। उनका यह मत था कि सांप्रदायिक एकता के बिना राष्ट्रीय एकता संभव नही हो सकती और यदि राष्ट्रीय एकता न होगी तो स्वतंत्रता प्राप्त नहीं हो सकती। कानपुर की साप्ताहिक पत्रिका 'ज़माना' में अपने एक लेख में भी

प्रेमचंद ने लिखा :

"....वे हिन्दु आज कहाँ हैं जो तन-मन से हिन्दु-मुस्लिम एकता के लिए काम कर रहे हों, जो इसे हिंदुस्तान का सबसे अहम मसला मानते हों और जो जानते हों कि स्वतंत्रता की मूल शर्त यही एकता है !" (विविध प्रसंग 11, पृ० 352)

पर सबसे अधिक मार्मिकता के साथ प्रेमचंद ने उस आर्थिक शोषण का चित्रण किया है, उस आर्थिक-सामाजिक पद्धति को बेनकाब किया है जो ज़मींदारों और अहलकारों द्वारा ग़रीब किसान का और एक निरंकुश विदेशी सरकार द्वारा समूचे भारत का शोषण कर रही थी। होरी का सारा जीवन इस शोषण का ज्वलंत प्रमाण है। प्रेमचंद उस सारी पद्धति के विरुद्ध आवाज़ उठाते हैं जो इंसान को इस हीन स्थित में रखे हुए है। इतनी ही कटुता के साथ उन्होंने उस महाजनी सभ्यता की भी आलोचना की थी जिसके अंतर्गत हमारे सामाजिक-जीवन की सभी स्वस्थ मान्यताएँ दूषित और भ्रष्ट हो रही हैं।

प्रत्येक लेखक के अपने पूर्वाग्रह भी हो सकते हैं, अपनी मान्यताएं भी, अपनी सनकें भी, पर ज़िंदगी से जुड़ने वाला लेखक उन्हें ज़िंदगी की कसौटी पर परखता रहता है, उसकी आँख जीवन के अंतर्विरोधों पर लगी रहती है, और उसी के अनुरूप वह कभी-कभी अपनी मान्यताओं को बदलने पर मजबूर भी हो जाता है। यथार्थ जीवन की गहराइयों में उतरने वाला लेखक कभी-कभी अपने आदर्शों से टकराने भी लगता है। यह विशेषकर उस समय होता है जब उसके आदर्श. जीवन की वास्तविकता पर सही नहीं बैठते हों। या वे समाज की ज्वलंत समस्याओं का समाधान नहीं जुटा पाते हों। और लेखक अपनी चहेती मान्यताओं पर दोबारा विचार करने पर मजबूर हो जाता है।

यह प्रक्रिया हम प्रेमचंद में भी देखते हैं। ज़माना था जब वह हृदय-परिवर्तन में विश्वास रखते थे, जब कोई शोषक ज़मींदार या तो दयालुहृदय समाजसेवी बन जाता था या संन्यास ग्रहण कर लेता था। और प्रेमचंद शोषक का हृदय-परिवर्तन एक निदान के रूप में प्रस्तुत करते थे। पर धीरे-धीरे प्रेमचंद का विश्वास इस धारणा पर से उठ गया। अपनी नैतिक मान्यताओं के बावजूद, प्रेमचंद यथार्थ के ठोस धरातल पर खड़े रहते हैं, और 'गोदान' तक पहुँचते-पहुँचते वह जीवन के यथार्थ को उसके अनेक आयामों में यथावत् पेश कर देने की कोशिश करते हैं, अपनी ओर से हाशिया-आराई या टिप्पणी नहीं जोड़ते, न ही कोई नपा-तुला निष्कर्ष निकालते हैं। ज़िंदगी उनकी कहानियों में से खुद बोलने लगती है।

इस दौर में उनकी मान्यताओं में भी परिवर्तन आया है। गांधीजी की अनेक मान्यताओं में उनका विश्वास शिथिल पड़ने लगा था। और समाजवादी सिद्धांतों

और समाजवादी व्यवस्था में उनका विश्वास बढ़ने लगा था। दयानारायण निगम को लिखे एक पत्र में प्रेमचंद ने कहा भी है, "मैं अब समाजवादी सिद्धांतों का कायल हो रहा हूँ।" और 'महाजनी सभ्यता' शीर्षक अपने एक लेख में प्रेमचंद ने लिखा :

> "वह सभ्यता श्रेयस्कर है जो धनियों के शासन का, व्यक्तिगत सम्पत्ति का खातमा कर रही है। आज नहीं तो कल, दुनिया उसी के कदमों पर चलेगी। यह कहना कि यह व्यवस्था इस या उस देश की सामाजिक अथवा धार्मिक स्थितियों के अनुरूप नहीं बैठती, या इस अथवा उस देश का माहौल उसके मुआफिक नहीं बैठता, फ़िज़ूल बात है। ···इंसान हर जगह एक जैसा ही है। छोटे-मोटे भेद तो हो सकते हैं पर बुनियादी तौर पर एक देश और दूसरे देश के लोगों के बीच कोई अंतर नहीं। जो राजकीय पद्धति और सामाजिक व्यवस्था एक देश के लिए हितकर है, वह अन्य देशों के लिए भी हितकर होगी। हाँ, महाजनी तंत्र और उसके ज़रखरीद दलाल इसका विरोध करने में ऐड़ी-चोटी का ज़ोर लगा देंगे, इसके विरुद्ध झूठा प्रचार करेंगे, जनसाधारण की आँखों में धूल झोंकते हुए उन्हें गुमराह करेंगे। पर अंत में सत्य की विजय होगी, यह निश्चित है।"

प्रेमचंद ने विचारों की दुनिया में लंबी यात्रा की। उनके विचारों में तब्दीलियाँ भी आयीं। पर सारा वक्त हमें उनकी दृष्टि में एक तरह के खुलेपन का भास मिलता रहता है। और यह इसलिए कि उनकी मूल प्रतिबद्धता देश के उज्ज्वल भविष्य के साथ थी, और उन लाखों-लाख लोगों के प्रति जिन्हें वे सुखी देखना चाहते थे। हम उन पर अपना निर्णय करने बैठें, तो उनके विचारों के गुण-दोष निकालते हुए यह भी ध्यान में रखें कि इस आदमी के दिल में एक तड़प थी, एक सच्ची गहरी तड़प जो इसे आजीवन बेचैन किये रही और उसके बल पर उससे जो बन पड़ा उसने अपने देश और साहित्य को दिया और जो अपनी खामियों-कमज़ोरियों के बावजूद हमारे साहित्य को चार चाँद लगा गया है।

[1980]

मार्क्सवाद और साहित्य

मार्क्सवाद से लेखक को एक दृष्टि मिलती है, जिंदगी को देखने-समझने की, आँकने की, और मैं समझता हूँ कि यह एक व्यापक और संतुलित दृष्टि होती है। इंसान की जिंदगी में, जब से दुनिया बनी है, संघर्ष भी रहा है, दुःख-दर्द भी, विडंबनाएँ भी, और इंसान जहाँ उनसे जूझता रहा है, वहाँ उनकी तह में काम करने वाले कारणों को भी जानने-समझने की चेष्टा करता रहा है। साहित्य में दोनों का अक्स मिलता रहा है। जमाना था जब सभी घटनाओं के पीछे किसी दैवी शक्ति का हाथ हमारे चिंतकों और सुधी लेखकों को नजर आया करता था। कोई उसे दैवी शक्ति कहता था, कोई उसे भाग्य कहता था। यूनानी साहित्य में प्रत्येक ट्रेजिडी के पीछे भाग्य की दुर्निवार भूमिका न केवल दृष्टिगोचर होती है बल्कि उसका उस समय के लेखक स्पष्टतः उल्लेख भी करते हैं। इंसान के बस में कुछ नहीं, उसके बस में केवल प्रयास और संघर्ष ही है, उसकी इच्छाओं की पूर्ति उसके अपने हाथ में नहीं है, वह देवताओं के हाथ में है। सोफोक्लीज की प्रसिद्ध नाटक माला में ईडिपस के परिवार पर एक शाप है, जिसकी भयानक अनिवार्यता पीढ़ी-दर-पीढ़ी उस परिवार को अपनी दबोच में लिये रहती है, उससे निकाल पाने का कोई रास्ता नहीं है।

इस तरह की दृष्टि यूनान में ही नहीं, विभिन्न रूपों में शायद दुनिया के हर हिस्से में, हर देश के साहित्य में रही है। सोलहवीं शताब्दी में शेक्सपीयर के नाटकों में भी इसकी गूँज सुनायी देती है—

"बच्चे, बर्रे के पंख
नोचते हैं, उन्हें पीड़ा पहुँचाते हैं,
उनके लिए यह खेल है, इसी प्रकार
देवतागण मनुष्यों को
पीड़ा पहुँचाते हैं, उनकी हत्या

करते हैं, उनके लिए भी यह
खेल होता है।
('लियर')

भाग्य दुर्दम है, और मनुष्य, लाचार और बेबस।

हमारे अपने देश में भाग्य को दुर्निवार कहते हुए भी, उसे कर्मकांड के साथ जोड़ा गया है। जैसे किसी के कर्म होंगे, वैसा ही उसे उन कर्मों का फल मिलेगा। पिछले जन्मों के कर्मों का फल हम इस जन्म में भोगते हैं, और इस जन्म में किये जाने वाले कर्मों का फल आगामी जन्मों में भोगेंगे, और यह चक्र चलता जायेगा, उस वक्त तक जब तक हम कर्म से मुक्त नहीं होते।

इस तरह मनुष्य के जीवन के आस-पास भाग्य का अथवा कर्मकांड का एक मजबूत चौखटा बना रहता है। मनुष्य पूर्णतः स्वतंत्र नहीं होता, हो सकता भी नहीं, पर कर्म करने में स्वतंत्र रहते हुए भी उनका फल भोगने में वह स्वतंत्र नहीं है, उसे भोगना ही है।

इस प्रकार की दृष्टि शताब्दियों तक हमारे मस्तिष्क पर छायी रही है। पर इसके बावजूद मनुष्य के संघर्ष को, उसके नैतिक बल को, उसके मानवीय गुणों को सदा साहित्य के केंद्र में रखा गया है। भाग्य बली होते हुए भी मनुष्य के जीवन में उसकी भूमिका केंद्रीय भूमिका नहीं रही, केंद्रीय भूमिका मनुष्य के प्रयासों की ही रही है। यही कारण है कि परीकथाओं का राजकुमार भी दानवों-राक्षसों से जूझता हुआ उन्हें अंत में परास्त करता है। मनुष्य के संघर्ष पर, उसके मानवीय गुणों पर, उसकी संकल्प शक्ति और नैतिक आस्थाओं पर ही बल दिया जाता रहा है, इसी कारण, जमाना गुजर जाने पर आज भी हम प्राचीन साहित्य में रस लेते हैं और उनका ऊँचा मूल्य आँकते हैं। यदि पिछला साहित्य सारा वक्त केवल भाग्य का ही रोना रोता रहता, तो आज उसे कोई नहीं पढ़ता। मनुष्य ही साहित्य का केंद्र है, पहले भी था और आज भी है, और मनुष्य को केंद्र में रखकर लिखा गया साहित्य, अपने मानवीय गुणों के कारण ही मुख्यतः आज भी हमें प्रिय है।

परंतु मनुष्य-जीवन को समझने की चेष्टा करते हुए पिछला साहित्य जिस सूझ का परिचय देता है, उसमें सचमुच आज बड़ा परिवर्तन आ गया है, और मनुष्य की गतिविधि के साथ भी बहुत से आयाम जुड़ गये हैं। आज के जमाने में इन नये आयामों को जोड़ने में मार्क्स का योगदान ऐतिहासिक महत्त्व रखता है।

एक तो यह कि मनुष्य का संघर्ष मात्र एक व्यक्ति का संघर्ष नहीं रह गया है। पहले मनुष्य का संघर्ष दैवी शक्तियों के परिप्रेक्ष्य में दिखाया जाता था। आज मनुष्य का संघर्ष समाज के अंदर काम करने वाली प्रबल् शक्तियों के परिप्रेक्ष्य में दिखाया जाता है। आज हमारी दृष्टि में इतना बदलाव् आया है, कि भाग्य की भूमिका निर्णायक भूमिका है, यह मान्यता हमें आश्वस्त नहीं कर पाती, मिलर के

दुःखांत नाटक 'डेथ आफ ए सेल्स मैन' की भयावह त्रासदी देवताओं के रोष के कारण नहीं होती, न ही वह अपने कर्मों का फल भोग रहा है, वह किन्हीं ऐसी शक्तियों के हाथों कुचला जा रहा है जो समाज के अंदर विद्यमान हैं। मार्क्स ने हमें उन शक्तियों को देख पाने की नजर दी है। होरी जब अपने विकट संघर्ष के बावजूद किसान से मजदूर बन जाता है, और सड़क के किनारे पत्थर तोड़ता हुआ दम तोड़ देता है, तो हमारी आँखों के सामने उन शक्तियों के चेहरे भी उजागर हो जाते हैं, जिन्होंने उसे जीवन में तोड़ डाला है, भले ही वह क्रूर सामाजिक पद्धति हो, धर्मांधता हो, मर्जाद और परंपरा का मोह हो, अथवा होरी की अपनी कमजोरियाँ हो। उपन्यास को बंद करते हुए हम यह नहीं कहते कि भाग्य बली है, अथवा जैसी करनी वैसी भरनी, या होरी अपने किए का फल भोग रहा है, हम यही कहते हैं कि कुछ नरपिशाच जो समाज के अंदर काम करने वाली पैशाचिक शक्तियों का प्रतिनिधित्व करते हैं, उन्हीं के हाथों होरी की यह गति हुई है।

हमारी दृष्टि में होने वाला यह एक बहुत बड़ा परिवर्तन है।

मनुष्य को मात्र एक व्यक्ति के नाते आज हम नहीं देखते। समाज के अंदर चलनेवाला संघर्ष व्यक्तियों के बीच न होकर वर्गों के बीच चलता है। होरी मात्र एक व्यक्ति नहीं है, वह एक पूरे वर्ग का प्रतिनिधित्व करता है, और उसका उत्पीड़न करने वाली शक्तियाँ भी वर्गगत शक्तियाँ हैं। होरी के जीवन की विडंबना किसी एक किसान के जीवन की व्यक्तिगत विडंबना न होकर, होरी जैसे लाखों-लाख किसानों के जीवन की विडंबना है। प्रत्येक जीवन-संघर्ष की तह में काम करनेवाले वर्ग-संघर्ष को देख पाने की नजर हमें मार्क्स ने दी है। यह नजर मनुष्य को एक व्यापक परिप्रेक्ष में देखने की नजर है। यहाँ तक कि भावनाओं के क्षेत्र में, हमारे दिल में उठनेवाला दर्द अथवा सद्भावना किसी व्यक्तिविशेष के प्रति न उठकर पूरे शोषित वर्ग के प्रति उठती है। मेरे एक विदेशी मित्र ने मुझे एक बार कहा कि 'गोदान' पढ़ने के बाद मुझे हर भारतीय किसान होरी का प्रतिरूप नजर आने लगा है। मार्क्सवाद की यह बहुत बड़ी देन है कि हम व्यक्ति को समाज के परिप्रेक्ष में देखने लगे हैं। व्यक्ति अपने में एक जीता-जागता, अपने निजी गुणदोषों वाला इंसान तो है ही, अब वह मात्र एक व्यक्ति न रहकर, सामाजिक परिप्रेक्ष में एक वर्ग के प्रतिनिधि के रूप में महत्त्व ग्रहण कर गया है।

पहले यह सामाजिक भावना धुँधली-सी थी, केवल दुःखी व्यक्ति के प्रति सद्भावना जगाने वाली, और उसके साथ पाप-पुण्य जुड़े रहते थे—जैसे दान दक्षिणा, गरीब की मदद करने या पुण्य कमाने, अपना परलोक सुधारने में या कुछेक व्यक्तिगत गुणों के साथ जैसे उदारता, करुणा, अनुकंपा, निःस्वार्थ सहायता आदि के साथ—'वैष्णव जनता को कहिए, जो पीर परायी जाने रे' आदि जैसी

भावना के साथ। कर्मकांड को मानने वाले भी गरीबों की सहायता पर बल देते थे, क्योंकि यह भी कर्मकांड से जुड़ा था। गरीब इसलिए गरीब है क्योंकि अपने कर्मों का फल भोग रहा है, पर उसकी सहायता करनेवाला न केवल एक दुःखी इंसान का दुःख बाँट रहा है, वह साथ ही अपने लिए पुण्य भी कमा रहा है। कर्मकांड में विश्वास करनेवाले समाज के संचालन में न्याय और अन्याय के मूल प्रश्न से साक्षात न करते हुए परमार्थ सेवा को दया-धर्म से जोड़ते थे। मार्क्स के प्रभाव से इस दृष्टि में आमूल परिवर्तन हुआ। उनकी खोजों ने सामाजिक न्याय के प्रश्न को सामाजिक जीवन के केंद्र में लाकर खड़ा कर दिया है। यह सामाजिक भावना दया धर्म से उठकर सामाजिक न्याय पर केंद्रित हो गयी है। हम गरीब की मदद इसलिए नहीं करते कि उसका दुःख बाँट रहे हैं, या अपना परलोक सुधार रहे हैं, बल्कि हम गरीब का पक्ष इसलिए लेते हैं कि वह क्रूर सामाजिक अन्याय का शिकार हो रहा है। हमारी न्यायप्रियता हमें उसका पक्ष लेने पर उसके संघर्ष में योगदान देने पर बाध्य कर रही है। और दया भाव से योगदान न कर दायित्व भाव से योगदान करने की प्रेरणा देती है।

इस सामाजिक भावना का परिप्रेक्ष एकदम बदलकर, बड़ी स्पष्टता से सामने आने लगता है। एक तो मार्क्स, समाज के अंदर पाये जाने वाले वैषम्य की जड़ें आर्थिक-सामाजिक कारणों में खोजते हैं, मनुष्य के कर्मकांड में नहीं खोजते। सामाजिक जीवन की विषमताओं की जो तस्वीर, उनको पढ़ते हुए, हमारे सामने उभरती है, वह वर्गों में बँटे हुए समाज और उनके बीच चल रहे संघर्ष की तस्वीर है, उसे देखते हुए हम पाते हैं कि किस भाँति और क्यों एक वर्ग दूसरे वर्ग का खून चूसता है। उन्हें पढ़ते हुए हम सामाजिक जीवन के भीतर पाये जानेवाले उस अंतर्द्वंद्व को देखने लगते हैं। कर्मकांड को भूल जाते हैं। और उत्पीड़ित वर्गों का निस्तार दयाभाव में दी गयी सहायता में न देखकर न्याय संगत समाज की स्थापना में देखने लगते हैं। इस तरह यह सामाजिक भावना एक न्यायसंगत समाज की स्थापना से जुड़ती है।

समाज को इस नज़र से देखते हुए समाज में घटने वाली घटनाओं को हम एक ऐसे परिप्रेक्ष में देखने लगते हैं जो पहले से कहीं ज्यादा स्पष्ट, कहीं ज्यादा वस्तुनिष्ठ. सकारात्मक और व्यापक हैं। इस तरह मार्क्स की शिक्षा के प्रभाव में साहित्य सृजन आत्मकेंद्रित न होकर वस्तुनिष्ठ हो जाता है, और व्यक्ति अपने तईं संपूर्ण इकाई न होकर, समाज की बड़ी इकाई का अंग हो जाता है, और हमारी सामाजिक भावना किसी दयाभाव से प्रेरित न होकर गहरी न्यायप्रियता की भावना से और समाज के प्रति दायित्व की भावना से प्रेरित होती है।

इस तरह हमारे परिदृश्य में फैलाव आता है, साहित्य व्यक्तिकेंद्रित न होकर वर्गकेंद्रित तथा समाजकेंद्रित बन जाता है। मानवीय मूल्य और कदरें व्यक्तिगत

रिश्तों के सीमित दायरे में रहते हुए भी एक नया, व्यापक आयाम ग्रहण करती हैं।

इसका यह मतलब हरगिज नहीं कि पिछली कदरें असंगत हो जाती हैं, और निरर्थक हो जाती हैं। मानवीय सद्भावना का आज भी उतना ही महत्त्व है जितना पहले था केवल उसमें विस्तार आ गया है। मानवीय संवेदन जो दुःखीजनों की स्थिति को देखकर आँसू बहाता है, इस बात में अभी भी संगत है कि वह भावनात्मक स्तर पर उनके दुःख-दर्द से जुड़ता है, उनका दुःख-दर्द बाँटना चाहता है। अपने से बाहर निकलकर दुःखी मानवता को अपनाता है। हाँ, मार्क्सवाद साहित्यकार की दृष्टि को साफ करता है, उसकी सूझ-बूझ में नये आयाम जोड़ता है और साहित्य को सामाजिक प्रासंगिकता और सार्थकता देता है, लेखक को एक नजरिया देता है, जिससे वह समाज के अंदर चलने वाले घटनाचक्र को वस्तुनिष्ठ ढंग से देख-समझ पाता है।

मार्क्स सामाजिक परिदृश्य को मात्र दिखा देने से ही संतुष्ट नहीं हैं। उन्होंने सामाजिक स्थिति की व्याख्या ही नहीं की, उन अंतर्द्वंद्वों को दिखा पाना ही अपना काम नहीं समझा। इस नयी जानकारी के आधार पर समाज को बदलना भी मनुष्य का दायित्व हो जाता है। न्यायप्रियता और न्याय के लिए किए जानेवाले संघर्ष का लक्ष्य समाज को बदलना है, एक न्यायसंगत समाज की स्थापना करना है। इस तरह हमारे सामाजिक कर्म को नई प्रेरणा, नई दृष्टि और नई सार्थकता मिलती है।

इसी दृष्टि से मार्क्स के विचारों से प्रभावित साहित्यकार भी समाज को, उसके अंदर चलने वाले संघर्ष को और उस महान सामाजिक ध्येय को देखते हैं। जाहिर है इस दृष्टि में और साहित्यजगत में व्याप्त रही पहली दृष्टि में बड़ा अंतर है। पर यह अंतर साहित्य की भूमिका को बदल नहीं देता, उसे और गहरा, संगत और वस्तुनिष्ठ बनाता है। साहित्यकार सदैव मानव संवेदना को गहरे में महसूस करता रहा है। मानवीय संवेदना से शून्य किसी साहित्य की कल्पना नहीं की जा सकती। साहित्यकार सदा ही अनुभूतिशील प्राणी रहा है, दुःखी मानव के दुःख को उसका दिल सदैव गहरे में महसूस करता रहा है, अवचेतन में ही सही अथवा अंतःप्रेरणावश कोई भी लेखक किसी काल में भी अन्याय, अहंकार, क्रूरता, दंभ आदि का पृष्ठपोषक नहीं रहा। उसने सदैव मानवीय गुणों का समर्थन किया है। इस दृष्टि से मार्क्सवाद उसी मानवीय परंपरा को और आगे बढ़ाता है, उसे नये आयाम देता है।

मनुष्य को व्यापक, सामाजिक परिप्रेक्ष्य में देखते हुए वह मनुष्य के निजी रिश्तों के दायरे पर ही बस नहीं कर देता, वह मनुष्य के व्यक्तिगत जीवन को समाज के विशाल जीवन का अंग मानकर देखता है। इसीलिए समाज में पायी

जाने वाली समस्याएँ उसकी रचनाओं के विषय बनती हैं। इसी कारण वह नस्लवाद, सांप्रदायिकता, जातिवाद, धर्मांधता आदि का विरोध करता है। इसी दृष्टि के अनुरूप ही वह उन सभी कुचेष्टाओं का भी विरोध करता है और उन्हें निरावृत्त करता है जो पाठक अथवा नागरिक की नजर से मूल विसंगति और अन्याय से दूर हटाकर उसे छद्म आध्यात्मिकता, व्यक्तिवाद आदि के घटाटोप की ओर ले जाता है। मार्क्स का चिंतन साहित्यकार को जीवन के निकट ले आता है, उसे यथार्थ का बोध कराता है और उसे अपनी सामाजिक भूमिका निभाने की प्रेरणा देता है।

इस तरह निश्चय ही साहित्य की भूमिका उसकी पहली भूमिका से अलग तो नहीं हो जाती पर वह निश्चय ही अधिक व्यापक, अधिक यथार्थ और वस्तुनिष्ठ और एक महान ध्येय से उत्प्रेरित होने के कारण अधिक सार्थक हो जाती है। मार्क्स की शिक्षा साहित्यकार को जीवन का दर्शक-मात्र नहीं रहने देती, उसे सामाजिक न्याय के लिए किये जाने वाले संघर्ष का एक महत्त्वपूर्ण, सक्रिय कार्यकर्ता बना देती है।

यहाँ मैं उस मुद्दे का ज़िक्र करना चाहूँगा जिसे लेकर आजकल साहित्यकारों के बीच बहुत बहस चल रही है कि कहानी में दिशा का अथवा किसी समाधान का संकेत दिया जाये या नहीं दिया जाये। यह समाज को बदलने वाले लक्ष्य से ही संबद्ध है।

मेरी नज़र में यह बहस-तलब मुद्दा नहीं है। यदि ऐसा संकेत अथवा निर्देश आयेगा तो कहानी में से उभरकर ही, उसका अभिन्न अंग बनकर ही आये। इसे ऊपर से थोपा नहीं जा सकता, कहानी के साथ अंत में एक दुमछल्ला नहीं लगाया जा सकता, यह कहानी को कमज़ोर और बनावटी बनाता है।

लेकिन एक बात ज़रूर है। हमारी परंपरा की कुछेक अपनी विशिष्टताएँ रही हैं। एक तो यह कि हमारा बहुत-सा पिछला साहित्य नैतिक मूल्यों और मान्यताओं के प्रसारण का साहित्य रहा है। और उन रचनाओं में नैतिक अवधारणाएँ इतनी स्पष्ट और उभरकर आती हैं और हमारा विशाल जनसमुदाय इनका इतना अभ्यस्त हो चुका है कि उसे दोटूक नैतिक उपदेश अखरते नहीं हैं। उनके रसास्वादन में बाधक नहीं बनते। कलाकृति ज़रूर कोई न कोई सीख देती है, इसकी अपेक्षा हमारे देश के जनसाधारण को कला में बराबर बनी रहती है। इसलिए अगर किसी कहानी में दिशा-निर्देश दिया भी जाये, दुमछल्ला लगा भी दिया जाये तो सामान्य पाठक को वह इतना नहीं अखरेगा जितना किसी आलोचक अथवा बुद्धिजीवी को। कहानी में दम होना चाहिए, उसमें पैनापन होना चाहिए, ईमानदारी से जीवन की किसी स्थिति को पेश किया जाना चाहिए, भावनात्मक स्तर पर वह अपने कथानक की सच्चाई से, उसके भीतर पाये जाने

वाले अंतर्विरोध का सशक्त चित्रण प्रस्तुत करे। कहानी पाठक के दिल और दिमाग़ तक जा पहुँचे तो उसे दुमछल्ला अखरेगा नहीं, बल्कि उसके अपने मस्तिष्क में उपजे निष्कर्ष का समर्थन-सा करता जान पड़ेगा।

इसलिए जो लोग इसे कला के साथ किया जाने वाला विश्वासघात कहते हैं, इसे निपट प्रचार कहकर बुरा-भला कहते हैं, वह इस सवाल को केवल किताबी नज़रिये से देखते हैं, और केवल हमारे देश में ही ऐसा रहा हो, यह बात नहीं है। ब्रेख्त ने अपने नाटकों में दोटूक बातें कही हैं। कला द्वारा प्रचार किया है, और वह भी हमें अखरता नहीं, क्योंकि उसने जनसाधारण को ध्यान में रखकर अपने नाटक लिखे हैं, और उनमें इतनी अधिक ओजस्विता और मौलिकता है, साथ ही उत्कट भावना, पैनी दृष्टि आदि, कि उसे शायद इस बात ने कभी परेशान नहीं किया कि दुमछल्ले हों या नहीं हों, प्रचार किया जाये या नहीं किया जाय।

यह सवाल अक्सर किताबी किस्म के लोगों को ज़्यादा परेशान करता है, या उन लोगों को जो कलावादी सिद्धांतों से, जीवन की अपेक्षा कहीं अधिक जुड़े होते हैं। जिनका दिल ठंडा, और केवल दिमाग़ गर्म होते हैं, जिन्हें कथा-कहानी में जीवन की धड़कन महसूस करने में इतनी रुचि नहीं होती जितनी उसके रूप और नखशिख में।

पर हाँ इस सवाल की इतनी अहमियत तो ज़रूर है कि निर्देश, संकेत, कला में खपकर आये, कहानी को अधिक सशक्त बनाये, पर दुमछल्ले का होना या न होना इतना ज़रूरी नहीं जितना इस बात का कि कहानी की मूल वस्तु सजीव, प्रभावशाली और गहराई में बैठकर प्रस्तुत की गयी हो। हमें ऐसी रचनाओं से एतराज होता है जिनमें रास्ता तो सुझाया गया है नख-शिख से भी जो नपी-तुली और दुरुस्त होती हैं, सिद्धांत पर तो खरी उतरती हैं, पर जिनमें ज़िंदगी की धड़कन नहीं है, जिनमें जिंदगी स्वयं नहीं बोलती है, जिनमें संदेश तो ज़रूर दिया हुआ है, पर उस संदेश के पीछे कोई तड़प नहीं है केवल बौद्धिक मान्यता है और उस मान्यता के प्रति अपना दायित्व निभा पाने की भावना। मैं नहीं समझता कि ऐसी रचनाएँ मार्क्सवादी दृष्टि को सही मायनों में अपना पायी है।

सच, कुछ आप ही बताइए…
ये यादें कैसे बनती हैं ?

जीवन के इस चरण तक पहुँचते-पहुँचते, लगने लगा है कि मैं सारा वक्त यादें ही बटोरता रहा हूँ। अब यादों की यह गठरी इतनी बोझिल हो गयी है कि न उठाये उठती है, और न ही छोड़ी जा सकती है। जिंदगी-भर का सरमाया यही यादें हैं जो मेरे साथ हैं। और विडंबना यह कि बड़ी से बड़ी घटना घट जाये तो याद नहीं बनती, जबकि किसी का उड़ता आँचल भी दिल की किन्हीं गहराइयों में अपनी जगह बना लेता है। लगता है हमारे किये, अथवा हमारे सोचे कुछ नहीं होता। कुछ है जो चलते-चलते दिल पर अपनी खरोंच छोड़ जाता है। पीछे मुड़कर देखता हूँ तो अनेक चेहरे हैं, एक के बाद एक, जो किन्हीं घटनाओं के कारण दिल में आकर नहीं बस गये हैं, वे इसलिए बस गये हैं कि कभी वे अनायास ही मेरे जीवन में उतर आये थे। यादों की एक विडंबना यह भी है, कि भोंडी से भोंडी बात भी वक्त बीतनें पर अपना भोंडापन खो देती है, और प्यारी-सी लगने लगती है। बचपन के दिनों में आर्य समाज के साप्ताहिक सत्संग में बैठा करते थे। सत्संग में एक भजनीक महाशय भजन गाया करते थे। एक हाथ कान पर रखे और मुँह आसमान की ओर करके ऊँची हेंक निकालते। ले-देकर आर्य समाज को यही एक भजनीक मिला था। यों वह पेशे से दूकानदार था, लेकिन इतवार के दिन भजनीक के नाते आर्य समाज मंदिर में आया करता था। मैं उन दिनों अपने शहर से भाग निकलना चाहता था, और अचंभा नहीं कि उस पलायन के पीछे कहीं एक कारण वह भजनीक भी रहा हो। ऐसा गान न पहले कभी सुना था न बाद में कभी सुनने को मिला; और मैंने काफी दुनिया देखी है। लेकिन कुछ दिन पहले अपना कमरा साफ करते हुए मैं अचानक ही उन्हीं महाशय का एक भजन गुनगुना रहा था और गुनगुनाते-गुनगुनाते रो पड़ा। गला ऐसा रुँधने लगा कि काबू के बाहर। जिंदगी के अटपटे बेसिर-पैर के अनुभव कब मार्मिक हो उठें, कौन जानता है। वह

सज्जन मुझे एक बार बाद में मिले भी थे। बहुत वर्षों बाद, तब देश का बँटवारा हो चुका था और हम लोग मारे-मारे अलग-अलग शहरों की गलियों की खाक छान रहे थे। अंबाला की सड़क पर वह मुझे मिले, और हम लपककर एक-दूसरे के बगलगीर हुए। जब उसने बताया कि वह कोई घर एलॉट करवाने की फिक्र में है तो मैंने सिर हिलाया, और जब मैंने बताया कि मैं नौकरी की तलाश में अंबाला आया हूँ तो उसने सिर हिलाया। साथ ही जब उसने कहा कि उसकी पत्नी पाकिस्तान में ही कहीं खो गयी है, यह सुनकर भी मैंने सिर हिलाया और अफसोस जाहिर किया। पर जब उसने यह सूचना दी कि वह अंबाला में भी आर्य समाज के साप्ताहिक सत्संग में जाता है और भजन गाता है, तो मैंने सड़क पर खड़े-खड़े ठहाका लगाया। हँसी मुझसे दबाये न दबती थी।

"अंबाला वालों पर तो कुछ तरस खाया होता।" मैंने हँसकर कहा। वह भौंचक-सा मेरी ओर देखे जा रहा था।

"लोग अपनी जमीन-जायदाद पाकिस्तान में छोड़ आये हैं। तुमसे इतना भी न हुआ कि इस हुनर को…"

मेरी हँसी थमने में नहीं आती थी और वह पहले तो हैरान-सा, पर धीरे-धीरे नाराज-सा लगने लगा था। आवाज ऊँची करके बोला, "कुछ भी हो, हम समाज की सेवा नहीं छोड़ सकते!"

वह भजनीक मित्र अब कहाँ हैं, मैं नहीं जानता। न मालूम अंबाला में घर एलॉट हुआ या नहीं हुआ। जब कोई पुराना मित्र अथवा सहपाठी अथवा हमवतन मिलता है, तो बातें चलती हैं और आमतौर पर ऐसी ही सूचनाओं का आदान-प्रदान होता है, कि कौन दुनिया छोड़ चुका है। अगर मैं भूल नहीं करता तो उसके बारे में भी कभी किसी ने जिक्र किया था कि वह अब नहीं है। पर यह तो अब रोज का लेखा हो गया है। दिल पर कोई असर नहीं हुआ। मर गया है या जीता है, इससे कोई खास फर्क भी नहीं पड़ता। मैं भी आज हूँ और कल नहीं रहूँगा तो दुनिया के कारोबार में कोई फर्क नहीं पड़ने वाला। लेकिन उसका भोंडा संगीत! उसके भजन गाकर हँसता भी हूँ और रोता भी हूँ। जब यादों की खोह में उतरता हूँ तो उसके भजन की कोई उड़ती-सी पंक्ति सीधा दिल पर वार करती है।

इन यादों को कोई क्या कहे। मेरे भाई ने मुझे एक बार बताया था कि जंग के दिनों में जब वह लंदन में बी० बी० सी० में काम करते थे, तो उन्हें अपने प्रोग्राम के लिए कुछ ग्रामोफोन रेकार्ड बजाने थे। ये रेकार्ड चुन पाने के लिए वह बी० बी० सी० के संगीत संग्रहालय में गये, जहाँ उन्हें एक गीत का रेकार्ड हाथ लग गया। उन्होंने उसे बजाया। भाई ने बताया कि रेकार्ड बजाने की देर थी, भाई के साथ भी वही कैफियत हुई जो मेरे साथ हुई थी। आँसू सँभाले नहीं सँभल पाते थे। उन्हें लगता जैसे यह आवाज सहगल की न होकर दूर भारत से उठने

वाली कोई आवाज हो, जो भाई से कह रही हो—'कहाँ बैठे हो, मेरे पास लौट आओ····' और भाई बताया करते थे कि उसके बाद उनसे लंदन में रहा नहीं गया। कॉन्ट्रैक्ट खत्म होने की देर थी कि वह वहाँ से भाग खड़े हुए थे।

यादों की यही विडंबना है। वर्तमान में अनगढ़, अटपटी, नगण्य—अतीत में पहुँचकर मनमोहक, जिंदगी-भर का सोज़ लिये हुए।

पर एक विडंबना उस व्यक्ति की होती है जो इन यादों को सँजोये घूमता है। इस तरह एक विडंबना मेरी भी है। हर बार जब घर में पुरानी बातें चलती हैं, तो अपने बेटे-बेटी के सामने मैं भी अपने वतन का किस्सा ले बैठता हूँ और अपनी आपबीतियाँ सुनाने लगता हूँ। अनेक बार उस भजनीक का किस्सा सुना चुका हूँ। अब नौबत यह आ गयी है कि मेरे घरवालों के कान पकने लगे हैं। मेरे मुँह से भजनीक का नाम निकलता नहीं, कि बेटा नाक चढ़ाकर मुँह फेर लेता है, और बेटी ऊबकर कहती है—"हाँ हाँ, हम जानते हैं वह मुँह टेढ़ा करके गाता था, और आपको अंबाला में मिला था और आप हँस दिए थे। अब सारी रामायण नहीं सुनाना।"

मैं उन्हें कैसे बताऊँ कि मेरी यादों की गठरी में क्या-क्या भरा है, कि किस तरह मेरा दिल दिन-रात उन्हीं में लौटने लगा है और बाहर आने का नाम नहीं लेता। पर मेरे बाल-बच्चों के लिए मेरी यादें हास्यास्पद और स्वयं मैं असंगत होता जा रहा हूँ। उनकी गठरियाँ हल्की हैं। उन्होंने अभी यादें सँजोना शुरू नहीं किया। उनका घटनाओं पर हँसने का जमाना है। अतीत के अटपटेपन पर, उनके भोंडेपन पर, मगर जमाना आयेगा, जब अपनी-अपनी यादों से उनकी गठरियाँ भी भर जायेंगी और मैं भी एक याद की तरह उनकी गठरियों में से कभी-कभी झाँकूँगा। तब तक मैं भी अपना भोंडापन उनकी नजरों में खो चुका होऊँगा, वैसे ही जैसे वह भजनीक महाशय मेरे लिए अपना भोंडापन खो चुके हैं। और भले ही वह कान पर हाथ रखे, मुँह ऊँचा किये हेंक लगा रहे हों, या बेसरोसमान अजनबी शहर की सड़क की खाक छान रहे हों, मेरे लिए बड़े अजीज, मेरे जीवन का अंग बनकर सामने आते हैं।

सच, कुछ आप ही बताइए, ये यादें कैसे बनती हैं?

मेरा प्रिय पात्र

शायद मेरा एक ही प्रिय पात्र है जो कभी स्त्री का, तो कभी पुरुष का, तो कभी युवक अथवा युवती का रूप लेकर पन्नों पर उतरता है। जब भी उसके बारे में सोचता हूँ तो उद्वेलित-सा महसूस करता हूँ। कहीं पर वह व्यक्ति अपने परिवेश में सही नहीं बैठता। उखड़-सा जाता है, उसमें रस-बस नहीं पाता। अपने परिवेश में रहते, साँस लेते हुए भी उसके साथ उसका मेल नहीं बैठता। शायद उसी में उसके भाग्य की विडंबना होती है। शायद मेरे सभी पात्र ऐसी ही स्थितियों में पनपते, रूप लेते हैं। तुलसी, मेरे बचपन के दिनों में हमारे घर में नौकर था। चौका-बर्तन करता, भैंस दोहता, घर में झाड़-पोंछ करता, पर साथ ही वह हमारे साथ खेलता भी था, और जब कभी गुरुजी हिंदी-संस्कृत पढ़ाने आते तो वह भी हमारे साथ बैठ जाता था। परिवार के लोग जब हवन करने बैठते तो वह भी मंत्रोच्चारण करता, उसकी भारी, खरज आवाज सबसे ऊँची होती और बड़ी अटपटी लगती। हम बच्चे आँखें बंद किये हुए ही हँसने लगते थे।

उसके भाग्य की विडंबना तब उसके जीवन को डसने लगी जब वह सचमुच कुछ पढ़-लिख गया और चौका-बर्तन करने में उसे खीझ महसूस होने लगी। और एक दिन वह माँ से कह ही बैठा, "माताजी, क्या मैं सारी उम्र भाँडे ही माँजता रहूँगा?"

वह घर के तंदूर के पास बैठा बर्तन माँज रहा था। जाने यह टीस उसके मन में कैसे उठी, पर वह बोल पड़ा। और माँ ने भी उसी वक्त उसे बर्तनों पर से हाथ हटा लेने को कहा, "छोड़ दे तुलसी! अब तू बर्तन नहीं माँजेगा।"

तुलसी को लगा जैसे उसने माँ को नाराज कर दिया है। कुछ हैरान-सा होकर बोला, "माताजी, मैंने तो वैसे ही कह दिया है। मुँह से निकल गया···"

पर माँ के दिल को कहीं उसकी बात चुभ गयी थी, उस रात बड़े कमरे में माँ और पिताजी देर तक बातें करते रहे थे। माँ बार-बार कह रही थी :

"इससे अब मैं बर्तन तो नहीं मलवाऊँगी जी। इसके दिल में से यह बात

निकली है। यह मेरे बेटों के साथ खेलकर बड़ा हुआ है। इसे आप कहीं नौकर करवा दो, कहीं चपरासी रखवा दो।"

देर तक बहस होती रही थी। और उसी दिन से तुलसीराम की वह लंबी यात्रा शुरू हुई थी जिसमें कभी औषधालय का कंपाउंडर, तो कभी बैंक का चपरासी, तो कभी सड़क पर बैठने वाला दर्जी बनता रहा था। उसे वह धक्के पड़े कि किसी दुश्मन को न पड़ें। और यह सब इसलिए कि उसने बाबूजी के बेटों के साथ हिंदी-संस्कृत पढ़ी थी। उसके जीवन की विडंबना कभी सुलझ ही नहीं पायी। हाँ, कुछ दिन के लिए उसे चैन मिला, जब वह अपने गाँव लौट गया और अपनी मामूली-सी जानकारी के बल पर हकीमी करने लगा और गाँव के रोगियों का इलाज करता रहा। पर तब देश का बँटवारा हो गया, और वह मारा-मारा, न जाने कहाँ-कहाँ भटकता हुआ जम्मू के पास एक गाँव में जा पड़ा और अंधा होकर मरा। पर अंत तक अपनी खरज आवाज में वेद-मंत्रों का शुद्ध उच्चारण करता रहा, व्याकरण के सूत्र दोहराता रहा।

तुलसी एक पात्र के रूप में 'झरोखे' शीर्षक उपन्यास में प्रकट हुआ था। पर जब 'तमस' लिखी गयी तो क्या तुलसी ही जरनैल का रूप लेकर एक-दूसरे परिवेश में नहीं आ गया था? उसके जीवन की विडंबना भी तो कुछ वैसी ही थी। वह अलग पात्र भी रहा हो तो भी जो उद्वेलन उसे याद करके मन में उठता है, वह बहुत कुछ वैसा ही है।

जरनैल भी गरीब था, स्वतंत्रता-संघर्ष का सेनानी था। कांग्रेस का निष्ठावान सेवक, पर न तीन में न तेरह में। उसे सभी सनकी और पागल कहकर पुकारते थे। वह था भी कुछ-कुछ सनकी, पर उसकी सनक, उस गहरी लगन से ही पैदा हुई थी, जिसने उसे घर-घाट छोड़कर, देश के स्वतंत्रता-संग्राम में कूद पड़ने को बाध्य किया था। ऐसे लोग बहुत जानकारी नहीं रखते, व्यवहारकुशल भी नहीं होते, पर धुन के पक्के होते हैं और अपनी 'सनक' पर अपना सारा जीवन कुर्बान कर देते हैं। जरनैल सारा वक्त मुचड़ी हुई, चीकट, मैली वर्दी पहने रहता, मूँगिया रंग की, जिस पर उसने बिल्ले और तिरंगे के फीते और नेताओं के छोटे-छोटे चित्र टाँक रखे थे। बगल में बेंत दबाकर, लेफ्ट-राइट करता हुआ सड़कों पर चलता और स्वतंत्रता-सेनानी की भूमिका अदा किया करता था। वर्दी उसी दिन से पहनने लगा था, जिस दिन नेहरूजी ने, रावी के तट पर, कांग्रेस के अधिवेशन में पूर्ण-स्वतंत्रता की माँग का प्रस्ताव पारित हो जाने पर, राष्ट्रीय झंडे के नीचे जश्न मनाया था और स्वयंसेवकों के संग मिलकर नाचे थे। वहाँ पर जरनैल भी पहुँचा हुआ था, और वह भी नेहरूजी के साथ नाचा था और उसी दिन उसने शपथ ले ली थी कि जब तक देश पूर्ण स्वतंत्रता प्राप्त नहीं कर लेता, वह कांग्रेस-सेनानी की वर्दी में ही रहेगा। तब वह जवान था, दिल के वलवले उसे कांग्रेस के अधि-

वेशन में खींच ले गये थे। पर जब मैंने उसे देखा, तब वह शहर के कांग्रेसी कार्यकर्त्ताओं के बीच हँसी-मजाक का निशाना बन चुका था, तब उसका नाम जरनैल पड़ चुका था, सनकी जरनैल, जो शहर की गलियों में मार्च करता हुआ चलता है, और हर देखने वाला उसकी खिल्ली उड़ाता है। उसका काम जलसों की मनादी करना था। वह ढोल लेकर ताँगे पर बैठ जाता, ढोल पीटता और उसका एक साथी जलसे की सूचना लोगों को देता, या जलसा शुरू होने से पहले, लीडरों के पहुँचने तक, लोगों को बैठाये रखने के लिए, मंच पर खड़ा हो जाता और तकरीर करता—उसकी आवाज भी तुलसी की आवाज की तरह खरज थी—और तकरीर के नाम पर वह कांग्रेस के कार्यकर्त्ताओं की बद-अमालियों की शिकायतें करने लगता। जितना ज्यादा वह बोलता, उतना ज्यादा लोग हँसते थे। पर जरनैल निष्ठा का पक्का था, हर मुजाहिरे में सबसे आगे होता। पुलिस की लाठी और किसी पर पड़े या न पड़े, जरनैल पर जरूर पड़ती थी। हर बार लाठीचार्ज होता तो जख्मी होकर लौटता था, बाकी लोग तितर-बितर हो जाते, इधर-उधर किसी आड़ में चले जाते, पर वह छाती तानकर खड़ा रहता। हर आंदोलन में जेल में गया था। वक्त बीतते दाढ़ी खसखस हो गयी थी, चेहरे पर झुर्रियाँ उतर आयी थीं, वर्दी शरीर पर से लटकने लगी थी, पर धुन के पक्के जरनैल ने न तो आंदोलन में भाग लेना छोड़ा, न अपनी आन छोड़ी। अंत में, देश के बँटवारे के समय, मुसलमानों के मुहल्ले में खड़ा, पाकिस्तान बनाये जाने के खिलाफ तकरीर कर रहा था, और गांधीजी का वाक्य बार-बार दोहरा रहा था, "पाकिस्तान मेरी लाश पर," जब किसी ने एक ही वार में उसका काम तमाम कर दिया था।

तुलसी और जरनैल शायद एक ही मिट्टी के बने हैं। ऐसे पात्रों के लिए मेरे मन में मोह जागता है, और गहरी वेदना का भास भी होता है। जरनैल की स्थिति भी उतनी ही विडंबनापूर्ण थी जितनी तुलसी की, केवल तुलसी का परिवेश घर की चहारदीवारी थी और दिल में किसी बड़े क्षेत्र में जी पाने की उमंग थी, जबकि जरनैल किसी बड़े ध्येय के साथ जुड़ा हुआ जीव था और राष्ट्रीय जीवन के विशाल क्षेत्र में रहता-बसता था, पर दोनों ही अपने परिवेश में सही नहीं बैठ पाये थे।

मेरे प्रिय पात्र तो ऐसे ही हैं। शायद इसके पीछे मेरे अपने जीवन की विडंबनाएँ रही हों। मैं खाते-पीते परिवार में से था जबकि बचपन में स्कूल मुहल्ले की मेरी सभी दोस्तियाँ ऐसे लड़कों के साथ हुईं, जो बहुत ही गरीब घरों के थे। ज्यों-ज्यों वक्त गुजरता गया, ये दोस्तियाँ अटपटी और अधिक अटपटी होती चली गयीं। मैंने एम० ए० तक तालीम हासिल की, जबकि उनमें के अधिकांश छठी जमात से आगे नहीं बढ़ पाये, मैं कालिज से लौटकर पिताजी के व्यापार-कार्य में हाथ बँटाने लगा, तब तक उन दोस्तों में से दो तो परलोक

सिधार चुके थे, एक क्षय रोग से मरा था, दूसरा सरसाम से, दो-एक जो बचे थे, उनमें से एक बिजली का फिटर बना था और दूसरा सरकारी दफ्तर में क्लर्क। और हमारी दोस्ती में ऐसी खाई पैदा हो चुकी थी, जिसे पाटना असंभव हो गया था। दोस्ती में कोई तुक ही नहीं रह गयी थी। और उनके दिल की कोई भी साध पूरी नहीं हो पायी थी।

तुलसी, 'चीफ की दावत' की माँ, 'अहं ब्रह्मास्मि' का स्वयंसेवक, 'तमस' का जरनैल सभी शायद एक ही पात्र के अलग-अलग रूप हैं। इसलिए आपने अपने परिपत्र में ठीक ही कहा कि कई बार ऐसा भी होता है कि एक पात्र अपनी संपूर्णता में एक बार न उतरकर बार-बार कई रूपों में कई रचनाओं में सामने आता रहता है···

पर इसके विपरीत ऐसा भी होता है कि लेखक, पात्रों के सृजन में, अपने निजी अनुभव क्षेत्र से हटकर, आस-पास के जीवन में से पात्र उठाने लगता है और उन्हें एक स्वतंत्र व्यक्तित्व प्रदान करता है, जब उसके पात्र स्मृतियों के बल पर नहीं, अपने से बाहर के जीवन की ऊहापोह में से निकलकर सामने आते हैं, और स्वतंत्र व्यक्तित्व ग्रहण करते हैं, ऐसे सजीव पात्रों की सृष्टि कला के क्षेत्र में, मैं लेखक की बहुत बड़ी उपलब्धि मानता हूँ।

[1982]

कहानी और व्यावसायिकता

इसमें शक नहीं कि लिखते समय, कभी-कभी लेखक की कलम रुकती है। लेखक सोच में पड़ जाता है कि जो कुछ वह लिखने जा रहा है, उसे शब्दबद्ध करे या नहीं करे। यह यौन-क्रिया का चित्रण भी हो सकता है, कोई दोटूक राजनैतिक अभियोग भी हो सकता है, किसी दोस्त या दुश्मन पर तीखा व्यंग्य भी हो सकता है, व्यवस्था के विरुद्ध किसी गुप्त रहस्य का भंडाफोड़ भी हो सकता है। कलम रुकने का मतलब है कि लेखक वह प्रसंग लिखे या न लिखे ? अपने नैतिक संस्कारों के कारण उसकी कलम रुकती हो, या किसी जोखिम के डर से, या कहीं वह अपने ही निष्कर्षों से असंतुष्ट हो, महत्त्व इस बात का है कि उसकी कलम को बाहर से नहीं रोका गया, उसके अंदर से ही किसी ने उसकी कलम को रोका है। और कई बार ऐसा भी होता है कि अंदर से एक आवाज तो उठती है कि मत लिखो, पर साथ ही दूसरी आवाज उठती है कि जरूर लिखो, और लेखक की कलम अंकुश तोड़कर आगे बढ़ निकलती है। इसमें शक नहीं कि लेखक के बाहर, समाज में काम करने वाले तत्त्व बड़े प्रभावशाली होते हैं, वे लेखक पर तरह-तरह के दबाव डालते हैं, लेकिन लेखक का अपना व्यक्तित्व ही अपने लेखन के लिए बहुत कुछ जिम्मेदार होता है।

अगर कहीं से यह हवा बह निकले कि पारिवारिक संबंध टूट रहे हैं, औरत-मर्द का रिश्ता बदल रहा है, विवाह के बंधन का अब कोई महत्त्व नहीं रह गया है, खुले यौन संबंधों के दिन आ गये हैं, और मैं, इस दृष्टि से प्रभावित होकर अबाध यौन संबंधों की कहानी लिखने बैठ जाऊँ, दूसरी ओर कोई व्यावसायिक पत्रिका, यह देखते हुए कि यौन संबंधों की कहानियाँ खूब बिकती हैं, मेरी कहानी छापने के लिए तैयार हो, और मुझे खूब पैसे भी देने के लिए तैयार हो, तो इस तरह मेरी कहानी भी छप गयी, मुझे पैसे भी मिल गये, और मैंने अपने अंतःकरण के साथ कोई समझौता भी नहीं किया। लेकिन अगर पाठकवर्ग में कहीं से यह आवाज उठे कि मेरी कहानी में लक्षित दृष्टि, हमारे अपने समाज की दृष्टि नहीं है, कि वह ओढ़ी

हुई दृष्टि है कि कहानी में बताये गये तथ्य प्रामाणिक नहीं हैं, बल्कि आरोपित हैं, कि वह दृष्टि हमारे समाज के लिए हितकर भी नहीं है, तो मेरा क्या रवैया होगा ? या तो मैं कहूँगा कि यह लेखक की स्वतंत्रता पर आघात है, और मैं एक शहीदी रुख अख्तयार कर लूँगा, या मैं कहूँगा कि मैं अपने वक्त से बहुत आगे हूँ, और मैं जो कुछ देख रहा हूँ, उसे अन्य लोग नहीं देख पा रहे। या फिर पाठक-वर्ग को कोसूँगा कि वे उस स्तर तक अभी तक नहीं उठ पाये कि मेरी कहानी को समझ-परख सकें। मेरी कहानी आज के युग-बोध की कहानी है, हर आदमी उसे समझ भी नहीं सकता।

लेकिन व्यावसायिक पत्रिका वाले ने तो इसे खूब समझ लिया, और इस नाते वह मुझे एक जागरूक, आधुनिक भाव-बोधवाला प्रकाशक भी लगा। चुनाँचे उसने मेरी पीठ थपथपायी, मैंने उसकी पीठ थपथपायी और साहित्य में एक नयी प्रवृत्ति पनपने लगी, जोर पकड़ने लगी।

शायद सामाजिक और साहित्यिक क्षेत्र में बातें इतने सहज ढंग से नहीं होतीं, जितने सहज ढंग से मैं बयान कर रहा हूँ। कोई लेखक यह मानने के लिए तैयार नहीं होता कि वह स्वतंत्र दृष्टिवाला लेखक नहीं है, कि वह बाहर की किसी साहित्यिक प्रवृत्ति से प्रभावित होकर उसे अपने सामाजिक जीवन पर लागू करने की कोशिश कर रहा है। और इसमें भी शक नहीं कि इस दृष्टि में किसी हद तक आज के जीवन की सच्चाई भी पायी जाती है, भले ही वह हमारे समाज की वर्तमान स्थिति पर लागू न हो पाती हो।

अगर यह सब ठीक है तो प्रकाशक ने भी जो किया सही किया, और मैंने भी जो किया, सही किया, और कोई बेवकूफ निकला तो पाठक ही निकला, जिसने रचना के खिलाफ आवाज उठायी, और जिसके जवाब में मैंने और प्रकाशक दोनों ने उसे जाहिल कहकर चुप करा दिया।

भले ही मैं सरलीकरण का दोषी हूँ, पर ऐसी बातें होती हैं, और आये दिन होती हैं, पश्चिमी देशों में तो बड़े पैमाने पर होती हैं, और वहाँ तो पाठक की रुचि का भी 'परिष्कार' कर दिया जाता है। पर हमारे यहाँ, अभी पाठक की रुचि का 'परिष्कार' नहीं हुआ, वह बोल देता है, और हमारी पत्रिकाएँ पाठक की सरपरस्ती को बनाये रखना चाहती हैं, इसलिए न तो पत्रिका, और न लेखक ही उसकी अवहेलना कर सकता है। पर यह स्थिति कहाँ तक चलेगी, आगे भी रह पाएगी या नहीं, कहना कठिन है।

आज स्थिति यह है कि व्यावसायिकता लेखन पर अभी हावी नहीं हो पायी है। विभिन्न दृष्टियों से लिखी कहानियाँ छपती हैं और छप सकती हैं। हाँ, व्यावसायिकता का प्रभाव बढ़ रहा है। हमारे यहाँ हमारी सुंदर मानवतावादी परंपरा का प्रभाव गहरा है, लेखक के मस्तिष्क पर भी, और पाठक तथा प्रकाशक

के मस्तिष्क पर भी। हमारी स्थिति भी एक गरीब, संघर्षरत देश की स्थिति है, जहाँ घर के बाहर हाहाकार मची हो तो घर के अंदर कोई लेखक मात्र यौन संबंधों की कहानियाँ लिखकर संतुष्ट नहीं होगा। और, दुनिया भी बहुत कुछ छोटी हो गयी है, एक संसार-व्यापी संघर्ष भी चल रहा है, उस संघर्ष का दबाव भी लेखक का मस्तिष्क महसूस करता है। ये तत्त्व भी व्यावसायिकता को जड़ जमाने से रोक रहे हैं।

पर अंततः बात लेखक पर ही आ जाती है। उसकी कलम कहाँ रुकती है, और क्यों रुकती है। हिंदी के अधिकांश लेखक मध्यवर्ग से आये हैं, और मध्यवर्ग सबसे ज्यादा प्रलोभनों का शिकार होता है। अगर आज मैं सरकार-विरोधी रुख अपनाये हुए हूँ और कल मुझे सरकारी अफसर बना दिया जाए, तो मेरे सरकार-विरोध में कहीं-न-कहीं तो थोड़ा अंतर आएगा ही, भले ही मैं इस बात की दुहाई देता रहूँ कि मैं सरकार-विरोधी नहीं हूँ, सरकार तो आती-जाती है, मैं तो व्यवस्था-विरोधी हूँ, सामाजिक पद्धति का विरोधी हूँ, आदि-आदि। कभी-कभी अपने आप ही लेखक के अंदर का डंक टूटने लगता है। दृष्टि का पैनापन आप ही शिथिल पड़ने लगता है, ऐसा क्यों होता है? क्या उसके पीछे कोई समझौता होता है? कोई प्रलोभन? या मात्र लेखकीय बुढ़ापा होता है, या एक तरह का मोहभंग और निराशा या अविश्वास या थकन? इसका दोष केवल व्यावसायिकता ही को तो नहीं दिया जा सकता।

शायद किसी लेखक की बहुमूल्य निधि, उसकी सबसे बड़ी दौलत उसका संवेदन ही है, उसके अंदर की तड़प, एक प्रकार की कसक जिसमें कोई समझौता नहीं होता, जो आस-पास के जीवन में वैसे ही उद्वेलित होती है जैसे बाहर के तापमान से उद्वेलित होने वाला पारा। उसका कोई मूल्य नहीं, और न ही वह बिकने की चीज है। और संसार के महान लेखकों में ऐसे लेखक भी हुए हैं जिन्होंने उस पर से, व्यावसायिकता के प्रलोभन तो क्या, अपनी सुरक्षा, अपनी जान तक वार दी है। और उनका संवेदन सदा अपने समाज से जुड़ा रहा, अन्याय, असमानता और दुःख-क्लेश से उद्वेलित होता रहा। और जितना अधिक जन-जीवन में डूबता रहा उतना ही अधिक ओजस्वी, समर्थ और पैना होता चला गया। यदि उनसे प्रेरणा लेते हुए कोई लेखक लिखेगा, और उसकी कलम रुकेगी भी तो उसके पीछे किसी जोखिम का डर न होकर अपने लोगों का हित ही निर्णायक होगा।

सेंसर की कैंची

बाहर का सेंसर तो जो है सो है, एक सेंसर हमारे अंदर भी बैठा है। और वह भी उतना ही हठी और उद्दंड होता है, जितना बाहर का सेंसर। उससे भी जूझना आसान नहीं होता। लिखते-लिखते कभी-कभी लेखक की कलम रुक जाती है, अंदर ही अंदर से कोई संस्कार, कोई परंपरागत मान्यता, कभी-कभी किसी प्रकार का भय भी, उसकी कलम पकड़ लेता है। यों तो कला के मुतालबों को लेकर लेखक की कलम बार-बार रुकती है, हम सारा वक्त अपने लिखे की काट-छाँट करते रहते हैं, पर इसे हम सेंसर का नाम नहीं देते। अंदर का सेंसर तब सक्रिय होता है, जब लेखक अपने परंपरागत संस्कारों, मूल्यों-मान्यताओं और अपने दायित्वबोध से दो-चार होने लगता है। भले ही वह अश्लील शब्दों का इस्तेमाल हो, संभोग का चित्रण हो या सामाजिक प्रथा को तोड़ने का आग्रह हो।

प्रेमचंद और शरत् हिंदू विधवा की करुणाजनक स्थिति के बारे में हमें सचेत करते हुए भी अपनी रचनाओं में विरले ही विधवा स्त्री का पुनर्विवाह करवा पाते हैं। पति-पत्नी तलाक के सवाल पर तो अधिकांश लेखकों की कलम लड़खड़ाने लगती है। जात-पात का चोर भी हमारे अवचेतन में छुपा रहता है, जो कभी-कभी साँप के फन की तरह सिर उठा लेता है। इन संस्कारों की जकड़ किसी सेंसर की जकड़ से कम नहीं होती।

हमारे अंदर इस सेंसर के विरुद्ध एक तरह का संघर्ष भी चलता रहता है। कहते हैं ताल्स्तोय ने 'पुनरुत्थान' नाम के अपने उपन्यास में कात्यूशा के चरित्र को बार-बार गढ़ा, बार-बार उस पर काम किया। कहते हैं, इस पात्र के बारे में ताल्स्तोय की मूल-परिकल्पना एक कुलटा नारी की थी। पर अंत में जब उपन्यास छपकर आया तो उसमें कात्यूशा कुलटा नारी न होकर एक निर्दोष निश्छल नारी के रूप में सामने आयी, जिसके साथ समाज ने घोर अन्याय किया था। ताल्स्तोय, जो बरसों तक अपने लेखन को काटते-छाँटते रहे तो किसी बाहरी दबाव के कारण नहीं। यह सारी प्रक्रिया अपने पात्र को जीवन के वस्तुगत यथार्थ के अनुरूप ढालने

की थी। दूसरे शब्दों में, समाज के परंपरागत नैतिक मानदंडों की बार-बार छानबीन करते हुए, अपने निजी संस्कारों और व्यक्तिगत मान्यताओं के विरुद्ध संघर्ष करते हुए, कात्यूशा को जीवन की वास्तविकता और न्यायसंगत मान्यताओं के अनुरूप ढालने की कोशिश करते रहे। और विडंबना यह कि अपने साथ नैतिक और सामाजिक धरातल पर इतना जूझने के बाद, जब तात्स्तोय की किताब छपकर आयी तो 'ज़ार सरकार' ने उस पर प्रतिबंध लगा दिया, क्योंकि वह ज़ारशाही की धर्म और समाज संबंधी मान्यताओं से मेल नहीं खाती थी। इसी पुस्तक के कारण तात्स्तोय को चर्च से भी अलग कर दिया गया था। यों इसे विडंबना मानना गलत होगा, क्योंकि जो संघर्ष तात्स्तोय के अंदर चल रहा था, वह तात्स्तोय के काल के बाहर समाज में भी चल रहा था और 'ज़ार सरकार' से इससे अलग आचरण की अपेक्षा नहीं की जा सकती थी।

लेखक के अंदर, अन्य उद्वेगों, भावों आदि के साथ-साथ एक प्रकार के दायित्व का भाव भी होता है, जिसे वह सारा वक्त महसूस करता है। यह दायित्व भाव वह अपनी कला के प्रति उतनी ही गहराई के साथ महसूस करता है, जितना जीवन की सच्चाई के प्रति और नैतिकता के प्रति। तात्स्तोय को हम इसीलिए सत्यान्वेषी कहते हैं कि उन्होंने गहरे में उतरकर जीवन की सच्चाई को पकड़ने और उसे नैतिकता की रोशनी में परखने की कोशिश की।

ऐसा कोई नहीं कह सकता कि लेखक तो स्वतंत्र जीव है, उसका जैसे मन आये लिखे। यदि लेखक की स्वतंत्रता का अर्थ मनमानी करना समझा जाये तो यह स्वतंत्रता की बड़ी छिछली परिभाषा होगी। लेखक निर्लिप्त, निश्चेष्ट व्यक्ति नहीं होता। वह सारा वक्त अपनी और अपने काल और समाज की मान्यताओं से जूझता है, अपने काल के अंतर्विरोधों को इन्हीं मूल्यों-मान्यताओं के परिप्रेक्ष्य में आँकता है, चित्रित करता है और जितना अधिक वह जीवन के साथ जुड़ता है, जितना गहरा पैठता है, उतना ही अधिक वह स्वतंत्र होता है। वह न केवल अपनी रूढ़ मान्यताओं और संस्कारों से छुटकारा पाता है, बल्कि समाज को भी उनसे मुक्ति दिलाने में सहायक होता है। वह बंद दरवाजे खोलता है, अँधियारे कोने रोशन करता है।

इसलिए इस सवाल को इस रूप में देखना बड़ा भ्रामक होगा कि लेखक एक स्वतंत्र इकाई है, जो एक ओर को खड़ा है और दूसरी ओर प्रशासन अथवा समाज खड़े हैं, जो क्रूर और सद्भावनाहीन, उसे लताड़ रहे हैं।

यह बड़ी रोमांटिक-सी परिकल्पना है, जिसमें लेखक अपने एकाकीपन की गरिमा से मंडित अलग-अलग खड़ा है और उस पर चारों ओर से प्रहार किये जा रहे हैं। यह वैसी ही भ्रामक परिकल्पना है जैसी प्रत्येक संस्था को प्रतिष्ठान का नाम देकर, उसे लेखक का विरोधी करार देकर प्रतिष्ठान का विरोध एक

मूल्य और मान्यता के रूप में प्रस्तुत किया जाने लगा था। हर प्रतिष्ठान चूंकि प्रतिष्ठान है, इसलिए बुरा है, और हर लेखक चूंकि स्वतंत्र है, इसलिए प्रतिष्ठान का विरोध ही उसकी स्वाभाविक भूमिका है। यह हर बात का अत्यधिक सरलीकरण है और लेखक को अपने परिवेश से अलग करने की कोशिश है।

दरअसल, लेखक समाज से अलग नहीं होता। वह एक तरह से समाज का ही प्रवक्ता बनकर सामने आता है। इसी अर्थ में वह नये मूल्य भी जुटाता है, जिन्हें वह मूलत: जीवन से ही ग्रहण करता है।

इसलिए सेंसर का सवाल भी लेखक को एक अलग इकाई मानकर नहीं देखा-समझा जा सकता। सवाल व्यक्तिगत सेंसर का नहीं, सवाल मूल्यों-मान्यताओं के संघर्ष का है और उसमें लेखक, समाज और प्रशासन सभी सक्रिय होते हैं।

इसलिए लेखक के बाहर का सेंसर भी बिल्कुल बाहर की चीज हो, ऐसा नहीं है। कोई व्यक्ति यह नहीं कहेगा कि कोई लेखक, सांप्रदायिकता का विष अपनी रचनाओं में घोल रहा है तो लेखक के नाते उसकी यह स्वतंत्रता उतनी ही सुनिश्चित होनी चाहिए, जितनी उस लेखक की जो राष्ट्रीय एकता की बात कर रहा है। इसलिए सेंसर के क्षेत्र में चलने वाला संघर्ष, समाज के भीतर चल रहे व्यापक संघर्ष का ही अंग होता है, उसे अलग करके नहीं देखा जा सकता। ब्रिटिश सरकार ने जब 'सोज़-ए-वतन' को ज़ब्त किया था तो वह मात्र लेखक की स्वतंत्रता छीनने का सवाल नहीं था। हर दौर का अपना संघर्ष होता है और अपनी मान्यताओं के अनुरूप ही लेखक स्वतंत्र अभिव्यक्ति के लिए संघर्ष करता है। यह ऐन मुमकिन है कि एक लेखक सेक्स और हिंसा की रचनाओं पर प्रतिबंध लगाये जाने का तो गला फाड़-फाड़कर विरोध करे, लेकिन वर्ग-संघर्ष पर लिखी किसी दोटूक रचना पर प्रतिबंध लगाने पर चुप्पी साध ले।

प्रत्येक प्रशासन का अपना स्वरूप होता है। सभी प्रशासन एक तरह के नहीं होते। प्रशासन अपने हितों के अनुरूप कुछेक बातों में लेखक को छूट देगा, कुछेक बातों पर सेंसर लगायेगा।

और सेंसर का खेल, लेखक और प्रशासन तक ही सीमित हो, या मूल्यों-मान्यताओं और ऊँचे-ऊँचे नैतिक सवालों से ही जुड़ा हा, ऐसा नहीं है। वह पैसे से भी जुड़ा होता है। सेक्स की किताबें बिकती हैं। वेद और गीता नहीं बिकते। छापने वाले की दिलचस्पी मूल्यों-मान्यताओं में इतनी नहीं होती जितनी पैसा कमाने में। कौन जाने, जब सेक्स की किताबों पर से प्रतिबंध हटाने की मुहिम चल रही हो, तो उसके पीछे स्वातंत्र्य-प्रेमी लेखक ही न होकर पैसा कमाने वाला व्यापारी भी बैठा, पीछे से डोरी खींच रहा हो। पैसे वाले कौन-सी मुहिम नहीं

चला सकते ?

आजकल प्रशासन की तूती नहीं बोलती, न ही लेखक की। (उसकी तो कभी नहीं बोली) तूती पैसे वाले की बोलती है। मारधाड़ और सेक्स की फिल्में बनाने वाले, क्या कला की स्वतंत्रता की दुहाई नहीं देते ? ऐसी पत्रिकाएँ भी पढ़ने को मिलती हैं, जिनमें पत्रिका के एक-तिहाई पन्नों पर इश्तिहार फिर एक-तिहाई पन्नों पर मैथुन की नंगी तस्वीरें और बाकी एक-तिहाई पन्नों पर सामाजिक समस्याओं पर सारगर्भित लेख छपे होते हैं और पत्रिका की बिक्री करोड़ों में। उन्हें पढ़ते हुए लगता है कि व्यापारियों ने ही लेखक के स्वातंत्र्य और हमारी सामाजिक सूझ के परिष्कार का बीड़ा उठा लिया है।

हाल ही में हमारे यहाँ एक किताब खूब बिकी···इसलिए कि लेखक ने बड़ी साफगोई से उन-उन लड़कियों के नाम और पते भी लिख दिये थे, जिनके साथ उसने संभोग किया था। और जब बहस छिड़ पड़ी तो लेखक और प्रकाशक दोनों ने लेखक के अभिव्यक्ति स्वातंत्र्य की बात उठायी थी और उसे आधुनिक भावबोध की संज्ञा भी दी थी। क्या आज की दुनिया इश्तिहारों की दुनिया नहीं है ? फिर सेंसर की कैंची के बारे में गंभीर मुद्दा बनाकर बात करना, क्या अटपटा नहीं लगने लगा है ?

सेंसर के सवाल को लेकर सरकार से मुठभेड़ तो संभव है, पर इस सवाल को लेकर पैसेवालों से मुठभेड़ क्या कभी संभव हो पायी है ? लाखों की संख्या में जासूसी और सेक्स के उपन्यास छपते हैं, जबकि हिंदी की किताब की हजार-दो हजार प्रतियाँ छपती हैं, और केवल पुस्तकालयों में बिकती हैं। इस स्थिति को सुधारने की दिशा में क्या हम कुछ कर पाये हैं या कर पाने की ताकत रखते हैं ?

मेरे एक मित्र सेक्स की पत्रिका निकालते थे। एक दिन जब मैंने उनसे कहा कि "यार, तुम्हें कोई धंधा नहीं सूझा, यह तुम क्या ले बैठे हो ?"

वह झट से बोले, "क्यों ? मैं तो देश-सेवा कर रहा हूँ। इसे छापकर लाखों की विदेशी मुद्रा बचा रहा हूँ। विदेशों से सेक्स की पत्रिकाएँ आयेंगी तो विदेशी मुद्रा में क्या उनकी कीमत नहीं चुकानी पड़ेगी ? क्या बुरा है कि ऐसी ही पत्रिकाएँ हमारे अपने देश में छपने लगें। अपना पैसा अपने देश में तो रहेगा ?"

लेखक तो सरकार को निशाना बनाकर सेंसर के सवाल पर लड़ता रहे और उधर पैसे वाला लेखक को भी अपनी जेब में डाल ले और सरकार को भी। ऐसे बहुत से सवाल अब हमारी क्षमताओं के बाहर होते जा रहे हैं।

पर गनीमत है कि साहित्य के क्षेत्र में ऐसी स्थिति अभी नहीं आयी है कि लेखक अपने को पूर्णतः निःसहाय समझने लगे।

[1981]

साहित्य संप्रेषण के कठघरे में

मैं कुछ समय बच्चों के लिए कहानियाँ लिखता रहा हूँ। यह काम कितना शुद्ध आत्माभिव्यक्ति का था और कितना सचेत संप्रेषण का, कह नहीं सकता। लेकिन मैंने पाया है कि बच्चों के लिए लिखते हुए मैंने कुछ स्व-निर्धारित शर्तों में अपने को बाँधा है। कहानी ऐसी भाषा में हो कि बच्चा उसे समझ सके; इसका कथ्य रमणीय और तर्कसंगत होना चाहिए; इसकी कथानक-संरचना या भाषा में बालक उलझ न जाए।

मुझे अचंभा होता है, जब अत्यधिक सावधानी में अनुशीलित एक विधा को साहित्य करार दिया जाता है। जबकि अनेक प्रख्यात लेखकों, जैसे जैक एंडरसन या पंचतंत्र और हितोपदेश के रचयिताओं की आख्यायिकाओं का रचनात्मक साहित्य में बहुत ऊँचा स्थान है।

पाल कैरुज़ ने 'गॉस्पाल आव बुद्धा' में गौतमबुद्ध की विशेषता इस प्रकार बताई है : बुद्ध ने सोचा : सच्चाई की मेरी सीख का आरंभ अत्युत्तम है, मध्य अत्युत्तम है और अंत अत्युत्तम है; इसके शब्द भी आनंदप्रद हैं और अर्थ भी। परंतु लोग इतनी सादगी में इसे समझ नहीं पाते। मुझे उन्हीं की भाषा में बोलना होगा। अपने विचारों को उनके विचारों के माफ़िक बनाना होगा। वे बच्चों की मानिंद हैं और कथाएँ सुनना उन्हें खूब भाता है। सो, धर्म की महिमा की व्याख्या हेतु मैं उन्हें कथाएँ सुनाऊँगा। अगर वे सत्य को सूक्ष्म तर्कों द्वारा ग्रहण नहीं कर सकते, जिनसे मैंने इसे प्राप्त किया है, तो वे इसे नीतिकथाओं के चित्रण से ही समझ पाएँगे।

इस तरह बुद्ध की अनेक नीतिकथाओं ने उत्कृष्ट साहित्य का उत्पादन किया है।

ऐसा बहुत-सा लेखन, जो धार्मिक विश्वासों से अनुप्रेरित है और धार्मिक सिद्धान्तों तथा नैतिक-शिक्षाओं के निमित्त लिखा गया है, जैसे कि बाईबल और कबीर, मीरा, तुलसीदास, सूरदास, आदि संत-कवियों का लेखन समाज हेतु कोई

संदेश है, अत्यंत श्रेष्ठ साहित्य है।

व्यंग के बारे में हम क्या कहेंगे? व्यंग काफ़ी अच्छा रूप नहीं हो सकता साहित्य का, बल्कि, यह जीवन का मृण्मय, मायावी, कीचड़ में बेकार लोटने-सा जुड़ा-तुड़ा पक्ष है। व्यंग का उद्देश्य सामाजिक बुराइयों पर, व्यक्तित्वों की कीमत पर हँसाना होता है। परंतु लोग तभी हँसेंगे, जब लेखक—अपने नुक्ते पर निशाना बैठाने में सफल होगा। यदि पाठक गड़बड़ा जाए, तो व्यंग्य उद्देश्यहीन है। कुछ-कुछ ऐसा ही साहित्य की एक अन्य विधा, निबंध के बारे में कहा जा सकता है। इसमें भी संप्रेषण पक्ष प्रत्याखित नहीं किया जा सकता।

वह सारा साहित्य, जिसका मैंने ज़िक्र किया है, चेतनतया संप्रेषणीय नहीं है। साहित्यिक कलाकार पर संप्रेषण एक आरोपित सीमा स्वीकार भी लें, तब भी आवश्यक नहीं कि यह महान साहित्य की रचना में बाधक बन जाए। कभी-कभी चैतन्यतापूर्वक लिखा काव्य बहुत प्रेरणादायक होता है। काव्य सामाजिक तथा राजनैतिक विषयों के महत्त्व के प्रति जन-विवेक को जगाने के लिए भी लिखा जाता है। एक विख्यात फिलिस्तीनी कवि महमूद दारविश लिखते हैं—

हमारी कविताओं का
कोई रंग,
स्वाद या स्वर नहीं
यदि उनमें घर-घर का
दीपक बनने की क्षमता नहीं।

साहित्य की हर विधा निश्चित प्रतिबंधों और सीमाओं द्वारा अनुशीलित होती है। एक सानेट चौदह पंक्तियों का ही होना चाहिए, न कि पंद्रह का, एक नाटक में समय, स्थान एवं कार्य का ऐक्य, रूप की पाबंदी, जनरुचि, सौंदर्य तथा नैतिक मूल्यों आदि का होना अनिवार्य है। इन्हीं के बीच काम करते हुए शेक्सपीयर के लिए महान त्रासदियाँ लिखना और ग़ालिब के लिए कालजयी काव्य रचना संभव हो सका।

लेकिन मैं संप्रेषण को साहित्य में एक लेखक पर थोपी हुई सीमा नहीं मानता। मेरे विचार में यह रचनात्मक प्रक्रिया से अभिन्न है; मैं रचनात्मक प्रक्रिया की विदग्धताओं में जाने का दावा नहीं करता, मगर मेरा खयाल है, जब एक लेखक लिखने बैठता है तो स्वयं को एक प्रकार की संवेगात्मक स्थिति में पाता है। संवेगों की एक खलबलाती धारा ही अक्सर एक कविता अथवा कहानी सृजन की ओर ले चलती है। संवेगों की यही स्थिति लेखक को एक विशिष्ट चित्तवृत्ति या मानसिक अवस्था में ला देती है। यह चित्तवृत्ति (मूड) उत्कट चाह, घनी उत्कंठा, विषण्णता, रोष या कुछ भी हो सकती है। और इसकी वजह किसी घटना

की स्मृति रही होगी—डेफोडिल फूलों का-सा एक बिस्तर, कोई सुंदर चेहरा या एक दुखद दृश्य; या किसी घटना से निपट असंपृक्ति। लेकिन जब लेखक लिखने बैठता है तो वह उस उद्वेग को एक स्पर्शनीय रूप देने लगता है। उसे वह शक्ल देता है, जो पहले अस्पष्ट था। यह प्रक्रिया ही अपने में वास्तवीकरण है। एक साहित्यिक शब्दों को अपने माध्यम के बतौर इस्तेमाल करता है, जो अपनी मूल प्रकृति वश कम-से-कम, एक निश्चित आयाम तक संप्रेषण-कार्य करते हैं। किंतु लेखक भावों मात्र का ही रूपांतरण नहीं करता, यह एक सजगता भी है, एक पहचान, कुछ ऐसे की पहचान, जिसके बारे में लेखक खुद उससे पूर्व अनजान था। कुछ-कुछ अंतर्विरोध हो सकता है यह, कुछ-कुछ विडंबना भी। शब्दों को इस प्रकार रूपायित करने से ही लेखक प्रायः पाठक को अपने अनुभव, अपने पहचाने हुए में सम्मिलित करने में सफल होता है।

मैं नहीं मानता कि लेखक लिखते वक्त बाकी दुनिया से कट जाता है। लेखक अपने परिवेश से हज़ार धागों से बँधा है, उन प्रभावों से, जो उसकी सोच और व्यक्तित्व को मोड़ देते हैं; उन परंपराओं और रीतियों तथा नैतिक मूल्यों से, जो उसके समाज में प्रचलित हैं। रचनाकार एकाकी जीव नहीं है। टालस्टाय ने कहा था, एक पूर्ण स्वतंत्र लेखक शून्य में विचरता है। जिंदगी से वह जितना अधिक जुड़ा है, उतना ही वह स्वतंत्र है। कविता कवि की समूची इयत्ता की उपज है। उसकी संवेदना, उसकी कल्पना, उसकी नैतिक अवधारणाएँ, उसकी जीवन-दृष्टि, उसकी स्मृतियाँ और आभ्यांतरतम विचार आदि सभी भूमिका निभाते हैं, तब उस घड़ी एक मुकम्मल आदमी एक कविता लिखता है। कविता एक तरह से वही है, जो कि कवि है। जो वह अभिव्यक्त करता और शब्दों में ढालता है, उसी से मानवीय अनुभव प्रतिबिंबित होते हैं और इसी तरह पाठक के लिए उनकी प्रामाणिकता एवं महत्ता बनती है। यदि यह विषय केवल शुद्ध आत्माभिव्यक्ति का होता, तो कोई कवि अपनी कविताएँ छपवाना पसंद न करता और कोई पाठक उन्हें पढ़ने की परवाह न करता।

एक प्रबुद्ध पाठक को भी जो बहुत थोड़ा संप्रेषित हो, उस लेखक को क्या कहें? आयरिश कवि यीट्स ने नितांत निजी और वैयक्तिक प्रतीकों को प्रयुक्त किया—उनमें (यीट्स में) वे कुछ ऐसा उद्भूत करते, जो कि पाठक में प्रायः नहीं कर पाते। नितांत वैयक्तिक प्रतीकों का प्रयोग एक व्यक्ति की कविता को अत्यंत दुर्बोध बना देता है। एक गहरे रहस्यमय अनुभव की अभिव्यक्ति में शब्द सहायक नहीं रह जाते। इसलिए बल कविता को समझने से अधिक कविता को महसूस करने पर, उसे साँझा करने पर दिया जाता है; कवि की प्रयोजन-योजना और उसके अनुभव का पार पाने पर नहीं। ऐसी कविताएं भी प्रामाणिक और मानवीय अनुभूति से परिपूर्ण होती हैं।

इस तरह एक साहित्यिक कृति में संप्रेषण की दृष्टि संभव भी है, नहीं भी, तथापि संप्रेषण उसमें अंतर्निहित होता है। प्रथमतः—क्योंकि उसमें शब्दों का इस्तेमाल होता है : एक माध्यम, जिसका एक सामाजिक कार्य है और दूजे यह उस व्यक्ति की रचना है, जो स्वयं सामाजिक प्राणी है; जिसका समस्त—भावुक, बौद्धिक, नैतिक आदि व्यक्तित्व, जो उस कृति को रचता है, किसी मानवीय पक्ष या किसी मानवीय स्थिति का प्रतिबिंबन किए बिना नहीं रह पाता। अतएव, जो वह लिखता है, उसकी मानवीय उपयोगिता होती ही है।

साहित्य में शब्द अभिव्यक्ति का ज़रिया होते हैं। चित्रों और संगीत के साधन—रंग और ध्वनि—वैसे सीधे संप्रेषणीय नहीं हैं, जैसे कि शब्द हैं। रचना की प्रक्रिया में यद्यपि, कारणभूत उद्गमों के प्रकरण में, पर्याप्त समानता है और हो सकता है चित्रकार या गायक संप्रेषणपक्ष के बारे में बहुत सचेत न हो, तो भी उसकी रचना श्रोता या दर्शक को जैसे-तैसे आकर्षित कर लेती है। एक चित्र कोई अर्थ या संदेश न भी दे, दर्शक को उस अनुभव में शामिल कर ले, जिसमें चित्र बनाते हुए खुद चित्रकार डूबा था; यह भी मेरे निकट संप्रेषण है।

कई दफे एक व्यक्ति कला के एक नमूने को प्रतिक्रियान्वित नहीं कर पाता क्योंकि वह उस माध्यम से परिचित नहीं होता, पश्चिमी संगीत से अभिज्ञ व्यक्ति पश्चिमी संगीत का मूल्यांकन करने में कठिनाई महसूस करेगा। इसका मतलब है कि कला यदि संप्रेषित भी हो, उपभोक्ता के अनुकूल नहीं होगी, जब तक कि उसकी रुचि उसमें न हो। मूल्यांकन के अनेक स्तरों, सैंकड़ों संदर्भों से यह क्षेत्र परिचालित है। अभिव्यक्ति के परंपरागत रूप पीछे छूटते जाते हैं और नवीन प्रवर्तन होते चलते हैं, जिनसे अपरिचित होने के कारण कविता उसे उदासीन छोड़ सकती है।

एक दूसरे कोण से भी इस (संप्रेषण की) समस्या को जाँचा जा सकता है। दिल्ली के एक पार्क में मैं अक्सर एक बूढ़े को मिलता हूँ, जहाँ कभी-कभी मैं सैर को जाता हूँ। वह भी सैर के लिए निकला होता है। मैंने हमेशा उसे अपने-आप में ही गाते पाया है। मैं न तो उसके शब्दों और न ही धुन को समझ सका हूँ। वैसा भद्दा गाने वाले को मैंने आज तक नहीं सुना—पर गाने को उसका जी चाहता है और वह गाता है। और मैं गलत नहीं हूँ, तो वह सोचता होगा, वह अच्छा-खासा गा लेता है। वह निस्संदेह कोई व्यावसायिक गवैया नहीं है और अपने आनंद के लिए गाता है। किंतु मैं इसे कला का नाम नहीं देता। वह स्वयं को प्रसन्न करने या व्यक्त करने को गाता है, परंतु प्रत्येक आत्माभिव्यक्ति कला नहीं होती। उसके गाने को कला का दर्जा पाने के लिए उन वस्तुपरक मानकों को अपनाना होगा, जो उस समाज के हैं, जिसमें वह रहता है। एक व्यक्ति जैसा चाहे चित्र बना ले, जैसा चाहे लिखे-गाये, लेकिन कला का दर्जा हम उस कृत्य को देंगे, जो

समाज के सौंदर्य-विषयक मापदंडों को संतुष्ट करे। अतः अभिव्यक्ति को उनके प्रति चेतन रहना है। कोई उन मापदंडों से न बँधा रहे, वह विद्रोह कर सकता है और नये प्रतिमान स्थापित कर सकता है, लेकिन वह अपनी कला को महज़ आत्मगत नहीं मानता। इस नज़रिए से भी कला एक सामाजिक क्रिया है।

एक लेखक को दूसरे लेखक से स्पर्धा हो सकती है, वह दूसरे लेखक को नकार भी देता है, जिससे साफ पता चलता है कि कला सरासर आत्माभिव्यक्ति के नियमों से अनुसरणित व्यक्तिगत उद्यम नहीं है। मेरा अभिप्राय यह है कि कला पर प्रतिक्रिया भी कलात्मक रचना पर प्रभाव डालती है। एक कवि अपने लिखे पद्यों को बार-बार संशोधित, अपने को पूर्णतया अभिव्यक्त करने के लिए ही नहीं करता, वह ऐसा अपने तौर पर अच्छी कविता रचने के लिए भी करता है।

कला से संबंधित परख हेतु सदा एक वस्तुनिष्ठ मापदंड होता है। अमूर्त कला संप्रेषणीय हो या न हो और संप्रेषणीयता चाहे कोई न्याय-मूल्य स्थापित न करे, किंतु एक अच्छा या बुरा अमूर्त चित्रकार हो सकता है। आप एक को दूसरे से किसी वस्तुनिष्ठ स्तर पर ही अलग करते हैं, जो (वस्तुनिष्ठ स्तर) चाहे अमूर्त कला के संबंध में परिभाषित न हो।

यदि मैं गलत नहीं हूँ, तो कलाओं में संप्रेषण की वैधता का प्रश्न अपेक्षाकृत आधुनिक घटना है। विद्वानों और लेखकों को इस प्रश्न ने आज के पूर्व इतना नहीं सताया। जब सर फिलिप्स सिडनी ने 'अपालोजी फार पायज़ी' लिखी, उन्होंने साहित्य के दो जुड़वाँ कार्यों पर बल दिया—मनोरंजन करना और दिशा देना। संप्रेषण स्वयं-सिद्ध था। साहित्य मनोरंजन तभी कर सकता है, दिशा तभी दे सकता है, जब वह संप्रेषणीय हो। यह प्रश्न आज इसलिए उठाया जा रहा है, क्योंकि सारा रवैया ही एक ऐसे दर्शन से प्रेरित है, जो मनुष्य को एक विगलित, अपने अस्तित्व से बाहर रहने के लिए दंडित प्राणी के रूप में देखता है। यह दर्शन जीवन के सामाजिक संबंधों की सार्थक भूमिका की अवहेलना करता है और समूचा भवन उन्हीं (सामाजिक संबंधों) की नींव पर बना हुआ है; क्योंकि सामाजिक संबंधों की प्रामाणिकता पर सवाल उठाया जाता है, कला के सामाजिक कार्य पर भी सवाल उठाया जाता है।

मैंने उस प्रक्रिया को परिभाषित करने की कोशिश छोड़ दी है जिसमें से कोई कला-कृति जन्म लेती है, या उन मूल आवेगों को, जो उसे जन्म देते हैं और उनसे कार्यों की विधि को भी। सारतः मैंने जो कहने का यत्न किया है, वह यह कि कुछ निश्चित वस्तुपरक नियोग हैं, जो कला सृष्टि में एक बड़ी भूमिका अदा करते हैं और एक या दूजी तरह से कलात्मक सृजन में वृद्धि और कभी तो उसकी प्रक्रिया को निर्धारित तक करते हैं। मैंने संप्रेषण की समस्या को सृजन के अंतिम

छोर से नहीं, बल्कि एक अन्य, ग्राह्यता के छोर से देखा है।

एक लेखक पर उसके परिवेश का, उसके युग का, अपने समूह में प्रचलित कलात्मक मापदंडों का नियमन होता है। वह एक साथ अपने समय की उपज है और अपने समय को प्रभावित भी करता है। उसे एक अजनबी नहीं माना जा सकता। उसकी रचना का उसके समाज के लिए महत्त्व है, क्योंकि एक तरह से वह उसके समाज का ही उत्पादन है।

[अंग्रेज़ी से अनवाद : मुकेश सेठी]

लेखक की स्वतंत्रता का सवाल

लेखक मूलतः जीवन से ही जुड़ा होता है, उसी को वह आँकता है, उसी में से वह सत्य को ढूंढ़ता है, उसी की तह में पैठकर वह जीवन-मूल्य भी खोजता है, उसी की विसंगतियों और अंतर्विरोधों से उनकी अनुभूति उद्वेलित होती है। किसी सत्ता, अथवा पार्टी, अथवा सिद्धांत का समर्थन अथवा विरोध वह जीवन के ही परिप्रेक्ष्य में करता है, इससे हटकर नहीं करता। लेखक के नाते उसके लिए जीवन ही सर्वोपरि होता है। ऐसे उदाहरण भी मिलते हैं जहाँ किसी लेखक ने अपनी बौद्धिक मान्यताओं के बल पर कुछ लिखना चाहा लेकिन जब वह जिंदगी पर सही नहीं बैठा तो वह अपनी मान्यताएँ बदलने पर मजबूर हो गया। 'पुनरुत्थान' नाम के अपने उपन्यास को लिखते समय कहते हैं, टालस्टाय ने एक ऐसी 'चरित्रहीन' स्त्री को चुना था, जो उनकी नज़र में नायक की अधोगति का कारण बनती है। पर लिखते समय, वास्तविक जीवन से साक्षात् करने पर उन्होंने पाया कि सच्चाई इसके उलट थी, वास्तव में नायक स्वयं उस स्त्री की अधोगति का कारण बना था। और वह दोनों की भूमिकाएँ बदलने पर मजबूर हो गये थे। एक और लेखक के बारे में कहते हैं कि वह राजतंत्र के पक्षधर थे पर उनकी रचनाओं में उनके काल की जनवादी भावना ही मुखर हो उठी है। रेणु के साहित्य का ऊँचा मूल्य हम इसलिए आँकते हैं कि उन्होंने अपनी गहरी मानवीय दृष्टि से जीवन का प्रामाणिक चित्र प्रस्तुत किया। इसलिए नहीं कि उन्होंने अमुक पार्टी का समर्थन और अमुक का विरोध किया।

लेकिन इसका यह मतलब नहीं कि अपने काल में किसी लेखक की सामाजिक अथवा राजनीतिक भूमिका का महत्त्व नहीं है। महत्त्व अवश्य है पर रचनाधर्मिता के नाते निर्णायक महत्त्व नहीं है। दोनों भूमिकाओं को हम एक ही दृष्टि से नहीं आँक सकते।

लेखक हजारों तंतुओं से जीवन से जुड़ा होता है। प्रकृति से, परिवेश से, सामाजिक संबंधों से, दायित्वों से, संस्कारों और मान्यताओं से। इनसे कटकर

पूर्णत: स्वतंत्र लेखक की कल्पना नहीं की जा सकती। टालस्टाय के शब्दों में इस तरह का स्वतंत्र लेखक शून्य में लटक जायेगा। इस दृष्टि से लेखक की स्वतंत्रता नाम की कोई चीज नहीं होती।

जितना अधिक कोई लेखक अपने देश और काल से, अपने देश के जनजीवन से जुड़ता है, उतना ही अधिक मेरी समझ में, वह निखरता भी है, लेखक के नाते उसके व्यक्तित्व का विकास होता है। लेखक के लिए स्वतंत्रता की खोज समाज से कटने में नहीं है, समाज से और गहरे में जुड़ने में है। जितना अधिक वह जुड़ता है, उतना ही अधिक वह स्वतंत्र भी महसूस करता है। गहरे लगाव के बिना लेखक की स्वतंत्रता की कल्पना नहीं की जा सकती।

जीवन से जुड़ना जीवन की मूल विसंगतियों के प्रति सचेत होना है। समाज में सारा वक्त एक कशमकश चलती रहती है। इस संघर्ष का समाधान विभिन्न राजनीतिक पार्टियाँ अपने-अपने ढंग से करना चाहती हैं। लेखक जीवन को आँकते समय इस संघर्ष को आँकता है, उससे जुड़ता है, उन तत्त्वों के साथ भी, भावना के स्तर पर जुड़ता है जो उसकी नजर में समाज को आगे की ओर ले जाते हैं, वह अपनी आवाज उठाता है, पाठक को उन विसंगतियों के प्रति, उस संघर्ष के प्रति सचेत करता है, भले ही वह सक्रिय रूप से किसी राजनीतिक दल में काम करता हो या नहीं करता हो।

इसी गहरे लगाव के कारण वह कभी-कभी सत्ता के आड़े आता है। प्रेमचंद की रचना 'सोज़-ए-वतन' पर अंग्रेजी हुकूमत ने प्रतिबंध लगा दिया था, और प्रेमचंद को उसकी प्रतियाँ जलानी पड़ी थीं। लेकिन प्रेमचंद ने अपनी दृष्टि के अनुरूप लिखना नहीं छोड़ा था, बल्कि अपना नाम बदलकर लिखने लगे थे। अंग्रेज़ी शासन के दौरान हमारे अनेक लेखकों के साथ ऐसा हुआ था। आज फिलिस्तीन के बहुत बड़े भूभाग पर इजराईल का कब्जा है, और वह फिलिस्तीनी लेखकों को विरोधी साहित्य लिखने की इजाजत नहीं देता। फिलिस्तीनी लेखकों को प्रलोभन दिये जाते हैं कि यदि वे प्रेम और सौंदर्य की कविताएँ लिखेंगे तो उन्हें नौकरियाँ दी जायेंगी, पुरस्कृत किया जायेगा, पर यदि देशभक्ति और विद्रोह की कविताएँ लिखेंगे तो कड़ी से कड़ी सजा दी जायेगी। अनेक अन्य देशों में भी ऐसी ही स्थिति है।

यह सही है कि जहाँ कोई लेखक समकालीन सत्ता का समर्थन करेगा, वहाँ सत्ता उसे प्रोत्साहित करेगी, पुरस्कृत भी करेगी, जहाँ विरोध करेगा, वहाँ उसे दंड भी दे सकती है, उससे अभिव्यक्ति के बहुत से साधन छीन भी सकती है।

उपरोक्त सरकारें तो बाहर की थीं, विदेशी थीं, दमन की नीति अपनाकर विरोध को कुचलनेवाली थीं। पर जहाँ सत्ता पर अधिकार अपने ही देश के लोगों का हो, वहाँ लेखक कौन-सा रवैया अपनाये?

मैं नहीं मानता कि सत्ता और लेखक का रिश्ता केवल परस्पर-विरोध का ही रिश्ता हो सकता है। हर प्रकार की सत्ता का स्वरूप एक जैसा नहीं होता। आज फिलिस्तीन के लेखक की भूमिका विरोध की है, पर अगर कल उसका देश आजाद हो जाये और उसके अपने देश की सरकार सत्तारूढ़ हुई तब भी क्या उसकी भूमिका वैसी की वैसी विरोध की ही बनी रहेगी, क्योंकि वह सत्ता है और यह लेखक है ? इतना तो समझ में आता है कि लेखक सत्ता से थोड़ा हटकर रहे, ताकि वह सामाजिक जीवन की गतिविधि को अधिक परोक्ष और वस्तुगत दृष्टि से देख सके। लेकिन हर स्थिति में उसकी भूमिका विरोध की ही हो, ऐसा न कभी हुआ है, न हो सकता है। सत्ता की नीतियों और कार्रवाइयों का समर्थन अथवा विरोध करते हुए भी, लेखक की मूल प्रतिबद्धता जीवन से ही रहती है। एमरजेंसी लागू करने पर अथवा एमरजेंसी के हटा दिये जाने पर, सामाजिक जीवन की मूल विसंगतियाँ ज्यों की त्यों बनी रही थीं, सामाजिक जीवन का स्वरूप नहीं बदला था। हाँ, एमरजेंसी के प्रति हमारी प्रतिक्रिया अलग-अलग रही थी। कुछ लोगों का विचार था कि इससे मूल विसंगतियों का किसी हद तक समाधान होगा, कुछ अन्य लोग समझते थे कि इससे स्थिति और बिगड़ेगी। अपनी समझ के मुताबिक लेखक सत्ता का विरोध अथवा समर्थन करते हुए भी एक साहित्यकार के नाते अपना दायित्व जीवन का प्रामाणिक चित्र प्रस्तुत करते हुए निभाता है। यहाँ न तो कोई चापलूसी का सवाल है न चाटुकारिता का।

अभिव्यक्ति की स्वाधीनता भी अपने में अलग-थलग और स्वतंत्र कोई चीज नहीं। जिस तरह लेखक समाज से अलग-थलग और स्वतंत्र नहीं होता, वैसे ही उसकी अभिव्यक्ति भी अपने देश और काल से अलग नहीं होती। लेखक अपने देश, काल और समाज से अपने परिवेश के संस्कारों से बँधा होता है, और मात्र अपने को स्वतंत्र मान लेने से कोई लेखक इन संस्कारों से मुक्त नहीं हो जाता। प्रत्येक समाज का अपना एक नैतिक परिवेश होता है, उसकी अवधारणाओं के बीच लेखक पलकर बड़ा हुआ होता है। मात्र कह देने से कि वह स्वतंत्र है, वह इनसे छुटकारा नहीं पा सकता। लिखते समय लेखक की क़लम कभी-कभी ठिठक भी जाती है, भले ही वह उसके निजी संस्कारों के कारण हो या उसके समाज की परंपरागत मान्यताओं के कारण या अपने दायित्वबोध के कारण। वह विद्रोह करते हुए भी, नई लीक पर चलते हुए भी, अपने समाज के संस्कारों से पूर्णतः मुक्त नहीं होता। किमी के धर्म की निंदा करते समय, या किसी की जाति की भर्त्सना करते समय, या गाली-गलौच की भाषा का प्रयोग करते समय, या मैथुन का खुलकर चित्रण करते समय कलम रुक सकती है। यहाँ तक भी संभव है कि हम अंग्रेजी में लिखते समय कुछ बातें भले ही खुलकर कह दें, अपनी भाषा में लिखते समय संकोच में पड़ जाते हैं। इतना ही नहीं, लेखक अपने पाठक, और संपादक और

प्रकाशक की भी पूर्णतया अवहेलना नहीं कर सकता। सरकारी कानून की भी नहीं। यह जरूरी नहीं है कि इन बातों की ओर ध्यान देना अपने आपसे समझौता करना है या किसी के हाथों बिक जाना है। जितनी गहरी लेखक की जीवन के प्रति प्रतिबद्धता होगी, उतनी ही अधिक ओजस्विता के साथ वह अपनी बात कह पायेगा। बहुत कुछ उसके अंदर की तड़प पर निर्भर करता है।

आज हमारे राजनीतिक जीवन में लगभग सभी पार्टियाँ समाजवाद का दम भरती हैं, सभी धर्मनिरपेक्षता और गुटों से दूर रहने की बात करती हैं, सभी गरीब जनता की सच्ची हितैषी बनने का दावा करती हैं, इसमें कौन किस वक्त धोखा दे जाये, कौन कह सकता है। पिछले तीस वर्ष का हमारा इतिहास जहाँ अनेक क्षेत्रों में प्रभावशाली प्रगति का इतिहास है, वहाँ अनेक अन्य क्षेत्रों में नंगी स्वार्थपरता, वर्गहितों की रक्षा और तिकड़मबाजी का भी इतिहास है।

प्रत्येक सरकार की अपनी नीति, लक्ष्य और ध्येय होते हैं। प्रत्येक सरकार समाज के कुछ वर्गहितों का पोषण करती है। अपने हितों की रक्षा करते हुए वह नागरिक स्वातंत्र्य के क्षेत्र में छूट भी देती है, अपने विरोधियों को भी अपनी बात कहने का अधिकार देती है। यह 'विशेष स्थितियों में शासन द्वारा दी गयी सुविधा मात्र' भी है, और लेखक के लिए महत्त्वपूर्ण भी है, यह संभव है कि सत्ता, अभिव्यक्ति की स्वाधीनता एक हाथ से दे और दूसरे हाथ से छीन ले। रेडियो पर बोलने का हक तो सभी को है लेकिन बुलाये वही जाते हैं जो व्यवस्था को मंजूर होते हैं। पत्र-पत्रिकाओं में सभी के लेख छप सकते हैं मगर वास्तव में छपते नहीं। प्रकाशन का अधिकार तो सभी को प्राप्त है लेकिन प्रकाशक सभी की किताबें नहीं छापते। कोई भी सत्ता अपने विरोधी को पनपने नहीं देती। एक क्षेत्र में स्वतंत्र अभिव्यक्ति का अधिकार देते हुए भी दस तरीकों से उस अभिव्यक्ति का प्रभाव तोड़ डालती है। ऐसी स्थिति से सभी लेखक परिचित हैं, लेकिन इसके बावजूद लेखक, अभिव्यक्ति की जितनी भी छूट उसे मिले, उसका स्वागत ही करेगा। और जहाँ न मिले, वहाँ अपनी बात कह पाने के और ढंग ढूँढ़ेगा। जहाँ एक ओर यह इस बात पर निर्भर करता है कि सत्ता का स्वरूप क्या है, वहाँ इस बात पर भी निर्भर करता है कि लेखक कहना क्या चाहता है। हर प्रकार की सत्ता को काला और हर लेखक को दूध का धुला मानना भी उतना ही गलत है जितना हर सत्ता को माई-बाप और हर लेखक को चापलूस।

साहित्य मनुष्य को मनुष्य से जोड़ता है

मैं कहानी लिखता हूँ तो किसी हिंदू पाठक के लिए नहीं लिखता। मुझे ऐसा भी नहीं लगता कि कोई मुसलमान लेखक मुसलमान पाठकों के लिए लिखता है। यह महज संयोग की बात है कि मैं जिस भाषा में लिखता हूँ, उसे एक समुदाय के लोगों की तुलना में दूसरे समुदाय के अधिक लोग जानते हैं। साहित्य की तो प्रकृति ही ऐसी है कि वह किसी खास मत या संप्रदाय वालों को संबोधित नहीं होता। साहित्य संभवतः किसी को भी संबोधित नहीं होता क्योंकि अक्सर होता यह है कि लिखते समय लेखक के दिमाग में कोई खास पाठक या पाठक-समुदाय नहीं रहता। साहित्य का सरोकार तो मानव-स्थिति से होता है और लेखक उसी को अपने ढंग से अभिव्यक्ति देने की कोशिश करता है। इस बात को मद्देनजर रखते हुए हम कह सकते हैं कि साहित्य निर्वैयक्तिक होता है, उसका अपना कोई रंग नहीं होता। इसीलिए हिंदू-कविता या मुसलमान-कविता जैसी कोई चीज नहीं होती। साहित्य तो प्रकृति में पाये जाने वाले मूल तत्त्वों की तरह है, जो किसी समुदाय विशेष के लिए नहीं, बल्कि सार्वभौमिक होते हैं। यदा-कदा उसका वर्गीकरण हम अपनी सुविधा के लिए कर लेते हैं, ताकि उसको इस या उस संदर्भ में बेहतर ढंग से समझ सकें। लेकिन यह वर्गीकरण प्रायः वैसा ही होता है जैसा कविता में वीर रस की कविता, शृंगारिक कविता, यथार्थवादी कविता आदि का किया जाता है।

साहित्य का सरोकार चूंकि मानव-स्थिति से होता है, इसीलिए वह मानव-मूल्यों से, गहरी मानवीय सहानुभूति से, मनुष्य के कुशल-क्षेम की चिंता से, मानवता के प्रति गहरे आत्मीय लगाव से प्रेरित होता है। मनुष्य के कुशलक्षेम की इसी चिंता से लेखक सत्य और न्याय की चिंता के लिए प्रेरित होता है।

यहाँ मैं कुछ उदाहरण देना चाहता हूँ। अपने देश के विभाजन के समय बड़े क्रूर हिंदू-मुसलमान दंगे हुए थे। सांप्रदायिकता का ज़हर हमारे समूचे सामाजिक जीवन में फैल गया था। मगर उस समय भी ज्यादातर लेखक, चाहे वे हिंदू हों या सिक्ख या मुसलमान, सांप्रदायिक उन्माद के खिलाफ अपनी आवाज बुलंद करते

रहे थे। पंजाब में अमृता प्रीतम और मोहन राकेश हों या पाकिस्तान में सआदत हसन मंटो, उनके लेखन का मुख्य विषय सांप्रदायिक सामंजस्य ही था। आज भी, जब वही सांप्रदायिकता का जहर एक बार फिर फैल रहा है—यद्यपि इस बार वह एक बदले हुए रूप में, धार्मिक तत्त्ववाद के रूप में फैल रहा है—शायद ही कोई महत्त्वपूर्ण लेखक होगा, जिसने अपने ऊपर इस जहर का असर होने दिया हो।

मेरे विचार से यह कहना गलत नहीं होगा कि साहित्य स्वभावत: ही लोगों को बाँटने की नहीं, बल्कि उन्हें एक करने की भूमिका निभाता है। कारण यही है कि लेखक जीवन के मानवीय पहलू को नजरअंदाज नहीं करता। उसकी गहरी मानवीय सहानुभूति के कारण यह असंभव है कि वह आदमी को आदमी से अलग करने वाली किसी चीज का, इंसानों के बीच नफरत फैलाने वाली अथवा जीवन या मानव-संबंधों को विकृत करने वाली भावनाओं का, या किसी ऐसी चीज का समर्थन करे जो अन्याय और शोषण को बढ़ावा देती हो।

हम सब ऐसी कहानियों से परिचित हैं जिनमें नायक और खलनायक अपनी-अपनी भूमिकाएँ निभाते हैं, मगर जिनमें खलनायक ही लेखक के तिरस्कार का पात्र बनता है। ऐसा क्यों होता है? इसलिए कि खलनायक जीवन की समरसता को भंग करता है और अपने कार्यों में बुरी भावनाओं तथा बुरे उद्देश्यों से प्रेरित होता है। आज हम बहुत सीधी-सादी कहानियाँ नहीं लिखते। आज कोशिश यह होती है कि मनुष्य के मंतव्यों और उसकी विचार-प्रक्रियाओं में गहरे उतरा जाये, फिर भी नायक और खलनायक कहानियों में बराबरी का दरजा नहीं पाते। खलनायक भले ही एक मनुष्य होने के नाते अपने बुरे कर्मों के लिए स्वयं जिम्मेदार न हों, फिर भी उसके कर्म बुरे ही रहते हैं। हो सकता है, वह स्वयं पापी न बनना चाहता हो, उसे पापी बनाया गया हो; या उसने जितने पाप किये हों, उससे ज्यादा पाप उसके प्रति किये गये हों, लेकिन उसके द्वारा किये जाने वाले पाप-कर्मों का समर्थन लेखक या पाठक, कोई नहीं करता। आप दुष्कर्म करने वाले को क्षमा कर सकते हैं, लेकिन दुष्कर्मों को क्षमा नहीं कर सकते।

साहित्य तटस्थ नहीं होता। साहित्य यदि जीवन से विमुख नहीं है तो वह कभी भी जीवन को किसी तटस्थ दृष्टिकोण से प्रस्तुत नहीं करेगा। इसका मतलब यह नहीं है कि जीवन को उपेक्षा और उदासीनता की दृष्टि से देखने वाला अथवा जीवन को निरुद्देश्य और निरर्थक रूप में प्रस्तुत करने वाला कोई लेखन होता ही नहीं। भारत और अन्य देशों में ऐसा लेखन पहले भी बहुत हुआ है और आज भी हो रहा है, जिसमें शोरगुल तो बहुत होता है मगर जिसका कोई अर्थ नहीं होता। ऐसा साहित्य भी मिलता है जिसमें मनुष्य को एक विकृत प्राणी या राक्षस के रूप में और मानवता को डंडे के जोर से हाँके जाने वाले पशु-समूह के रूप में प्रस्तुत किया जाता है। लेकिन मुझे ऐसा लेखन जीवन के प्रति आत्मपरक और एकपक्षीय

दृष्टिकोण रखने वाला लेखन मालूम होता है। हालांकि ऐसा दृष्टिकोण भी जीवन से पूर्णतः असंबद्ध नहीं होता, फिर भी वह संपूर्ण जीवन को प्रस्तुत नहीं करता।

मैं जब साहित्य पढ़ता हूँ उससे कुछ पाना चाहता हूँ। मैं चाहता हूँ कि वह मुझे प्रबुद्ध बनाये, वह मेरे लिए नये क्षितिज खोले, वह मुझे सोच और समझ के उच्चतर धरातल पर ले जाये, वह मुझे जीवन की विषमताओं का सामना करने की शक्ति प्रदान करे। मगर साहित्य ऐसा तभी कर सकता है, जब वह मेरे सामने जीवन का ऐसा पूर्णतर चित्र प्रस्तुत करे, जिसमें मैं अपने से बाहर की और अपने से बड़ी किसी चीज से अपना तादात्म्य कर सकूं; जब वह मुझे आनंद प्रदान करे—भले ही वह आनंद जीवन के ऐसे प्रामाणिक चित्रण से प्राप्त हो जिसे मैं सच के रूप में पहचान सकूं, अथवा वह आनंद साहित्य द्वारा मेरी भावनाओं को इस प्रकार जाग्रत किये जाने से उत्पन्न हो कि मैं पीड़ित मानवता के साथ तादात्म्य करने लगूं और उसके सुख-दुख का भागीदार बन सकूं।

ऐसा साहित्य, जैसा कि मैं पहले कह चुका हूं, किसी पाठक विशेष के लिए नहीं होता। शेक्सपियर के नाटक केवल अंगरेजों के लिए नहीं हैं। कोई भी और कहीं भी उन्हें पढ़कर उनका आनंद ले सकता है और अपने जैसे ही एक मनुष्य की उपलब्धियों की सराहना कर सकता है। उसके नाटक कालबद्ध भी नहीं हैं कि आज तो कुछ आनंद दे सकें और कल को बेकार हो जायें। तोलस्तोय क्रांति-पूर्व रूस के लेखक हैं, लेकिन उनकी पुस्तकें आज भी बेहद रुचि के साथ पढ़ी जाती हैं। पुस्तकों के संसार में किसी प्रकार के अवरोधक नहीं होते। बड़ी अजीब बात है कि जब हम अंग्रेजों के खिलाफ लड़ाई लड़ रहे थे, तब भी उनके साहित्य के प्रशंसक थे, और इसमें हमें कोई असंगति नजर नहीं आती थी। मैं तो यहाँ तक कहूँगा कि समय बीतने पर कोई भाषा भले ही पुरानी और अनुपयुक्त हो जाए, लेकिन उसमें लिखा गया साहित्य कभी भी पुराना और अनुपयोगी नहीं होता। हममें यूनानी भाषा के जानकार बहुत कम हैं, लेकिन होमर की रचनाएँ हम सब पढ़ना चाहते हैं। पृथ्वी भले ही महाद्वीपों, देशों और राज्यों में बँटी हुई हो, साहित्य का बँटवारा इस तरह नहीं होता। साहित्य सभी का और सभी के लिए होता है। शेक्सपियर को पढ़ने के लिए मुझे कोई पासपोर्ट और वीसा नहीं लेना पड़ता।

साहित्य में पायी जाने वाली यह सार्वभौमिकता, जो काल की सीमाओं में भी नहीं बँधती, उसमें निहित मानवतावाद से पैदा होती है। हो सकता है, लेखक अपने निजी परिवेश में से चुने हुए खास व्यक्तियों के बारे में ही लिखे, जैसा कि आर० के० नारायण ने अपनी मालगुडी वाली कहानियों में या प्रेमचंद ने अपने 'गोदान' में किया है, फिर भी वह उन व्यक्तियों को सार्वभौमिक बना देता है। एक बार एक रूसी मित्र ने मुझसे कहा, 'प्रेमचंद का 'गोदान' पढ़ने के बाद मैं जब

भी भारत आता हूँ, मुझे यहाँ का हर किसान होरी जैसा नजर आता है।' जब हम 'गोदान' पढ़ते हैं, हमारी संपूर्ण सहानुभूति गरीब, पीड़ित, संघर्षरत किसान होरी के प्रति हो जाती है, जिसकी नियति अपनी कर्मठता, ईमानदारी और न्यायनिष्ठता के बावजूद दरिद्रता और ऋणग्रस्तता के शिकंजे में दम तोड़ देना ही है। उसके प्रति हमारी सहानुभूति इसलिए उमड़ती है कि लेखक भी पूरे मन और आत्मा के साथ उसके प्रति सहानुभूति हमें हस्तांतरित कर देता है। होरी का मुझसे तो कोई संबंध नहीं, वह तो किसी भारतीय गाँव में रहने वाला एक मामूली किसान है, फिर भी प्रेमचंद उसे मेरे इतने करीब ले आते हैं कि मैं उसे देख सकता हूँ, उसकी क्रूर नियति को और उन अन्यायों को जान सकता हूँ, जिनके अधीन वह जीता है। प्रेमचंद ने उसका इतना स्पष्ट चित्रण किया है, और वह चित्रण लेखकीय सहानुभूति से इतना ओतप्रोत है, कि मेरे जैसा एक शहरी आदमी भी, जिसका किसानों से कोई लेना-देना नहीं, उससे प्यार और सहानुभूति करने लगता है। यह इसलिए होता है कि प्रेमचंद अपनी सहानुभूति के व्यापक प्रसार से मुझे भी होरी से प्यार करने को मजबूर कर देते हैं। साहित्य यही करता है।

ईशोपनिषद् का लेखक जब संपूर्ण मानवता के कल्याण की कामना से जब 'सर्वे भवंतु सुखिनः' कहता है, तब वह मेरे लिए समस्त भौगोलिक और जाति, रंग, धर्म, राष्ट्र आदि की सीमाएँ तोड़ देता है और थोड़ी देर के लिए मुझे ऐसे धरातल पर उठा ले जाता है, जहाँ पहुँचकर मैं भी संपूर्ण मानवता के कल्याण की कामना कर सकता हूँ। हमारे देश के विभाजन के तत्काल बाद अमृता प्रीतम ने एक लंबी कविता लिखी थी—'अज आक्खां वारिस शाह नूं'। यह कविता आपको एक ऐसे उच्चतर धरातल पर ले जाती है, जहाँ से आप पंजाब की त्रासदी को एक सार्वभौमिक मानवीय सहानुभूति के साथ देख सकते हैं और दंगों की भर्त्सना करने को मजबूर हो जाते हैं। कारण यह है कि इस कविता में अमृता प्रीतम स्वयं विचलित हो उठी हैं और स्वयं को उस समय उभरी सांप्रदायिक घृणा और हिंसा के स्तर पर नहीं, बल्कि मानवता के स्तर पर अभिव्यक्त करती हैं।

साहित्य कभी भी तटस्थ नहीं होता। वह हमेशा पक्षधर होता है। लेकिन वह उनका पक्ष लेता है, जो उत्पीड़ित हैं; जो अन्याय, धर्मांधता या संकीर्णता के शिकार होते हैं। नैतिक मूल्यों का मानवतावाद से घनिष्ठ संबंध होता है। यही नहीं, वे दरअसल मानवतावाद से ही उत्पन्न होते हैं। अगर कोई लेखक दासता के विरुद्ध आवाज उठाता है तो इसलिए कि वह दासों के पशुवत जीवन को देखकर सहज ही विचलित हो उठा है। साहित्य में सही-गलत, उचित-अनुचित का सवाल हमेशा मौजूद रहता है। अगर आजादी से पहले भारत में देशभक्ति की कविता लिखी गई तो इसका कारण यह था कि लेखक भारत में एक विदेशी सत्ता द्वारा जो कुछ किया जा रहा था, उसके अनौचित्य को जी-जान से अनुभव करता था।

नस्ल-भेद के खिलाफ, नाजियों द्वारा यहूदियों के नरसंहार के खिलाफ, तानाशाहों द्वारा ढाये गये जुल्मों के खिलाफ असंख्य पुस्तकें लिखी गयी हैं, लेकिन इन पुस्तकों की मूल प्रेरणा मानवतावाद का गहरा अहसास ही है। सत्य न्याय और मानवता-वाद सदा साथ चलते हैं। इन्हें एक-दूसरे से अलग नहीं किया जा सकता। 'टाम काका की कुटिया' नामक पुस्तक ने करोड़ों दिलों को हिलाकर रख दिया। इसका कारण यही था कि उसमें उन लोगों की नियति का प्रतिबिंबन हुआ था, जो नस्ल-वादी भेदभाव और निर्दय शोषण के शिकार बनाये गये थे। साहित्य में न्याय और मानवतावाद एक ही सिक्के के दो पहलू होते हैं।

चौदहवीं-पंद्रहवीं शताब्दी में भारत में कबीर नाम का एक कवि हुआ था। अगर कोई वाकई खुदा का बंदा हो सकता है तो कबीर था। हम आज भी उसे आदरपूर्वक याद करते हैं और उसकी रचनाएँ आज भी हमारे देश के करोड़ों लोगों की जबान पर रहती हैं। उसके काव्य से मानवता-प्रेम की किरणें फूटती हैं। यह वह शख्स था, जिसका कहना था कि प्रत्येक मनुष्य के हृदय में ईश्वर का निवास है। फिर भी वह अपने ही ढंग का एक विद्रोही था। उसने हर तरह के पाखंड का विरोध किया; खुलेआम तमाम रूढ़ियों, ढकोसलों और संस्थाबद्ध धर्म के आडंबरों की भर्त्सना की; मंदिरों के पंडों और मस्जिदों के मुल्लों का मजाक उड़ाया। संस्थाबद्ध धर्म के इस विरोध के परिणामस्वरूप कबीर को काफी कष्ट भी उठाने पड़े। लेकिन क्यों हम आज भी उसकी रचनाओं से इतना प्यार करते हैं? इसलिए कि उसकी कविता मनुष्य के प्रति प्रेम से ओतप्रोत है और हर चीज का विरोध करती है, जो मनुष्य-मनुष्य के बीच भेद पैदा करे। ऐसे समय में, जबकि रूढ़िवादिता और धार्मिक कट्टरता का बोलबाला था, उसने लोगों को धर्म-निरपेक्ष बनाने वाली एक शक्तिशाली आवाज बुलंद की थी। इससे पता चलता है कि ईश्वर में गहन आस्था रखने वाला कवि भी अत्यंत धर्मनिरपेक्ष हो सकता है। दरअसल, समस्त गंभीर साहित्य स्वभावतः ही धर्मनिरपेक्ष होता है और इसी-लिए वह समाज को धर्मनिरपेक्ष बनाने वाला असर रखता है।

साहित्य बड़े ही नामालूम ढंग से आपके दिल में अपनी जगह बनाता है। हो सकता है, कोई लेखक महज एक प्रेम कहानी ही लिखे और पाठक भी उस कहानी को महज प्रेम-कहानी मानकर ही पढ़े, लेकिन एक अच्छी प्रेम-कहानी मानव-हृदय के रहस्यों को तो सार्वभौम बनाती ही है, उस संपूर्ण सामाजिक वातावरण को भी हमारे सामने ले आती है, जिसमें दो प्रेमी जीते हैं और प्रेम करते हैं। वह केवल प्रेमियों को ही सामने नहीं लाती, बल्कि उन्हें जन्म देने वाले समाज की संपूर्ण मूल्य-व्यवस्था को भी, उसके तमाम रीति-रिवाजों और रहन-सहन के तरीकों के साथ, सामने ले आती है। जब आप 'आन्ना कारेनिना' पढ़ते हैं, तब आप अन्ना के प्रेम और उससे संबंधित मानसिक विक्षोभों से ही परिचित नहीं होते, बल्कि उस

सामाजिक वातावरण से भी बखूबी परिचित हो जाते हैं, जिसमें आन्ना और उपन्यास के अन्य पात्र कभी जिये थे। सामाजिक वातावरण की यह समझ देश, काल, जाति, धर्म आदि की हदबंदियों को तोड़ती है, लोगों को एक-दूसरे के करीब लाती है, और वृहत्तर सहानुभूतियों को प्रोत्साहित करती है।

राजनीतिज्ञों और कूटनीतिज्ञों में आम रिवाज है कि जब वे किसी देश के बारे में ज्यादा अच्छी तरह जानना चाहते हैं तो वहाँ का साहित्य पढ़ते हैं। भले ही वे साहित्य को अपने गुप्त कूटनीतिक उद्देश्यों के लिए ही पढ़ें, मगर साहित्य उन्हें अन्य समाजों को समझने की कुंजी अवश्य प्रदान कर देता है। कारण यह है कि साहित्य के अलावा और कोई चीज लोगों के जीवन का, उनके आंतरिक संबंधों का, उनकी समस्याओं आदि का इतना विश्वसनीय और भरोसेमंद चित्र प्रस्तुत नहीं करती।

साहित्य के बारे में यह तो सच है ही कि वह जीवन का दर्पण होता है, उसका प्रतिबिंबन करता है, परिस्थिति विशेष की विडंबनाओं का, उसके त्रासद और हास्यास्पद दोनों पक्षों का उद्‍घाटन करता है; लेकिन साहित्य में बहुत-सी सीमाओं का अतिक्रमण कर जाने का गुण भी होता है जिसकी सबसे बड़ी खासियत यह है कि साहित्य लोगों पर धर्मनिरपेक्ष बनाने वाला प्रभाव डाल सकता है। उसका लोगों पर एक शिक्षाप्रद और उन्नयनकारी प्रभाव पड़ता है। वह हमारी संवेदनाओं का परिष्कार तो करता ही है, हमें जीवन को अधिक वस्तुपरक ढंग से, अधिक असंलग्न ढंग से, और अस्तित्व के एक उच्चतर धरातल से देखने में सक्षम भी बनाता है। इस धरातल से जीवन हमें एक परिप्रेक्ष्य में दिखाई देने लगता है और यह परिप्रेक्ष्य सामंजस्य तथा सहयोग की भावना से परिपूर्ण जीवन के लक्ष्य की तुलना में बेकार के झगड़ों-टंटों, चालबाजियों, संकुचित सांप्रदायिक दलबंदियों, रूढ़िवादिता और कट्टरता आदि को तुच्छ कर दिखाता है।

इधर कुछ समय से तर्क और विवेक को नकारने और सहजबोध तथा आस्था की ओर झुकने की प्रवृत्ति प्रबल होती दिखायी दे रही है। भारत में यह प्रवृत्ति प्रत्येक परंपरागत चीज में पुनः रुचि जाग्रत करने के रूप में दिखाई पड़ती है। पुराने जमाने की कोई भी चीज हो—रहस्यवाद, तंत्रविद्या, झाड़-फूंक, टोना-टोटका, ज्योतिष, धार्मिक संस्कार, प्रतीक, अनुष्ठान आदि—सबमें हमें गहरे अर्थ नजर आने लगे हैं। जो आधुनिकतावादी लोग कुछ समय पहले इन चीजों को पूरी तरह अस्वीकार करते थे, वे ही आज इन चीजों को अंधस्वीकृति प्रदान कर रहे हैं। भारतीय बुद्धिजीवी बड़े अजीब ढंग से पश्चिम से आने वाले हर विचार को ग्रहण करते रहे हैं। आज भी वे भारतीय संस्कृति और अपनी विरासत को पश्चिम की आँखों से देखते-आँकते हैं।

यह हमारे औपनिवेशिक अतीत का अवशेष है। लेकिन यह सोचना कितना

गलत है कि हमारी परंपरागत संस्कृति में तर्क और विवेक के लिए बहुत कम जगह थी, कि हमारे यहाँ तो बस तत्वमीमांसा, सहजबोध और आस्था का ही बोल-बाला था। अपनी विरासत का जो यत्किंचित ज्ञान मुझे है, उसके आधार पर मेरा विचार यह है कि हमारे यहाँ तर्क को आस्था का विरोधी नहीं, बल्कि उसका आवश्यक सहवर्ती और सहगामी माना जाता था। 'विवेक' शब्द का प्रयोग इसी संदर्भ में किया जाता था, जिसका अर्थ है समझदारी पर आधारित प्रबुद्ध चिंतन। उदाहरण के लिए कबीर अत्यंत धार्मिक होने के साथ ही साथ बड़े तार्किक व्यक्ति भी थे। भले ही उनकी कतिपय श्रेष्ठ रचनाएँ आध्यात्मिक और रहस्यवादी हों, उन्होंने तर्क को कभी भी अस्वीकार नहीं किया। वे धार्मिक कर्मकांड के आडंबरों में विश्वास नहीं करते थे। आडंबर चाहे हिंदू धर्म के हों या इस्लाम धर्म के, कबीर ने उन्हें पूरी तरह अस्वीकार किया, क्योंकि वे अच्छी तरह समझते थे कि संस्थाबद्ध धर्म समाज में एक अतार्किक और विभाजनकारी भूमिका निभाता है और लोगों को अंधश्रद्धालु तथा धर्मोन्मादी बनाता है। कबीर की बड़ी प्रसिद्ध पंक्तियाँ हैं—

एक रूप सब माँहीं।
अपने मनहि विचारि के देखो
और दूसरा नाहीं।
साधो, एक रूप सब माँहीं।
एक ही त्वचा, रुधिर पुनि एकै,
विप्र सूद्र के माँहीं।...

ऐसा दृष्टिकोण अंधी आस्था से नहीं, प्रबुद्ध चेतना से ही उत्पन्न हो सकता है। और जब चौथी शताब्दी का संस्कृत नाटककार शूद्रक जातिवाद पर प्रहार करते हुए कहता है कि मनुष्य की जाति उसके जन्म से नहीं, बल्कि उसके कर्म से निर्धारित होती है, तो वह भी एक तर्कसंगत बात ही करता है।

प्रत्येक प्राचीन देश में जहाँ बहुत-सी चीजें अच्छी और मूल्यवान होती हैं, वहीं बहुत-सी चीजें बेकार कूड़ा-कबाड़, जड़ीभूत और मृत भी होती हैं। अच्छी चीजों को बेकार चीजों से अलगाने का फैसला हम तर्क से नहीं तो और कैसे करेंगे? या फिर हम हर बात में तर्क को नकारकर सिर्फ सहजबोध और आस्था का ही सहारा लेंगे और हर उस चीज को छाती से लगाये रहेंगे जो हमें विरासत में मिली है?

साहित्य में हम उन शक्तियों को हमेशा अस्वीकार करते हैं, जो समाज को विभाजित करती हैं। साहित्य निश्चय ही पक्षधर होता है। ऐसा कोई लेखक नहीं होता, जो पक्षधर न हो। लेकिन साहित्य अन्याय के विरुद्ध न्याय का, असमानता के विरुद्ध समानता का, क्रूरता के विरुद्ध करुणा एवं सहानुभूति का पक्षधर होता है। साहित्य हर उस चीज का विरोधी होता है, जो अमानवीय होती

है। मानव-समाज के इतिहास में हम देखते हैं कि जब भी मनुष्य को उसकी गरिमा से वंचित किया जाता है, या उसके साथ मनुष्यों जैसा बरताव नहीं किया जाता है, साहित्यकार हमेशा इसके विरुद्ध आवाज उठाता है। दासता के विरुद्ध सबसे पहले लेखकों ने ही आवाज उठायी थी। 'टाम काका की कुटिया' भले ही बहुत महान साहित्य न हो, लेकिन उसी ने अमरीकी समाज में अश्वेतों के प्रति किये जाने वाले अमानवीय व्यवहार पर लोगों का ध्यान केंद्रित किया था। यदि आप आजकल लिखी जा रही फिलिस्तीनी कविता पढ़ें तो आप उसकी मर्मस्पर्शिता से अपने अंतर की गहराइयों तक विचलित हो उठेंगे। यह कविता उस अभागे देश पर किये गये प्रत्येक अत्याचार को वाणी देती है और उसका विरोध करती है। यह कविता आपकी अंतरात्मा को झकझोरती है और आप उन फिलिस्तीनियों से अपनापा महसूस करने लगते हैं, जो अपनी स्वतंत्रता और मातृभूमि के लिए संघर्ष कर रहे हैं। यही बात दुनिया के अन्य अनेक देशों के साहित्य के बारे में कही जा सकती है।

साहित्य पढ़ने के बाद आप वही आदमी नहीं रह जाते, जो उसे पढ़ने से पहले होते हैं। वह आपको उत्पीड़ित मनुष्यों की व्यथा और वेदना का अनुभव करा देता है। तब क्या साहित्य मनुष्य को मनुष्य से जोड़ने वाली, उन्हें एक करने वाली शक्ति नहीं है?

भारत में ऐसे असंख्य लोग हैं, जिन्होंने समाज में स्त्रियों की दुर्दशा के बारे में, बाल श्रमिकों के प्रति किये जाने वाले अमानवीय व्यवहार के बारे में, खेतों में काम करने वाले भूमिहीन श्रमिकों और कारखानों में काम करने वाले मजदूरों आदि के शोषण के बारे में लिखा है। अगर साहित्य समाज का दर्पण है तो लेखक समाज के अंतर्विरोधों को, स्वार्थों की टकराहटों को, तनावों और संघर्षों को अपनी रचना में अवश्य प्रस्तुत करेगा। ऐसा वह दो उद्देश्यों से करता है—एक तो इसलिए कि उसे सत्य को प्रस्तुत करना है, जीवन का प्रामाणिक चित्र प्रस्तुत करना है; दूसरे इसलिए कि इस सबको उसे मानवता और मानव मूल्यों के हित में प्रस्तुत करना है। 'सत्यं शिवं सुंदरम्' केवल एक सूक्ति नहीं है, इसमें साहित्य की सहजात विशेषताएँ प्रतिबिंबित होती हैं।

हाँ, यह बात सही है कि लेखक की दृष्टि धूमिल हो सकती है, वह चीजों को ठीक-ठीक आँक पाने में असमर्थ हो सकता है और गलती कर सकता है। आखिर कवियों ने ऐसे राजाओं की प्रशस्तियाँ भी लिखी ही हैं, जो वैसी प्रशंसा के हकदार नहीं थे। ऐसे भी लेखक हुए हैं, जिन्होंने साम्राज्यवाद का गुणगान किया और लिखा कि अंग्रेजी राज का उद्देश्य तो भारतवासियों को सभ्य बनाना था। लेकिन बहुधा यह हुआ कि यथार्थ ने लेखकों को ऐसा करने से रोका। लेखक गलती कर सकते हैं, लेकिन मनुष्य से उनकी मूलभूत प्रतिबद्धता, मनुष्य के कल्याण की उनकी

चिंता, जो लेखक होने के नाते उनकी प्रकृति का अनिवार्य तत्त्व है, उनमें से ज्यादातर को गलत होने से बचा लेती है। आखिर फासीवाद और नस्लवाद की प्रशंसा में कितने उपन्यास लिखे गये हैं ? कारण यह है कि फासीवाद और नस्लवाद मनुष्य की गरिमा का नाश करते हैं, इसलिए लेखक उन्हें निंदनीय माने बिना रह ही नहीं सकते। लेखक जब गलती करते हैं तब भी यही मानकर चल रहे होते हैं कि उनका लेखन मनुष्य के हित में है। हम भारतवासी अपने समाज की अनेक बुराइयों से पीड़ित हैं और उनमें से एक बुराई सांप्रदायिकता है। भारत में कितने लेखक हैं, जो सांप्रदायिकता की प्रशंसा में लिखते हैं ? नहीं लिखते तो क्या इसका कारण यही नहीं है कि वे सांप्रदायिकता में निहित नफरत, कट्टरता और अमानुषिकता को घृणित समझते हैं ?

हम साहित्य के संबंध में प्राय: 'सार्वभौमिक' शब्द का प्रयोग करते हैं। इसका मतलब यह है कि लेखक जो कुछ लिखता है, वह संसार-भर के समस्त मनुष्यों के लिए प्रासंगिक और महत्त्वपूर्ण है। मैं समाज में रहता हूँ और मुझे कुछ चीजें पसंद हैं, कुछ नापसंद से हैं। लेकिन जब मैं लिखने बैठता हूँ, तब मैं सिर्फ अपनी पसंद-नापसंद से परिचालित नहीं होता। वह कोई और ही चीज है, जो मुझे लिखने के लिए प्रेरित करती है, नहीं तो सारा साहित्य एक संकुचित व्यक्तिगत दस्तावेज बनकर रह जायेगा। लेखक किसी व्यक्ति या वस्तु विशेष में कोई ऐसी चीज देखता है, जो सामान्य रूप से सबके लिए महत्त्वपूर्ण हो। अगर एस्कीमो जाति के दो प्रेमियों के बारे में लिखी गयी कहानी मुझे रुचिकर लगती है, तो इसका कारण यही है कि एस्कीमो जाति के लोगों के बारे में लिखी हुई होने पर भी उसमें कुछ ऐसा है जो मेरे दिल को भी छूता है, भले ही मैं उनसे हजारों मील दूर बैठा हूँ। आप जानते हैं कि एक भाषा से दूसरी भाषा में पुस्तकों का अनुवाद करना कितना महत्त्वपूर्ण कार्य माना जाता है। इसका भी कारण यही है कि साहित्य का चरित्र सार्वभौमिक होता है। अन्यथा तो किसी अन्य देश में, किसी अन्य भाषा में, लिखी जाने वाली पुस्तकों का हमारे लिए कोई उपयोग ही न हो। साहित्य सार्वभौमिक और सार्वजनिक होता है, इसीलिए वह मनुष्य को मनुष्य से जोड़ने की, एकीकरण की भूमिका निभाता है।

गांधी जी रस्किन की पुस्तक 'अन्ट दिस लास्ट' और तोलस्तोय की रचनाओं से प्रभावित हुए थे। इन महान लेखकों की रचनाओं में अवश्य कोई ऐसी चीज़ रही होगी, जो एक सर्वथा भिन्न पृष्ठभूमि, भिन्न रीति-रिवाजों और भिन्न जीवन-पद्धति वाले एक दूरस्थ देश में रहने वाले आदमी के लिए भी प्रासंगिक और महत्त्वपूर्ण थी। और शेक्सपियर को कौन पसंद नहीं करता ? कौन उसे अपना नहीं कहता ? शेक्सपियर के नाटक कतिपय भारतीय भाषाओं में उस समय अनूदित हुए थे, जब उसके देश के लोग भारत का खून पी रहे थे। आखिर वह क्या

बात थी कि हम अंग्रेजी राज से तो बेइंतहा नफरत करते थे और शेक्सपियर से प्यार करते थे ? साहित्य में जरूर कोई ऐसी चीज होती है, जिसके लिए कुछ दूसरी ही तरह के प्रतिमानों का होना आवश्यक है। साहित्य समझदारी बढ़ाता है, लोगों के आंतरिक जीवन का उद्घाटन करके उन्हें एक-दूसरे के निकट लाता है। सार्वभौमिक मानवीय सहानुभूति जगाता है और साथ ही हमें अन्याय, उत्पीड़न, भेदभाव जैसी चीजों के प्रति ज्यादा संवेदनशील बनाता है। अगर मेरे रूसी मित्र को हर भारतीय किसान में प्रेमचंद का होरी दिखायी देता था, तो इसका कारण यही था कि हर भारतीय किसान उसके अंदर प्रेम और सहानुभूति की वैसी ही भावनाएँ जगाता था, जैसी 'गोदान' के केंद्रीय पात्र होरी ने उसके अंदर जाग्रत की थी।

साहित्य देश-कालातीत होता है, फिर भी उसकी जड़ें अपने देश-काल में ही होती हैं। कोई भी लेखक अपने समय का उल्लंघन नहीं कर सकता। न वह उस परिवेश से ही मुक्त हो सकता है जिसमें वह जीता और लिखता है। बड़ी हद तक वह अपने समय और अपने परिवेश की ही पैदावार होता है। वह एक विशेष प्रकार की आचरण-संहिता के अंतर्गत चलने वाले उस समाज के विशिष्ट रीति-रिवाजों, दृष्टिकोणों और दर्शनों से प्रभावित होता है, जिसमें वह जन्म लेता है और बड़ा होता है, बड़ी हद तक वह इन्हीं चीजों का वर्णन भी करता है। फिर भी उसके पास ऐसी दृष्टि होती है, जिससे वह अपने समाज के अंतर्विरोधों को देख सकता है। वह देख सकता है कि समाज में क्या ऐसा है जो मरणोन्मुख तथा पतनशील है और क्या ऐसा, जो जीवंत एवं प्रगतिशील है। और जब उसके पास ऐसी दृष्टि आ जाती है, वह पतन और अंधकार की शक्तियों के विरुद्ध आवाज उठाये बिना नहीं रह सकता।

प्रेमचंद ने एक बार कहा था कि साहित्य राजनीति के पीछे चलने वाली सच्चाई नहीं, बल्कि उसके आगे मशाल लेकर चलने वाली सच्चाई है। वह राजनीति को राह दिखाता है। हम आशा करते हैं कि संकट की इन घड़ियों में साहित्य मशाल लेकर राह दिखाने वाली अपनी भूमिका का निर्वाह करेगा। हम आशा करते हैं कि वह जनता की अंतरात्मा को जगायेगा, लोगों को उनके यथार्थ से अवगत करायेगा, उन खतरों से वाकिफ करायेगा जो समाज के सामने खड़े हैं और लोगों में उन खतरों से लड़ने की ताकत भी पैदा करेगा। हम आशा करते हैं कि साहित्य लोगों के दिलों में मानवतावाद का, सत्य और न्याय का ऐसा प्रकाश पैदा करेगा, जो समाज को बाँटकर लड़ाने वाली शक्तियों के षड्यंत्रों द्वारा उत्पन्न तमस को दूर कर देगा।

अंग्रेजी से अनुवाद : **रमेश उपाध्याय**

[1987]

व्यवस्था में रहकर क्या व्यवस्था का विरोध हो सकता है ?

जिसे आप 'देश का सामूहिक गतिरोध' कहते हैं, वह वास्तव में गतिरोध नहीं है। आर्थिक अथवा औद्योगिक दृष्टि से देश उस जगह पर नहीं खड़ा है, जहाँ 1947 में था। बहुत बड़े पैमाने पर औद्योगिक विकास हुआ है। 1971 के युद्ध में भारत लगभग स्वावलंबी था। अगर आसपास के अनेक देशों के साथ भारत की तुलना की जाये, तो देश का आंतरिक जीवन बेहद गतिशील नजर आयेगा।

लेकिन हमारे सामाजिक जीवन की मूल विसंगतियाँ ज्यों-की-त्यों बनी हैं, या पहले से कहीं ज्यादा विकट हुई हैं। समाज के मूलगत संबंधों में कोई परिवर्तन नहीं आया, सामाजिक ढाँचा लगभग ज्यों-का-त्यों कायम है। इसी को गतिरोध की स्थिति कहना अधिक मुनासिब होगा। जहाँ देश कच्चा माल निर्यात करने वाले कृषि प्रधान देश से, तैयार माल निर्यात करने वाले उद्योग-प्रधान देश में बदल जाये, पर सामाजिक संबंध ज्यों-के-त्यों बने रहें, वहाँ विसंगतियाँ तो बढ़ेंगी ही। सामाजिक संबंधों के इस ढाँचे को ही व्यवस्था का नाम देना ठीक होगा। मात्र सरकार को—जिसके हाथ में शासन-सत्ता है, व्यवस्था कहना सही नहीं है।

इस गतिरोध को तोड़ने के लिए संघर्ष बराबर चलता रहता है, कभी मजबूरियों से परेशान होकर, कभी सचेत, एकबद्ध रूप से।

मैं इस स्थिति को 'देशव्यापी नपुंसकता' का नाम नहीं दे सकता, न ही जन-सामान्य को इसका दोषी ठहरा सकता हूँ। वास्तव में एक देशव्यापी संघर्ष चल रहा है। भ्रांतियाँ इस बात को लेकर पैदा होती हैं कि सामाजिक ढाँचे में आमूल परिवर्तन होना चाहिए या मौजूदा ढाँचे को कायम रखते हुए ही आवश्यक सुधार किये जा सकते हैं।

अधिकांश लेखक मध्यवर्ग या निम्न मध्यवर्ग में से आये हैं, जो पढ़े-लिखे शहरी लोग हैं। बौद्धिक स्तर पर जन-साधारण का पक्ष लेते हुए भी, उनके संस्कार

मध्यवर्ग के हैं। यह न भूलना चाहिए कि हमारा देश अभी भी दुनिया के सबसे गरीब देशों में से है, उसका पिछड़ापन अभी दूर नहीं हुआ है। जो सुविधाएँ बाहर के देशों में लेखक को प्राप्त हैं—कठिनाइयों के बावजूद—वे हमारे यहाँ लेखक को प्राप्त नहीं हैं। अपनी कलम से रोजी कमा पाना लगभग असंभव है। लेखक को पहले की तुलना में आज कुछ ज्यादा सुविधाएँ प्राप्त हैं, कुछ पत्रिकाएँ अच्छा पारिश्रमिक देने लगी हैं, रेडियो, टेलिविजन और सरकार की कुछेक अन्य संस्थाओं से भी थोड़ा-बहुत कमाने की संभावना बनी रहती है। कहीं-कहीं लेखक अकादमियों और सरकारी विभागों में, लेखक के नाते नौकरियाँ भी कर सकते हैं। लेकिन इससे यह नतीजा नहीं निकाला जा सकता कि लेखक की स्थिति में आमूल परिवर्तन हुआ है। इसलिए लेखक के लिए कमाई के साधन जुटा पाना अनिवार्य है।

यह ठीक है कि लेखक जितना अधिक सुविधाभोगी होता जायेगा, उतना बड़ा जोखिम वह अपने संवेदन के लिए उठाता जायेगा। लेकिन यह कहना कि वह जन-विरोधी षड्यंत्र का हिस्सा बन गया है, अत्युक्ति होगा। आज के हमारे समाज में पैसे और रुतबे का बोलबाला है। लेखक की दुनिया जनजीवन की दुनिया है, जन-साधारण के संघर्ष और सुख-दुख की दुनिया है, कितना अधिक वह एक में गहरा डूबेगा, उतना अधिक वह दूसरी दुनिया से दूर होता जायेगा।

बात अंततः संवेदन के प्रति ईमानदारी की है। यदि लेखक सुविधाओं पर अपने संवेदन की बलि चढ़ा देता है, तो वह मर-खप जायेगा, भले ही वह सरकार की या किसी इजारेदार की नौकरी करता हो। प्रेमचंद तो बरसों तक सरकारी नौकरी करते रहे, लेकिन कोई यह नहीं कह सकता कि उन्होंने अपने संवेदन के साथ समझौता किया। हाँ, लेखक के अपने संस्कार, उसकी दृष्टि, उसके पूर्वाग्रह, अंधविश्वास उसे उतना ही जन-विरोधी बना सकते हैं, जितना कि सरकारी नौकरी। जो लोग तथाकथित व्यवस्था के साथ जुड़े नहीं हैं, क्या वे जन-विरोधी साहित्य नहीं रच सकते, या नहीं रचते?

ऐसे लोग जो आजादी के पहले, बरसों जेलों में रहे, बाद में यदि प्रलोभनों के शिकार हो सकते हैं, तो लेखक भी प्रलोभनों का शिकार हो सकता है, विशेषकर ऐसे देश में, जहाँ लेखक को कोई पूछता नहीं, जहाँ समाज की सभी मान्यताएँ पैसे और रुतबे पर खड़ी हैं, जहाँ अफसरशाही और अंग्रेजियत का बोलबाला है। सरकार किसी लेखक को मान्यता दे, सम्मानित करे, यह बुरा नहीं है, लेकिन लेखक इसके पीछे मारा-मारा फिरे, यह बुरा है। जहाँ व्यवस्था लेखक को ऐसी सुविधाएँ जुटाती है, जिनसे वह आर्थिक दृष्टि से अधिक सुरक्षित होकर पढ़ने-लिखने का काम कर सके, वहाँ तो वह स्वीकार्य ही होगी, लेखक उसका स्वागत ही करेगा, पर जहाँ वह पैसे बटोरने या पद प्राप्त करने के लिए जगह-जगह हाथ फैलाता फिरे, वहाँ वह पहले से ही हीनभावना का शिकार हो चुका है। तब वह

प्रगतिवाद का नारा लगाये या अस्तित्ववाद का, या व्यवस्था को गालियाँ दे, कोई फ़र्क़ नहीं पड़ता।

राजनीति का अर्थ किसी पार्टी की सदस्यता नहीं है। देश और समाज की समस्याओं के प्रति लेखक की सजगता ही उसकी राजनीति है। वह जितना गहरा देश के जीवन से जुड़ा होगा, उतनी ही गहरी और साफ उसकी आस्थाएँ भी होंगी। और यदि अपनी आस्थाओं के अनुरूप वह सक्रिय रूप से किसी राजनीतिक पार्टी में काम करता है, तो इसमें वह अपने संवेदन के साथ कोई समझौता नहीं करता। बल्कि उसका राजनीतिक कार्य उसे अधिक अनुभवी, अधिक प्रौढ़ बनायेगा। पर मूलतः यह अपनी आस्था की बात है। हाँ, अगर किसी लेखक की आस्था किसी पार्टी विशेष की नीति तथा मान्यताओं में चुक जाय, और वह केवल यांत्रिक ढंग से उसका ढोल पीटता रहे या सदस्य होने के नाते अनुशासनवश अथवा स्वार्थलाभ के लिए उन नीतियों का ढोल पीटता रहे, तो उसका साहित्य बेजान ही होगा।

व्यापक अर्थ में व्यवस्था से मुराद अर्थव्यवस्था ही है, और उसका विरोध पूँजीवादी व्यवस्था का विरोध ही है। आज हमारे देश में इस व्यवस्था का विरोध देखने में आता है, हड़तालें, प्रदर्शन, घेराव इसी विरोध को व्यक्त करते हैं। वास्तव में यह वर्ग-संघर्ष है, उस वर्ग के विरुद्ध जिसके हाथ में धन-संपदा और सत्ता है, इस संघर्ष की कोई नपी-तुली रूपरेखा नहीं हो सकती। हाँ, एक संघर्ष वह है, जो अराजकतावादी है, जिसका मतलब मात्र तोड़-फोड़ से है, जो किसी प्रकार की व्यवस्था में विश्वास नहीं करता। दूसरा संघर्ष किसी सामाजिक ध्येय को लेकर किया जाने वाला संघर्ष है, जिसमें आर्थिक माँगों के साथ-साथ राजनीतिक माँगें जुड़ती जाती हैं, और जो अनेक चरणों में से होता हुआ अपने ध्येय की ओर बढ़ता जाता है।

मध्यवर्ग के सभी लेखक एक तरह से व्यवस्था के अंदर ही हैं। लेखक का विरोध उन विसंगतियों को निरावृत करना ही है, जो व्यवस्था के कारण समाज में पैदा हो जाती है। लेखक की विशिष्टता समाज के अंदर पाये जाने वाले अंतर्विरोध को ही पहचानने में और उनके कारण लोगों की जिंदगी में पैदा होने वाले दुख-दर्द को महसूस करने में है। उसका संवेदन इन विसंगतियों को महसूस करता है और उन्हें सामने लाता है। पश्चिम में पूँजीवादी व्यवस्था के अंदर रहने वाले अनेक लेखकों ने पूँजीवादी व्यवस्था के अंतर्विरोधों को निरावृत्त किया है। व्यवस्था में रहना एक बात है, व्यवस्था को अस्वीकार करना बिल्कुल दूसरी बात। व्यवस्था के अंदर रहते हुए भी लेखक उसे अस्वीकार कर सकता है, उसकी अस्वीकृति ही उसका विरोध है।

[1973]

परिसंवाद : क्षेत्रीय साहित्य : राष्ट्रीय संदर्भ

माफ कीजिए, यदि मैं अपने ही लेखन से अपनी बात शुरू करूँ। अपनी रचनाओं में मैंने एक उपन्यास सांप्रदायिकता की समस्या को लेकर लिखा है, एक नाटक कबीर के व्यक्तित्व और वाणी को लेकर और एक नाटक महाभारत के एक प्रसंग को लेकर लिखा है। मैंने सचेत रूप से, राष्ट्रीय संदर्भ को ध्यान में रखकर ये रचनाएँ रची हों, ऐसा नहीं है। ऐसा शायद किसी भी लेखक के साथ नहीं होता। कहीं से कथानक उठाते समय यह कोई नहीं कहता कि मेरी रचना अवश्य राष्ट्रीय संदर्भ को लेकर लिखी जानी चाहिए।

फिर ऐसा क्यों हुआ? निश्चय ही कबीर और महाभारत और सांप्रदायिकता का सवाल, मेरे अपने परिवेश में कहीं संगत बैठते थे, उन्होंने मुझे उद्वेलित किया और मैंने कलम हाथ में ली। परिवेश में संगत बैठते थे, मेरी दृष्टि के अनुरूप भी थे, पर यह मैं नहीं कह सकता कि वे केवल मेरे क्षेत्रीय संदर्भ में ही संगत बैठते हों, या उसी तक सीमित हों।

मैं अकेला आदमी नहीं हूँ जिसने ऐसे मुद्दों को लेकर साहित्य-रचना की हो। कबीर तो पिछले पाँच सौ से अधिक वर्षों से भारतीय मानस पर छाये हुए हैं, उन्हें तथा अनेक अन्य विभूतियों की वाणी को तो हम भारतवासी संस्कार रूप में ग्रहण करते हैं— कबीर के पद 'गुरु ग्रंथ साहिब' में भी मिलते हैं, दूर बंगाल में, रवींद्रनाथ ठाकुर ने भी, कबीर की वाणी से उत्प्रेरित होकर अनेक कविताएँ रची हैं, उसमें न तो कबीर की भाषा आड़े आयी और न यह बात कि कबीर तो उत्तर प्रदेश के थे, उनकी वाणी से एक बंगला लेखक को क्या लेना-देना। ऐसा कहते हुए भी बड़ा अटपटा लगता है। प्रदेश तो आज बने हैं, कबीर को किसी प्रदेश में रखने का तो कभी ध्यान ही नहीं आया। और यदि कबीर के बारे में ऐसा कहा जा सकता है तो फिर रामायण का क्या कहिए और महाभारत का क्या कहिए

और गीता और उपनिषदों का क्या कहिए, और उस समूचे लोक-वाङ्मय का, और उस समृद्ध सांस्कृतिक विरासत का क्या कहिए जो दसियों शताब्दियों के साँझे इतिहास ने हमें सौंपी है ? हमारे लेखकों ने सभी से प्रेरणा ग्रहण की है।

कहते हैं संत कवि ब्रज भाषा में तथा अन्य लोकभाषाओं में अपनी वाणी कहते थे। शताब्दियों तक उत्तर भारत में पद्य की ब्रज भाषा रही है। यह भी बड़ा रोचक तथ्य है, क्योंकि पंजाब में पैदा होने वाले नानक ने भी ब्रज में लिखा और बिहार में पैदा होने वाले चंडीदास ने भी। कुछ था जो भक्त कवियों को एक ही भाषा अपनाने पर बाधा कर रहा था, पर जहाँ भाषा एक नहीं है, जहाँ अलग-अलग भाषाओं में अभिव्यक्ति हुई है, वहाँ भी भक्त कवियों की वाणी का सार-तत्त्व तो बहुत कुछ एक जैसा ही है। जीवन-दृष्टि में और मान्यताओं में गहरा साम्य पाया जाता है। इस बात से कोई फर्क नहीं पड़ता कि तुकाराम ने मराठी में लिखा, नरसी भगत ने गुजराती में, मीरा ने राजस्थानी में। सभी की वाणी में निहित दृष्टि, भावना और जीवन-मूल्य, उन सभी को एक ही सूत्र में पिरोते हैं।

कबीर ने एक जगह कहा है कि उन्हें दक्षिण के एक संत से दीक्षा मिली थी। कभी किसी ने यह नहीं सोचा कि रामानंद तो हिंदीभाषी प्रदेश के नहीं थे, वह बनारस में कैसे टपक पड़े ? रामानंद को भी हम उतने ही आदरभाव के साथ याद करते हैं जितना कबीर को।

प्रदेशों की बात चली तो हम अभी तक फैसला नहीं कर पाये कि कालिदास किस प्रदेश के रहने वाले थे—काश्मीर के, उज्जैन के, दक्षिण के, या किसी अन्य स्थान के। इस सवाल को पूछना भी बड़ा बेतुका लगता है, हमारे लिए इतना ही काफी है कि वह भारत के रहने वाले थे। हमारे अपने महान् कवि थे।

पुराने, मध्ययुगीन साहित्य की बात छोड़ें, स्वतंत्रता-संघर्ष के दिनों में लिखा जाने वाला साहित्य भले ही वह बंगाल में लिखा गया हो, अथवा केरल में अथवा काश्मीर में, भावना और ध्येय और आस्था की दृष्टि से हम सबको एक सूत्र में पिरोता है। इसमें झलकने वाली राष्ट्रीय भावना, जो अनेक रूपों में व्यक्त हुई है, हमारे साहित्य की प्रमुख धारा रही है। हमारे यहाँ जब निराला 'बादल राग' अथवा—'राम की शक्तिपूजा' लिख रहे थे तो तमिल में सुब्रह्मण्यम भारती भारत की महत्ता के गीत गा रहे थे और मलयालम में वल्लाकोल और उनके साथी भारत के पुनरुत्थान के गीत गा रहे थे। यह विराट राष्ट्रीय आंदोलन और उसकी देन भी हमारी साँझी विरासत ही है। गांधी किस प्रदेश के रहने वाले थे और नेहरू किस प्रदेश के यह प्रश्न देशवासियों के लिए सदा गौण ही रहे हैं। वह साँझी भावना, साँझा ध्येय, साँझी दृष्टि—इन्हीं का महत्त्व रहा है।

और सच पूछें तो आर्थिक-सामाजिक पद्धतियों को लेकर चलाये जाने वाले संघर्ष के पीछे भी कोई प्रादेशिक अथवा क्षेत्रीय दृष्टि काम नहीं करती, बल्कि

सामान्यतः व्यापक देशव्यापी दृष्टि ही काम करती है ।

इस संघर्ष में हिंदी साहित्य की चर्चा एक क्षेत्रीय भाषा के रूप में करना आसान काम नहीं है । यह क्षेत्र बहुत बड़ा है, इसमें अनेक प्रदेश शामिल हैं, प्रदेश ही नहीं अनेक भाषाएँ भी शामिल हैं, जैसे मैथिली, भोजपुरी, राजस्थानी, अवधी, उर्दू आदि-आदि, और खड़ी बोली को साँझी भाषा मान भी लिया जाये तो उसका भी साहित्यिक रूप हिंदी भाषी प्रदेशों में एक जैसा नहीं है । रेणु और मोहन राकेश दोनों हिंदी में लिखते थे, लेकिन दोनों की भाषा को एक ही क्षेत्र की भाषा कहना कठिन जान पड़ता है । हिंदी में लिखने वाले केवल हिंदी भाषी प्रदेशों से आये हों, ऐसा भी नहीं है । मुक्तिबोध, महाराष्ट्र के रहने वाले थे, प्रभाकर माचवे भी महाराष्ट्र के हैं, यशपाल पंजाब के थे, उषादेवी मित्रा बंगाल से थीं, आदि-आदि । इस तरह हिंदी साहित्य के संबंध में एक क्षेत्र की बात करना आसान नहीं है । और तो और मॉरिशस तक के अनेक लेखक हिंदी में लिखते हैं ।

इस तरह हिंदी को किसी नपे-तुले क्षेत्र का साहित्य मानना कठिन है । हिंदी साहित्य में अनेक प्रदेशों की स्थानीय संस्कृति का रंग आया है । जो बात बंगला अथवा कन्नड़ अथवा मलयालम पर लागू होती है, वह इतनी आसानी से हिंदी पर लागू नहीं होती । पर यह बात भी इसी स्थापना का समर्थन करती है कि हिंदी साहित्य में क्षेत्रीय पहलू व भूमिका इतनी निर्णायक नहीं है, जितनी उसके राष्ट्रीय संदर्भ की ।

हिंदी साहित्य मुख्यतः उन्हीं मान्यताओं और मूल्यों को वाणी देता रहा है जिन्हें हम राष्ट्रीय मूल्य और मान्यताएँ मानते रहे हैं और यह केवल हिंदी साहित्य की ही स्थिति नहीं है । विरासत में मिलने वाली, व्यापक मानवतावादी दृष्टि रच-बस चुकी है कि इसके प्रतिकूल किसी प्रकार का साहित्य हमें रुचता भी नहीं है । परंपरागत मानवीय मूल्यों में, साँझी सांस्कृतिक मान्यताओं में, सामान्यतः उसका विश्वास अडिग रहा है । और इसमें भी संदेह नहीं कि साहित्य का यह नैसर्गिक गुण होता है कि वह उपज भले ही किसी विशेष क्षेत्र की हो, पर उसकी सार्थकता उसी क्षेत्र तक सीमित नहीं रहती । साहित्य की प्रमुख धारा को किसी विशेष क्षेत्र से जोड़ना साहित्य के ही क्षेत्र को संकुचित करना है ।

इस तरह साँझी सांस्कृतिक विरासत ने, देश के साँझे इतिहास ने, वर्तमान की साँझी समस्याओं-विषमताओं आदि ने हमारे साहित्य को प्रभावित और अनुप्राणित किया है, और कर रहा है । और यही साहित्य की मुख्य धारा रही है ।

लेकिन बात इतनी सहज और सरल भी नहीं है । वक्त के साथ-साथ यह बहुत जरूरी था कि यह साँझापन और गहरा हो, रही-सही दूरियाँ धीरे-धीरे खत्म होती जायें, हम एक-दूसरे के और निकट आते जायें । अपनी क्षेत्रीय समस्याओं को राष्ट्रीय परिप्रेक्ष्य में देखने की प्रवृत्ति और अधिक सुदृढ़ हो, पर

ऐसा नहीं हुआ। आजादी के बाद एक ऐसी प्रवृत्ति पनपने लगी जो क्षेत्रीय स्थितियों को राष्ट्रीय संदर्भ से काट कर देखना चाहती थी। इस प्रवृत्ति को हमने जाने-अनजाने बढ़ावा भी दिया जिससे आज कभी-कभी यह प्रश्न भी हमारे बीच उठने लगा है कि राष्ट्रीय संदर्भ नाम की कोई चीज है भी या नहीं। आज इस प्रवृत्ति की पराकाष्ठा हम पंजाब में देख रहे हैं, जहाँ उसने साफ पृथकतावाद का रूप ले लिया है, जहाँ एक ही भाषा को बोलने वाले, एक ही प्रदेश में रहने वाले, एक ही संस्कृति में साँस लेने वाले लोग, न केवल एक-दूसरे को अपने से अलग बल्कि एक दूसरे के दुश्मन मानने लगे हैं। यह बड़े सौभाग्य की बात है कि यह प्रवृत्ति अधिक पनप नहीं पायी, जनसाधारण ने इसे मान्यता नहीं दी, हालाँकि उकसाने वाले पृथकतावादी तत्त्वों ने कोई कसर नहीं छोड़ी है।

हिंदी क्षेत्र में भी इस प्रवृत्ति ने सिर उठाया है और नुकसान पहुँचाया है। मिसाल के तौर पर भाषा के सवाल को लेकर निश्चय ही हमारी दृष्टि पहले वाली उदार, खुली दृष्टि नहीं रही है। जिसमें हम देश की अन्य भाषाओं के प्रति आदर-भाव और खुले वंदों उनसे कितना कुछ ग्रहण किया करते थे, प्रेमचंद की भाषा का खुलापन आज देखने को बहुत कम मिलता है। प्रेमचंद की भाषा में उर्दू के शब्दों का बड़ा खूबसूरत पुट मिलता है। वह पुट धीरे-धीरे कहाँ गायब हो गया? यह तो हिंदी साहित्य का सौभाग्य है कि अनेक प्रदेशों के लोग हिंदी में लिखने लगे जिससे हिंदी साहित्य में स्थानीय बोलियों तथा भाषाओं का रंग आने लगा, साथ ही बहुत से उर्दूभाषी लेखक भी हिंदी में लिखने लगे जिससे साहित्यिक भाषा के नाते हिंदी का खुलापन बना रहा, वरना, संकीर्णता की प्रवृत्ति निश्चय ही जोर पकड़ती रही है।

एक और मिसाल देना चाहूँगा। तीस-चालीस बरस पहले, मुस्लिम जीवन और परिवेश की कहानियाँ आदि हिंदी साहित्य में अक्सर मिल जाया करती थीं। मुस्लिम जीवन, परिवेश, तीज-त्योहार, रहन-सहन की जानकारी आज की तुलना में पहले कहीं ज्यादा गहरी थी। पर अब हिंदी के कितने लेखक मुस्लिम जीवन के बारे में किसी अधिकारी के साथ कथा-कहानी लिख सकते हैं? यह तो भला हो उन मुस्लिम लेखकों का, जैसे राही मासूम रजा, बदीउज्जमा, शानी, असगर वजाहत, मेहरुन्निसा परवेज, शानी, अब्दुल बिस्मिल्ला आदि का जिन्होंने हिंदी को रचनात्मक अभिव्यक्ति का माध्यम बनाया और अनेक सजीव और सुंदर कथा-कहानियाँ मुस्लिम जीवन के बारे में लिखीं जिससे क्षतिपूर्ति होती गयी।

हम मानें या न मानें, हिंदी भाषा को लेकर एक प्रकार की बड़प्पन की भावना जरूरत से ज्यादा जोर पकड़ती रही है, वरना अन्य प्रदेशों के भाषाभाषी हमसे नाराज नहीं होते, बल्कि हिंदी को कहीं ज्यादा प्यार करते और अपनाते। इस तरह की तंगनजरी ही राष्ट्रीय संदर्भ को धुंधलाती है और क्षेत्रीयता को बढ़ावा

देती है।

लेकिन इस सबके बावजूद हिंदी साहित्य का सृजन राष्ट्रीय संदर्भ की मुख्य-धारा के साथ निश्चय ही जुड़ा हुआ है। और यह मुख्यधारा साँझी राष्ट्रीय दृष्टि देशव्यापी विकास, समूचे देश को चुनौती देने वाली समस्याओं, समूचे देश में न्यायसंगत सामाजिक व्यवस्था की आकांक्षा और इनके साथ-साथ साँझे परंपरागत मानवीय मूल्यों, सांस्कृतिक उदारता और सहनशीलता आदि की देन है।

कोई भी साहित्य क्षेत्रीय नहीं होता। वह जन्म तो किसी अंचल अथवा क्षेत्र में लेता है लेकिन वह मात्र उस अंचल अथवा क्षेत्र का बना नहीं रहता, वह तो सकल मानवता का, सकल विश्व का बनना चाहता है, उसी ओर वह उन्मुख भी होता है। हिंदी साहित्य भी इसका अपवाद नहीं है।

[1985]

व्यंगकार : हरिशंकर परसाई

सामाजिक जीवन में तरह-तरह के दौर आते रहते हैं और हर दौर का अपना साहित्य होता है जिस पर उस दौर की छाप होती है। एक ऐसा दौर भी होता है जब व्यापक स्तर पर समाज के लाखों-लाख सदस्य किसी महान ध्येय से अनुप्राणित होने लगते हैं, जब एक नई उमंग दिलों में हिलोरें लेने लगती हैं, तब वायु-मंडल में वह ध्येय व्याप-सा रहा होता है और उसकी अनुगूंज हर दिल में सुनाई देती है। वे बड़ी-बड़ी कुर्बानियों के दिन होते हैं, विकट संघर्ष में भी हँस-हँसकर आत्म-बलिदान करने के दिन, कुछ कर गुजरने के दिन, जब दृष्टि-क्षेत्र के सामने जीवन के प्रसार खुलते जाते हैं और लगता है, कुछ भी असंभव नहीं। हमारे देश में आजादी के पहले का काल कुछ ऐसा ही काल था। कुरीतियाँ, भ्रष्टाचार, विसंगतियाँ उस काल में थीं, लेकिन उस ध्येय के सामने सब गौण जान पड़ता था, ध्येय सर्वोपरि था और लगता था, ध्येय की प्राप्ति पर समाज की सब विसंगतियाँ दूर हो जाएँगी। यह ऐसी ही स्थिति होती है जब युद्ध में जूझता हुआ कोई देश आत्मविश्वास ग्रहण कर ले। ऐसे काल में साहित्य को जन्म देने वाली भावना तथा दृष्टि व्यंग्यात्मक नहीं होती।

पर जब समाज में संघर्ष थम जाए, जब सामाजिक तथा राजनीतिक जीवन एक जगह पर ठहर जाए, व्यवस्था अपनी जगह पर स्थिर और निश्चेष्ट हो जाए, जब समाज के कर्णधार सत्ता की बागडोर सँभालकर संतुष्ट हो जाएँ और अपनी जगह पर जमकर बैठ जाएँ, जब विकास के स्थान पर गतिरोध आने लगे और ठहरे हुए जल की सतह पर काई जमने लगे और उसमें से सड़ाँध उठने लगे और लोगों के दिलों में बलवले भरने लगें, जहाँ दृष्टि की विशालता थी, वहाँ तंग-नजरी आ जाए और स्वार्थ और धनलोलुपता और कुर्सी के मोह के इर्द-गिर्द सभी ध्येय लोट-लोट जाएँ, उस वक्त संवेदनशील लेखक व्यंग्य का नश्तर लेकर सामने आता है और समाज के जीवन में पाए जाने वाले नासूरों की चीर-फाड़ करने लगता है।

परसाई जी हमारे साहित्य में इसी काल में उभरे हैं। उन्होंने पहला दौर भी देखा है और उसके स्थान पर दूसरे दौर को भी जड़ जमाते देखा है। उन्होंने ध्येय पर मर-मिटने वाले दिन भी देखे हैं और मोह-भंग की यातना-भरे दिन भी देखे हैं। वे दिन भी जब देश के लाखों-लाख लोग साझे ध्येय से अनुप्राणित विदेशी शासन से जूझ रहे थे, फिर वे दिन भी जब आजादी मिलने के बाद, कलम के एक झटके से, इन लाखों-लाख लोगों को मात्र दर्शक बना दिया गया था और राष्ट्रीय जीवन के निर्माण की सभी भूमिकाओं में से अलग कर दिया गया था। प्रशासन और संचालन की बागडोर सरकार के हाथ में आ गयी थी, वही योजनाएँ बनाती थी, वही उनकी क्रियान्विती को भी सँभाले हुए थी। अफसरशाही फिर नमूदार हो गई थी, जनसाधारण को मक्खन में से निकाले गए बाल की तरह, राष्ट्रीय जीवन में से अलग कर दिया गया था। उसके लिए धीरे-धीरे, राष्ट्र-निर्माण दूर-पार की चीज बन गया। वह पहले हैरान हुआ, फिर उदासीन और उसके बाद उसके सभी मोह भंग होने लगे। इतना ही नहीं, राजनीतिक जीवन मे से धीरे-धीरे सभी निःस्वार्थ सेवी, जैसे बुहारकर बाहर निकाल दिए जाने लगे और उनकी जगह पर तिकड़मी, स्वार्थी, चालाक सियासतदानों ने अड्डा जमा लिया, तब राष्ट्र निर्माण के स्थान पर लायसेंसों, कोटों, बड़े-बड़े ठेकों की चर्चा होने लगी और स्वयं सियासतदान उनके लिए हाथ फैलाने लगे। पाखंड का नंगा नाच चारों ओर दिखाई पड़ने लगा। काला बाजार गर्म हुआ, भ्रष्टाचार फैला और गरीबों की बस्तियों में से खद्दरधारी मंत्रियों की विलायती मोटरें फर्राटे से भागने लगीं।

यह मोह भंग का काल था जब कथनी और करनी के बीच का अंतर उत्तरोत्तर बढ़ने लगा था। अतीत के सपने वर्तमान के यथार्थ पर चूर-चूर होने लगे थे। सियासतदानों और सत्ताधारियों की बातों पर से विश्वास उठने लगा था।

इस तरह के माहौल में कौन-सा परसाई चुप रहेगा? व्यंग्य सीधा पाखंड पर प्रहार करता है। व्यंग्य का मूल विषय ही पाखंड होता है। ऐसे समय में जब सामान्य लेखक किसी हद तक अपने भावनालोक में बसता है, वहाँ व्यंग्य-लेखक सीधा समाज के अखाड़े में उतर आता है। उसे इस बात की परवाह नहीं रहती कि वह निबंध लिख रहा है या कहानी या डायरी, उसे केवल इस बात की परवाह रहती है कि उसकी रचना वार करती है या नहीं और उसका वार निशाने पर बैठता है या नहीं। सामाजिक जीवन की विसंगतियाँ और अंतर्विरोध उसकी कलम के विषय बनते हैं। व्यंग्यकार सुखद भावनाओं के धुँधलके में नहीं बसता, वह यथार्थ के कठोर धरातल पर खड़ा रहता है। पाखंड, दोमुँहापन, भ्रष्टाचार का भंडाफोड़ करता है। कुछ व्यंग्यकार मात्र मनुष्य स्वभाव की सनकों, अटपटे व्यवहार और रहन-सहन के तौर-तरीकों का मजाक उड़ाते हैं, पर ऐसे व्यंग्य

सतही से बने रहते हैं, जबकि परसाई जी के व्यंग्य समाज के मर्म को छूते हैं, सामाजिक जीवन की मूल विसंगतियों को सामने लाते हैं।

परसाई जी के एक निबंध में भगवत् भजन करने वाला एक वैष्णव, सेठिया बन जाता है। पहले पैसा सूद पर कर्ज देता है, फिर ढेरों पैसे जमा कर लेने पर होटल चलाता है। होटल में पहले सभी निवासियों को वैष्णव भोजन मिलता है, फिर धीरे-धीरे वहाँ मांस, मछली पकने लगती है, फिर शराब आती है, कैबरे होने लगता है और फिर 'गर्म माल' भी मिलने लगता है। हर कदम पर वैष्णव अपने इष्टदेव से पूछने जाता है कि अब क्या करूँ और हर बार ही उसकी अंतरात्मा प्रस्तावित सुझाव को शास्त्रसम्मत बताती है और इस तरह वह माँग आती है तो वैष्णव की शुद्ध आंतरिक आवाज यह कहकर उसे संतुष्ट कर देती है—'मूर्ख, यह तो प्रकृति और पुरुष का संयोग है, इसमें पाप क्या और पुण्य क्या।' इस तरह वह धर्म को धंधे के साथ सफलतापूर्वक जोड़ देता है।

एक अन्य निबंध में बुद्धिजीवियों की एक सभा देश की दुर्दशा पर विचार करती है। संयोजकों का विचार है कि देश की जितनी अधिक दुर्दशा होगी, उतनी ही बढ़िया मंच पर से तकरीरें झाड़ी जा सकेंगी। जलसा बड़ा सफल रहता है, संयोजक संतुष्ट हैं, सचमुच बहुत बढ़िया भाषण दिए गए।

एक अन्य निबंध में एक चोर बाजारिया पकड़ लिया जाता है। फैसला होता है कि दूसरे दिन प्रातः उसे एक खंभे पर से लटकाकर फाँसी दे दी जायेगी, पर दूसरे दिन जब फाँसी का वक्त आता है तो खंभा ही गायब है, पता चलता है कि रातों-रात खंभा चोरबाजार में पहुँच गया है।

कहीं घटना द्वारा, तो कहीं अपने अनूठे तर्ज-ए-बयान से सामाजिक जीवन की विसंगतियाँ उखाड़ दी जाती हैं। एक निबंध इस तरह शुरू होता है—

"हे सखि, नल के मैले पानी में केंचुए और मेढक आने लगे। लगता है सुहावनी, मन भावनी वर्षा ऋतु आ गयी।"

एक और निबंध में एक आदमी इस बात पर लज्जित है कि वह थोड़ा मुटिया गया है और उसकी शेरवानी उसे तंग पड़ने लगी है। सभी से माफी माँगता फिरता है।

"मेरे देशवासियो, मुझ बेशर्म को माफ करना। भारत माता, क्षमा करना। तेरा यह कपूत मोटा हो गया। मैं तीसरी पंचवर्षीय योजना का एक झूठा आँकड़ा हूँ, जो तुम्हें धोखा दे रहा हूँ। मंत्री महोदय, माफ करना, तुम्हारी खाद्य व्यवस्था के बावजूद मैं मोटा हो गया। वर्तमान और भूतपूर्व अर्थ-मंत्रियो, तुम्हें मुँह दिखाने के काबिल नहीं रहा। मैं पिछले पंद्रह वर्षों की उलझी अर्थनीति और खाद्य नीति के प्रति अपराधी हूँ।"

यथार्थ की कसौटी पर खरा उतरकर ही व्यंग्य प्रभावशाली बनता है और

परसाई जी के निबंधों-कहानियों में वही खरापन झलकता है।

मोह-भंग की एक स्थिति वह होती है, जब टूटती सामाजिक मर्यादाओं के साथ व्यंग्यकार का विश्वास मनुष्य मात्र पर से ही टूटने लगता है, जिंदगी बेमानी नजर आने लगती है, पर जहाँ टूटती मर्यादाओं को देखने वाला व्यंग्यकार उनके पीछे काम करने वाली कारक-शक्तियों के प्रति सचेत हो और वांछित विकल्प को भी जानता-समझता हो कि समाज को किस ओर जाना चाहिए। वहाँ उसके व्यंग्य में कटुता नहीं बल्कि मानवीय सद्भावना अधिक देखने को मिलती है, बल्कि मानवीय सद्भावना से ही उसे अपनी व्यंग्य-रचनाओं के लिए प्रेरणा मिलती है। परसाई जी की रचनाओं को पढ़ते हुए ऐसा नहीं लगता कि हमारा देश ही गिरा हुआ देश है, हमारा राष्ट्रीय चरित्र ही गिरा हुआ है, इसका उद्धार हो ही नहीं सकता, या कि सभी सियासतदान स्वार्थी और भ्रष्ट हैं, किसी पर विश्वास नहीं किया जा सकता। परसाई जी के व्यंग्य की श्रेष्ठता इसी बात में है कि जीवन पर उनका विश्वास अडिग और गहरा है। सामान्य जन की क्षमताओं, उनकी ईमानदारी और मानवीय मूल्यों पर उनका विश्वास उनकी चेतना में समाया हुआ है। पाखंड पर वही आदमी चोट कर सकता है जिसे पाखंड परेशान करता हो। कहीं पर भी उनकी रचनाओं में ऐसी ध्वनि सुनाई नहीं पड़ती कि ऐसा तो चलता ही रहता है, आगे भी चलता रहेगा। जीवन में गहरी आस्था रखने वाले लोग ही सार्थक व्यंग्य लिख सकते हैं, नहीं तो उनके व्यंग्य में कटुता आ जाती, उच्छृंखलता और सस्तापन आ जाता।

परसाई जी के व्यंग्य विनोदपूर्ण हैं, वह भी इसलिए कि जिन विसंगतियों पर वह चोट करते हैं, उन्हें वह असाध्य नहीं मानते। स्वार्थी, भ्रष्ट लोगों की भौंडी हरकतों पर, लगता है, वह हँस रहे हैं, क्योंकि उन्हें विश्वास है कि इन लोगों की भूमिका समाज में स्थायी नहीं है, ये उत्तरोत्तर असंगत होते जा रहे हैं, ये मानवीय मूल्यों की जमीन पर से उखड़े हुए लोग हैं, जिन्हें समाज की स्वस्थ मान्यताएँ स्वीकार नहीं करेंगी। इसी कारण उनकी रचनाओं पर एक प्रकार की लौ-सी छिटकी रहती है और एक तरह की सादगी और खरापन भी। इसी कारण कहीं-कहीं पर हम द्रवित भी हो उठते हैं, उन लोगों की स्थिति को देखते हुए जो सत्ताधारियों और अवसरवादियों के पाखंड का शिकार बनते हैं, जिन विडंबनाओं पर परसाई जी चोट करते हैं, उन्हें उनका मस्तिष्क जितने पैने ढंग से देखता-परखता है, उतनी ही गहराई से उनका दिल भी उन्हें महसूस करता है। उनकी हँसी क्रुद्ध हँसी नहीं है, उसकी तय में करुणा की अंतर्धारा बहती रहती है।

कहने को तो परसाई जी की रचनाओं को हम व्यंग्यात्मक निबंधों का नाम देते हैं, लेकिन वास्तव में वे कहानी के घेरे में भी आसानी से आ जाती हैं, उनकी अनेक रचनाओं का गठन कहानी जैसा ही है और उन्हें पढ़ते समय कहानी का ही

रस भी हमें मिलता है।

सामान्यतः यथार्थ की जमीन पर चलते हुए, परसाई जी सहसा एक उड़ान-सी भर जाते हैं, कल्पना की खूबसूरत उड़ान जो एक ओर उनके व्यंग्य को पैना और महत्त्वपूर्ण बना देती है, दूसरी ओर उनकी रचना को अधिक कलात्मक बना देती है। एक रचना में किसी वयोवृद्ध क्लर्क की मौत हो जाती है, लेकिन पता चलता है कि उसकी आत्मा न तो स्वर्ग में पहुँची है, न नरक में, आखिर गई तो कहाँ गयी? पता चलता है कि वह क्लर्क के दफ्तर में उसके प्राविडेंट फंड वाली फाइल में अटकी रह गयी है। इस तरह, मूलतः तर्क के क्षेत्र में विचरते हुए भी, परसाई जी के व्यंग्य को भावना और कल्पना दोनों ही अपनी-अपनी तरह से सींचते रहते हैं। क्लर्क की आत्मा का फाइल में अटके रह जाना जहाँ व्यंग्यपूर्ण है, वह गहरे में दिल को छूता भी है, क्लर्क की बेबसी की ओर बड़ा हृदय-विदारक संकेत भी करता है।

एक जगह पर परसाईजी ने लिखा है: 'दर्शन को चिंतन को जोड़ना जरूरी होता है। अनुभव बेकार होता है यदि उसका अर्थ न खोजा जाए, उसका विश्लेषण न किया जाए, और तार्किक निष्कर्ष न निकाला जाय। इसके बिना अनुभव केवल घटना बनकर रह जाता है, वह रचनात्मक चेतना का अंग नहीं बन पाता।'

बेशक व्यंग्य-लेखक का ध्यान समाज के नकारात्मक पक्ष की ओर ज्यादा रहता है, भौंडे, पाखंडी, उचक्के, स्वार्थी लोगों पर व्यंग्यकार की नजर ज्यादा रहती है। संघर्षरत लोगों का सकारात्मक जीवन उनकी रचनाओं का विषय नहीं बनता, लेकिन जीवन का सकारात्मक पक्ष जिसके बल पर देश आगे बढ़ते हैं और राष्ट्रीय जीवन तथा व्यक्तिगत जीवन में सार्थकता आती है, इस नकारात्मक पक्ष से अलग भी नहीं होता। वास्तव में उस सकारात्मक पक्ष के बोध से ही परसाई जी के व्यंग्य तीखे बन पाते हैं और उनमें सार्थकता आती है, उसी की प्रेरणा से वह समाज के रुग्ण और जीर्ण तत्त्वों का सफलता से भंडाफोड़ करते हैं।

फिलस्तीन की एक कवयित्री को इसराइली अधिकारियों ने जेल में बंद करते समय कहा कि उस कवयित्री की एक-एक कविता एक फौजी ब्रिगेड के बराबर वार करती है। आज के हमारे विसंगतियों-भरे जीवन में परसाई जी की लेखनी भी पाखंड, अन्याय, अमानुषिकता पर वैसे ही सशक्त और पैने वार कर रही है। अपने देशवासियों को सामाजिक जीवन की विसंगतियों और अंतर्विरोधों के प्रति सचेत करना बड़े महत्त्व का काम है और इसे परसाई जी बड़ी खूबी से निभा रहे हैं। उनका व्यंग्य मनोविनोद का तथा पाठक को सचेत करने का ही अस्त्र नहीं, समाज की सही तस्वीर पेश करने वाला, संघर्ष की प्रेरणा देने वाला शक्तिशाली अस्त्र भी है।

[1986]

परसाई जी को श्रद्धांजलि

मुझे एक ख़ास मकसद के लिए यहाँ बुलाया गया है। यह निश्चय ही मेरे लिए बड़े गौरव की बात है, पर इसमें मुझे बड़ी झेंप भी हो रही है, क्योंकि परसाई जी मेरे हाथ से पुरस्कार ग्रहण करें, इससे ज़्यादा अटपटी बात क्या होगी। मैं परसाई जी की सही उम्र तो नहीं जानता परंतु दसियों साल से मैं उन्हें अपना अग्रज मानता आया हूँ। एक छोटा-सा दीया, सूरज को रोशनी दिखाने की, उसे आशीर्वचन कहने की धृष्टता करे तो इससे ज़्यादा अटपटा क्या होगा। हाँ, एक अधिकार मेरा है, एक पाठक के नाते भी और एक मित्र के नाते भी—अपनी श्रद्धा व्यक्त कर पाने का, दसियों साल तक उनकी रचनाओं को पढ़ते रहने के बाद उनके प्रति अपना आभार व्यक्त कर पाने का। एक पाठक का आभार, एक नागरिक का आभार और एक ऐसे लेखक का आभार जो इनकी लेखनी से प्रेरणा ग्रहण करता रहा है। मुझे भी, हजारों-हजार पाठकों के साथ इनके लेखन से एक दृष्टि मिलती रही है, हमारे देश के जीवन को, उसकी विसंगतियों और विडंबनाओं को देख पाने की, उनसे निराश न होकर, उनका साक्षात् करने का साहस मिलता रहा है, और साथ ही साथ, इन सभी विसंगतियों-अंतर्विरोधों के बावजूद जीवन के गहरे में प्रेम करने का उछाह मिलता रहा है। अपने इस अधिकार का उपयोग कर पाने का जो सुअवसर आपने जुटाया है, उसके लिए मैं हृदय से आभारी हूँ।

आम तौर पर व्यंग्य के बारे में हमारी धारणा अच्छी नहीं होती, एक तो इसके साथ हम कटुता को जोड़ते हैं, कि व्यंग्यकार वे लोग हैं जो दूसरों का मज़ाक उड़ाते हैं, दूसरों की कमज़ोरियों को उघाड़ते हैं, उनकी खिल्ली उड़ाते हैं, इसलिए व्यंग्य, सद्भावना से प्रेरित न होकर द्वेष और घृणा से प्रेरित होता है। यह भी कहा जाता है कि व्यंग्यकार, ज़िंदगी को टेढ़े शीशे में से देखता है और इसलिए उसे ज़िंदगी टेढ़ी-मेढ़ी नज़र आती है। मैं भी वर्षों तक साहित्य का अध्यापक रहा हूं। मैं भी व्यंग्य के स्वरूप और स्वभाव को समझा पाने के लिए, व्यंग्यकार की तुलना, कार्टून बनाने वाले कार्टूनिस्ट से किया करता था और कहा करता था

कि अतिशयोक्ति, व्यंग्य का नैसर्गिक लक्षण होती है। किसी कार्टून की ओर देखो, कार्टून बनाने वाला कभी भी आदमी की सही तस्वीर नहीं उतारता, कभी तो वह नाक को लंबा खीच देता है, कभी कानों को, कभी गर्दन को। अच्छे-भले इंसान को भौंड़ा बनाकर दिखाता है। इसके पीछे द्वेषभाव नहीं तो क्या है, या खिल्ली उड़ाने का भाव, या उसकी कमज़ोरियों का भंडाफोड़ करने का भाव। यह भी कहा जाता है कि व्यंग्य पढ़ने के बाद मुंह के स्वाद में कड़वाहट-सी आ जाती है कि व्यंग्य आपको ऊँचा नहीं उठाता, उस स्तर तक नहीं ले जाता जहां से समस्त मानवता के प्रति आपका दिल सद्भावना से ओत-प्रोत हो, जहां से जीवन सुंदर और अलौकिक नज़र आये। उस मानवेतर संबंधों के स्तर तक नहीं ले जाता जहां से आध्यात्मिक दर्शन आरंभ होता है! आदि-आदि! कि, इसके विपरीत व्यंग्य सारा वक्त, धरती के साथ-साथ रेंगता रहता है, धरती से कभी भी ऊँचा नहीं उठता, इसी कारण, वह साहित्य की अन्य विधाओं की तुलना में निम्न स्तर की विधा है।

यदि मैं व्यंग्य की इस परिभाषा के बारे में परसाई जी से बात करूँ, उनकी राय जानना चाहूँ, तो मैं जानता हूँ, वह क्या जवाब देंगे। वह कहेंगे, यह सही ही तो है। मैं व्यंग्यकार के नाते धरती के साथ-साथ ही बना रहता हूँ, और ऐसे ही बने रहना चाहता हूँ। यह भी सही है कि मैं अपने आस-पास की ज़िंदगी में पाये जाने वाले भौंडेपन को देखता हूँ, उस ओर मेरी नज़र जाती है, और निश्चय ही, मैं उसे दिखाना चाहता हूँ। रही राग-द्वेष की बात, जीवन में जो घृणास्पद है, मैं उसकी लीपा-पोती नहीं कर सकता। मैं अतिशयोक्ति बरतता हूँ, भौंडे नाक को लंबा खींचता हूँ, ताकि जो कुरूप है, उस पर आपकी नज़र जाये और कुछ देर के लिए टिके। उसे देखेंगे तभी आप समझेंगे कि जीवन में सौंदर्य कितना सुंदर है, कितना वांछनीय है और जहाँ तक आध्यात्मिक स्तर तक उठने-उठाने वाली बात है, इससे तो मुझे डर लगता है, मेरी ऐसी कोई महत्त्वाकांक्षा नहीं है, मैं धरती से ही चिपके रहना चाहता हूँ, इसी में मुझे सुख मिलता है, ऊँचा उठूंगा तो इससे संबंध-विच्छेद हो जायेगा, इससे मुझे डर लगता है।

यह सही है कि परसाई जी छोटी-छोटी बातों की चर्चा करते हैं, घर में आने वाले गेहूँ की, चाय की, टपकते घर की, सिर पर प्रगट होने वाले पहले सफ़ेद बाल की, तरह-तरह की उलझनों की बात करते हैं, कहीं बिल चुकाने की तो कहीं कुत्तों से पिंड छुड़ाने की, मात्र इसलिए नहीं कि इन्हीं छोटी-छोटी बातों से ज़िंदगी बनती है, या इसलिए कि हवाई बातों की चर्चा न करते हुए वह जीवन की वास्तविकताओं की बात करते हैं, उस ठोस यथार्थ की जो हम सबके अनुभव-क्षेत्र में आता है, बल्कि इसलिए कि इन मामूली लगने वाली बातों, उलझनों और परेशानियों के स्तर पर से वह हमें ज़िंदगी को देखने की नज़र देते हैं। उनकी नज़र

न तो किसी नेता की नज़र है, न समाजशास्त्री की नज़र, न किसी पीर पैगंबर की जो लोगों को रास्ता सुझाते हैं, न किसी उपदेशक की, वह नज़र केवल उस व्यक्ति की है जो इन उलझनों-परेशानियों के बीच जीता है, और इसी नज़र से परसाई हमें ज़िंदगी को देखने का अवसर जुटाते हैं। कमाल यह है कि यह व्यक्ति इन परेशानियों का दुःखड़ा नहीं रोता, हाय-हाय नहीं करता, बल्कि हँसता हुआ सुनाता है और आपको भी हँसाता है। पर उन्हीं विडंबनाओं की तय में, जिन्हें दिखाता हुआ यह हमारा मनोरंजन करता है, हम ज़िंदगी के विकट यथार्थ की झलक पा लेते हैं, हँसते हुए हम इस विडंबनाओं-विसंगतियों की तय में छिपे यथार्थ का चेहरा देख पाते हैं। अनूठी कला है यह व्यंग्य लिखने की कि लगता तो है कि आप ऊल-जलूल बोल रहे हैं, आकाश-पाताल के कुलाबे मिला रहे हैं, जो मन में आता है कहे जा रहे हैं, बेतुकी, न सिर न पैर, पर निबंध के अंत तक पहुँचते-पहुँचते एक झिलमिलाता सत्य आपकी आँखों के सामने उभर आता है, और दिल की गहराइयों तक आपको छू जाता है। मुद्दतों बाद भी याद करो तो पेंशन के फ़ाइल में अटकी भोलाराम की आत्मा आपके मन को विचलित कर जाती है। सैंकड़ों बार अपने को समझाओ कि आत्मा कभी फ़ाइलों में नहीं अटकती, ऐसा नहीं होता, यह मात्र व्यंग्य है, अतिशयोक्ति है, मात्र कल्पना है, पर मन नहीं मानता, भोलाराम की दुःखी छटपटाती आत्मा फ़ाइल में अटकी हुई, बार-बार आँखों के सामने उभर आती है।

विश्वविख्यात अभिनेता कामिडियन चार्ली चेपलिन की फ़िल्मों के बारे में कहा जाता था कि पहली बार उनकी किसी फ़िल्म को देखने जाओ तो तुम सारा वक्त हँसी से लोट-पोट होते रहते हो, पर दूसरी बार जाओ तो तुम्हारी आँखों से बरबस आँसू झरते रहते हैं। पहली बार देखते हो तो विडंबनाओं को देखते हो, पर दूसरी बार देखते हो तो दिल को मथने वाली ज़िंदगी की सच्चाई को देखते हो जो विडंबनाओं के नीचे झाँक रही होती है। इसीलिए चार्ली चेपलिन की फ़िल्मों के बारे में कहा जाता था कि पता नहीं, वे हास्यरस प्रधान हैं, अथवा करुण-रस प्रधान फ़िल्में हैं।

परसाई जी जैसे व्यंग्यकार इसलिए हमें हँसा और रुला जाते हैं कि उनके दिल में अपार करुणा पायी जाती है। ये छोटे आदमियों के छोटे क़िस्से आपको इसलिए सुनाते हैं कि उनसे इन्हें गहरा प्रेम है, इनके दिल में उनके लिए गहरा दर्द है, गहरी सद्भावना है।

अब मेरी समझ में आया कि व्यंग्य के बारे में, पढ़ाई के ज़माने में जो कुछ पढ़ा था, कि व्यंग्य में एक प्रकार की कटुता पायी जाती है, कि वह द्वेष-भाव की उपज होता है आदि, क्यों और कहाँ पर ग़लत था। एक तो यह कि जिस प्रकार के व्यंग्य के बारे में यह पढ़ा था उसका संबंध समाज के उच्च वर्ग से था, उन खाते-

पीते लोगों के बारे में था, जिन्हें जीविका संबंधी कोई परेशानी नहीं, जिनकी ज़िंदगी तिरती हुई-सी बीतती है, निढल्ली-सी ज़िंदगी जिसमें सबसे बड़ी परेशानी की बात यह हो सकती है कि प्रेमिका का पत्र आने में देर हो गयी, या किसी सुंदरी के बालों की लट किसी ने काट ली तो तूफ़ान खड़ा हो गया। जिन अमीर-ज़ादों का दिन सुबह ग्यारह बजे शुरू होता है, और दिन की सबसे बड़ी घटना, ताश के खेल में हार या जीत है, और ज़िंदगी का सबसे बड़ा सदमा, प्रेमिका का किसी दूसरे की बाँहों में चले जाना है, ऐसी ज़िंदगी पर व्यंग्य करने वाले व्यंग्यकार के दिल में निश्चय ही कोई सहानुभूति नहीं पायी जायेगी, वह ऐसी ज़िंदगी पर और ऐसे किरदारों पर कटु व्यंग्य करेगा, पर जहाँ आज भोलाराम पर व्यंग्य कर रहे हों, ज़िंदगी-भर भुखमरी से जूझता रहा, भलमनसाहत का मारा, डरा-सहमा आदमी, उसके प्रति आपके दिल में कहाँ कटुता जागेगी, अगर आपके दिल में दर्द है, तब तो करुणा ही जागेगी! और साहित्य में करुणा आरोपित नहीं होती, साहित्य में कोई भी भावना आरोपित नहीं होती। वह दिल की गहराइयों में से निकलकर ही आपकी रचना का अंग बनती है। अगर परसाई जी के व्यंग्य आपके दिल में अपने पात्रों के प्रति सहानुभूति जगाते हैं, तो इसलिए कि उनके अपने दिल में उनके प्रति अथाह सहानुभूति पाई जाती है। उनके व्यंग्य उस गहरी सहानुभूति की ही उपज हैं।

कालिज के दिनों में यह भी पढ़ा था कि व्यंग्य को हम भावना के स्तर पर नहीं, बौद्धिक स्तर पर ग्रहण करते हैं, तथा उससे प्रभावित होते हैं कि वह हमारे दिल को नहीं, दिमाग को छूता है। यह बात भी अब साफ़ हुई कि किताब लिखने वाला किस प्रकार के व्यंग्य की चर्चा कर रहा था जब उसने भावनाहीन व्यंग्य की चर्चा की थी। सारी बात यहाँ आकर खत्म हो जाती है कि व्यंग्यकार किस दृष्टि से दुनिया को देखता है।

परसाई जी का व्यंग्य न तो भावनाहीन है और न ही मन में कटुता पैदा करता है। यह इस कारण कि उनकी दृष्टि बड़े व्यापक परिप्रेक्ष्य में ज़िंदगी की जद्दोजहद को देखती है, किसी एक वर्ग अथवा किसी एक क्षेत्र तक सीमित नहीं है। इसी व्यापक जीवन से साक्षात् करते हुए वह उन लोगों से जुड़ते हैं, जो समाज की जीवन परिपाटी में वंचित और अपहृत हैं, जो अपनी मेहनत, अपने संघर्ष के बावजूद, न तो समाज से न्याय प्राप्त करते हैं, न ही इज़्ज़त-आबरू, अपने को ज़िंदा रख पाने के लिए जूझना-ही-जूझना, अपनी हड्डियाँ तोड़ते रहना ही जिनकी जीवनचर्या बन गयी है और उनकी नियति के प्रति गहरा लगाव और गहरी चिंता ही इन्हें उनके बारे में लिखने पर मजबूर करती है। उनकी कला की खूबसूरती इसमें है कि इतने गंभीर विषय को परसाई जी इतने हल्के-फुल्के ढंग से, हँसी-खेल में, व्यक्त कर जाते हैं, और पढ़ने वाले की दृष्टि को साफ़ भी कर जाते हैं। उनके

निबंध पढ़ते हुए लगता तो है कि हम जिंदगी को टेढ़े शीशे में से देख रहे हैं, पर धीरे-धीरे, वही टेढ़ा शीशा जिंदगी की सही, वस्तुपरक तस्वीर दिखाने लगता है।

परसाई जी ने बहुत लिखा है, दिल खोलकर लिखा है। उन्हीं के कथनानुसार वह हर रोज़ लिखते हैं, उनकी कृतियों के चार बड़े-बड़े खंड छप चुके हैं। उनकी जिंदगी की पकड़ तो निश्चय ही बड़ी गहरी और मजबूत है, उनका अनुभव-क्षेत्र भी बड़ा व्यापक और विविधतापूर्ण है, प्रत्येक रचना उनके अनुभव में से ही फूट-कर निकलती है, पर उनके रचनात्मक व्यक्तित्व का जो पहलू मुझे सबसे अधिक प्रभावित करता है, वह उनकी स्वतःस्फूर्त कल्पना है। निबंध किसी छोटे से साक्षात् से शुरू होता है, एक वाक्य में वह उसकी चर्चा करते हैं, पर उसे लिखते-लिखते ही उन्हें उसी में से निकला हुआ एक और वाक्य सूझ जाता है, और उससे एक और वाक्य, उनकी कल्पना उस छोटे से साक्षात् से मानो खेलने लगती है, और उस पर पूरा-का-पूरा निबंध बुन डालती है। लगता है, उनकी कलम कहीं रुकती नहीं, रुक सकती ही नहीं। कहीं पर ऐसा नहीं लगता कि परसाई जी सोच में पड़ गए हों कि अब निबन्ध को आगे कैसे चलायें। धाराप्रवाह लिखते चले जाते हैं और चीज़ जैसे अपने आप बनती चली जाती है। यों लिखने का काम इतना आसान तो नहीं होता, और परसाई जी के लिए भी आसान नहीं होता होगा, पर उनकी कल्पना इतनी सक्षम है, इतनी उपजाऊ है कि रुक जाने पर भी, शीघ्र ही उनकी कलम फिर से चल निकलती होगी, दरवाजे खुलते चले जाते होंगे, और निबंध में नये-नये आयाम जुड़ते चले जाते होंगे।

हमने एक ऐसे प्रकार के साहित्य के बारे में बहुत कुछ सुन-पढ़ रखा है जिसमें नाजुक ख्यालियाँ पायी जाती हैं। वह प्रेमिका के नख-शिख को लेकर चुनी गयी हो, उसके गेसुओं को, या उसकी चितवन को, वहाँ भी लिखने वाले की उपजाऊ कल्पना तरह-तरह की उपमाएँ, तरह-तरह की वक्रोक्तियाँ ईजाद करती चली जाती हैं। वहाँ पर भी प्रेमिका की दो आँखों को लेकर दसियों पद लिख डाले जाते हैं। पर परसाई जी ऐसी नाजुक ख्यालियों के लेखक नहीं हैं। नाजुक ख्यालियाँ शीघ्र ही मात्र शब्दाडंबर के स्तर पर उतर जाती हैं उनके हाथ कुछ नहीं लगता। पर परसाई जी की कल्पना से उपजा हुआ एक-एक वाक्य, यथार्थ के पट खोलता चला जाता है। भले ही वे मानसिक प्रतिक्रिया के स्तर पर हो, अथवा वस्तुस्थिति के स्तर पर। वाक्य गढ़ने के लिए उन्होंने कल्पना का प्रयोग किया हो, ऐसा भास परसाई जी के निबंध पढ़ते समय नहीं होता। एक वाक्य में से निकलता हुआ दूसरा वाक्य उतना ही उनकी कल्पना की उपज है जितना उनके यथार्थबोध की। इसीलिए जहाँ वह पाठक को लुभाता है, वहाँ वह उसे सजग और सचेत भी करता है।

जीवन की विसंगतियों—अंतर्विरोधों—विडंबनाओं का उद्‌घाटन करने वाले ये निबंध जहाँ हमारा साक्षात् यथार्थ से कराते हैं, वहाँ वे उस गहरी मानवीयता से अनुप्राणित हैं जिसकी धड़कन हम उनके निबंधों में महसूस करते हैं। परसाई, सामाजिक न्याय के लेखक हैं। और न्यायप्रियता, मानव प्रेम से अलग नहीं होती, दोनों एक ही सिक्के के दो पहलू हैं। जहाँ मानव प्रेम पाया जायेगा, वहाँ न्याय-प्रियता का पाया जाना अनिवार्य है। वास्तव में व्यंग्यकार जीवन के विभिन्न पहलुओं को भौंडा बनाकर नहीं दिखाता. समाज के अंदर पायी जाने वाली विसंगतियाँ, अन्याय, शोषण, असमानता, उसे भौंडा बनाती हैं, व्यंग्यकार तो उस भौंड़ेपन को हमारे सामने पेश कर देता है। उसके पास नज़र है, वह उस भौंडेपन को देखती है और हमारे सामने व्यक्त कर देती है। वह तो हमें उस भौंडेपन को दिखाता है और कहता है कि देखो, समाज के कर्णधारों ने जीवन को कितना भौंड़ा बना दिया है। एक गहरी आस्था, गहरी निष्ठा, जीवन से गहरा प्रेम, दबी-कुचली मानवता के भविष्य में गहरा विश्वास, परसाई जी की कलम को चलाते हैं। एक प्रखर व्यक्तित्व के धनी, एक जुझारू, संघर्षरत लेखक ने समाज के अंदर चलने वाले संघर्ष में अपना योगदान दे पाने के लिए, व्यंग्य की विधा को अपना हथियार बनाया है, और पिछले दसियों साल से बड़े सक्षम और प्रेरणाप्रद ढंग से उसे चलाता आ रहा है। उनकी यह लंबी यात्रा आसान नहीं रही है। इसमें उन्होंने अपना सब कुछ होम कर दिया है। ऊपर से हल्के-फुल्के लगने वाले व्यंग्य, एक ऐसे व्यक्ति द्वारा रचे गये हैं जिसने अपनी आस्थाओं और निष्ठा के लिए बड़ी यातनाएँ झेली हैं। हम सभी भली-भाँति परिचित हैं कि किस प्रकार प्रतिक्रियावादी तत्त्वों ने उन पर हमले किये हैं, उन्हें शारीरिक यातना पहुँचायी है, हर आये दिन उन्हें धमकियाँ दी हैं, उन्हें परेशान किया है। उन्हें अपनी आस्थाओं के लिए भारी कीमत चुकानी पड़ी है। लेकिन जिस धर्मनिरपेक्ष, न्यायसंगत, असमानता और शोषण से मुक्त समाज के लिए वह संघर्षरत हैं, और आजीवन रहे हैं, वह आस्था उनकी लेखकीय देन को चार चाँद लगाती है। उनका प्रखर निष्ठावान व्यक्तित्व भी प्रेरणा का उतना ही बड़ा स्रोत है जितना उनका लेखन।

परसाई जी दसियों साल से लिख रहे हैं, हम भी दसियों साल से उनकी रचनाओं को बड़े आग्रह और चाव से पढ़ रहे हैं। वह बराबर लिखते रहें और हम उसी चाव से बराबर पढ़ते रहें, यही हार्दिक कामना है। लेखक की कोई उम्र नहीं होती, और लेखक को पुरस्कृत भी इसलिए किया जाता है कि वह और लिखे, बराबर लिखता रहे। पुरस्कार तो एक याददाश्त होती है, कि खूब बढ़िया लिख रहे हो, लिखते जाओ, हमारी निगाहें तुम पर लगी हैं। आपने देश के साहित्य को समृद्ध बनाया है, परंतु अभी तक केवल चार खंडों से ही। गिनती में चार का

कोई स्थान नहीं होता, वह किसी गिनती में नहीं आता।

इस शुभ अवसर पर, आपके एक पाठक-प्रशंसक की हैसियत से, एक स्नेही मित्र की हैसियत से मैं आपको आपकी अद्भुत देन के लिए धन्यवाद कहने आया हूँ, आपके चिरायु होने की कामना करने आया हूँ, जो मशाल आपने जलायी है, वह सदा रौशन रहे, वह हमारा पथ-प्रदर्शन करती रहे, यही हार्दिक कामना है।

[1986]

'तमस' की पूर्ववेला

उन दिनों रावलपिंडी छोटा-सा शहर था, एक लाख की आबादी रही होगी। शहर दो या तीन हिस्सों में बँटा हुआ था। एक ओर को छावनी थी, बहुत बड़ी, जिसमें गोरा फौज की टुकड़ियाँ तथा कुछ देसी दस्ते रहते; एक सदर का इलाका कहलाता था, जहाँ अंग्रेज़ अफसरों, कुछ देसी अफ़सरों के घर, सरकारी अस्पताल, अंग्रेजी फ़िल्में दिखानेवाले सिनेमाघर, रेस्तराँ आदि थे। यहाँ व्यापार का रंग-ढंग विलायती था, अंग्रेजी साहित्य की किताबें भी यहीं पर मिलतीं। तीसरा हिस्सा शहर का था, जहाँ सभी 'देसी' लोग रहते थे, देसी तर्ज का जीवन-यापन, अँधेरी तंग गलियाँ, घनी आबादी, ऊबड़-खाबड़ सड़कें। यहीं पर मंदिर और मस्जिदें भी थीं, सिक्खों के गुरुद्वारे भी थे। यहीं पर कांग्रेस के जलसे भी होते, प्रभात फेरियाँ और जुलूस भी निकलते।

यहीं पर 1926 में पहला दंगा भी हुआ था। मुझे उस दंगे के बारे में केवल इतना याद है कि गंज मंडी (अनाज आदि की मंडी में) में आग लगी थी और उसके शोलों से आधा आसमान लाल हो गया था। फिर यह भी कि पिताजी हमें, अपने घर में से निकालकर—जो मुसलमानों के मुहल्ले में स्थित था—अपने मामा के घर ले गये थे, जो हमारे घर से ज्यादा दूर तो नहीं था, पर वहाँ पर आबादी हिंदुओं-सिक्खों की ज्यादा थी। हम शायद महीना-भर उस घर में रहे थे।

इसके भी दो-तीन साल पहले, जब मैं दूसरी या तीसरी कक्षा में पढ़ता था तो हमारे स्कूल में गांधी जी आये थे। और पिताजी ने हमें बताया था कि कोहाट (सीमा प्रांत का एक शहर) में हिंदु-मुस्लिम दंगा हुआ था और गांधीजी वहाँ पर गये थे, और वहाँ से लौटते हुए रावलपिंडी आये थे।

बँटवारे से कुछ महीने पहले हमारे शहर में फिर दंगा हुआ था। अब की बार देश-भर में जगह-जगह भयानक दंगे हो रहे थे, और यह दंगा भी शहर तक सीमित न रहकर हमारे शहर के आस-पास के बीसियों गाँवों में भी फैल गया था। तब भी मंडी में आग लगी थी और आधा आसमान लाल हो गया था। पर

तब मैं उम्र में बड़ा था, मेरी शादी हो चुकी थी, और मैं ज्यादा घूम-फिर भी पाया था।

उन दिनों मैं कांग्रेस में काम करता था। हम लोग प्रभातफेरी भी करते, मुहल्ले-मुहल्ले में कांग्रेस-सदस्य बनाने भी जाते, उन दिनों केवल चार आने, साल-भर का चंदा हुआ करता था, चुनाव-अभियानों पर भी निकलते, और शहर में उस गंजमंडी के पास ही जिसे बाद में आग की नजर किया गया था, खुले मैदान में कांग्रेस के जलसे भी करते थे।

मेरे पिताजी आर्य समाज के सक्रिय कार्यकर्ता थे। और रावलपिंडी में आर्य समाज ने बड़ा प्रभावशाली काम किया था, स्कूल-कालिज चलाये थे, वनिता आश्रम, अस्पताल, पुत्री पाठशाला आदि-आदि। पिताजी यों तो बड़े उदार विचारों के थे, परंतु मुसलमानों के प्रति उनका रवैया तंगनजरी का था। बचपन में मुसलमानों के मुहल्ले में रहते हुए भी हमारे मुसलमान मित्र नहीं थे। पड़ोस में गोश्त पकता तो माँ नाक चढ़ाकर कहती 'सिरी भून रहे हैं'। घर में पिताजी, रात का भोजन कर चुकने के बाद, बड़े कमरे में टहलते हुए, इधर-उधर की बातें करते और घटनाओं पर टिप्पणी करते, उन टिप्पणियों में भी मुसलमानों की कटु आलोचना करते। पर साथ ही साथ विचित्र से अपवाद भी थे। पिताजी आयात का व्यापार करते थे और उनके लगभग सभी मुख्य खरीदार मुसलमान व्यापारी थे। कोई पेशावर से माल लेने आता, कोई कोयटा से। उनके साथ पिताजी के बड़े पुराने और दोस्ताना संबंध थे। हर आये दिन कोई न कोई व्यापारी आया रहता। मुहल्ले में भी पिताजी के संबंध बड़े अच्छे थे, हालाँकि उनके साथ उठने-बैठने जैसे संबंध नहीं थे, पर मुहल्ले में सभी पिताजी को मानते थे, उनकी इज्जत करते थे। यहाँ तक कि जब सन् '47 के दंगे हुए तो हमारे पड़ोस के एक कट्टरपंथी मुसलमान ने पिताजी को आश्वासन दिया था कि हम निश्चित होकर अपने घर में बने रहें, हमारी ओर कोई आँख उठाकर भी नहीं देखेगा, और ऐसा हुआ भी। अगस्त महीने में देश का बँटवारा हुआ, और अगस्त से अक्तूबर तक पिताजी अकेले अपने घर में बने रहे थे। कालिज के दिनों में मेरे और मेरे भाई के अनेक मुसलमान दोस्त बने, कुछ सहपाठी थे, कुछेक मेरे साथ हॉकी खेला करते थे। सभी का घर में आना-जाना भी शुरू हो गया था और पिताजी की ओर से कोई आपत्ति नहीं हुआ करती थी। इस तरह जहाँ हमारे संस्कार, मुसलमानों के प्रति संशय और अविश्वास के थे, वहाँ व्यवहार में गहरी दोस्तियाँ बन रही थीं, और निश्चय ही धीरे-धीरे वे संस्कार शिथिल पड़ते जा रहे थे।

आज़ादी के कुछ बरस पहले से सार्वजनिक जीवन का माहौल बिगड़ने लगा था। जिन दिनों मैं लाहौर में पढ़ता था, उन दिनों कम्यूनल एवार्ड लागू किया

जाने लगा था। नौकरियों में मुसलमान युवकों को प्राथमिकता दी जाने लगी थी। तभी मैंने उस खिचे-खिचे से माहौल को महसूस किया था। लाहौर का गवर्नमेंट कालिज, अंग्रेज हुकूमत के लिए भरती का अड्डा था। फ़ौजी अफसर, सिविल सर्विस, पुलिस सर्विस, प्रांतीय सर्विस आदि-आदि के लिए प्रतियोगिताएँ हुआ करती थीं। लेकिन, कम्यूनल एवार्ड के कारण जहाँ मुसलमान लड़के मूंछों को ताव दिये घूमते थे, वहाँ हिंदु लड़के दबे-सहमे से महसूस करते थे, और प्रतियोगिताओं में बैठने के बाद सिफ़ारिशें लड़ाने के लिए एड़ी-चोटी का जोर लगाते थे।

उन दिनों भी दंगे होने लगे थे। मैं लाहौर में पढ़ता था जब दंगा हुआ था, और मेरे भाई ने अपने एक मित्र को तार दिया था कि वह मुझे अपने घर लिवा ले जाये।

उन दिनों भी दंगा करवाना हाकिमों के लिए कोई मुश्किल बात नहीं हुआ करती थी। पुलिस के छोटे अफसरों द्वारा दंगे करवा दिये जाते थे। मेरे एक संबंधी जो पुलिस के उच्च अधिकारी रह चुके थे, बताया करते थे कि अंग्रेज डिप्टी कमिश्नर का छोटा-सा इशारा काफी हुआ करता था और दंगा भड़क उठता था।

सन् '42 के आंदोलन के बाद, हिंदु-मुस्लिम तनाव बढ़ने लगा था। मैं अभी कांग्रेस में सक्रिय रूप से काम नहीं करने लगा था, लेकिन सन् '42 की घटनाओं के कारण देश-भर में ऐसा तूफ़ानी माहौल पैदा हो गया था कि लाखों-लाख लोग स्वतंत्रता आंदोलन से जुड़ने लगे थे। उधर अंग्रेज़ों की दमन नीति उत्तरोत्तर निरंकुश होती जा रही थी, उधर सामान्य जन अपना भय खोकर आंदोलन में शामिल होते जा रहे थे। वह जंग का जमाना था, और हमारे फौजी छावनी वाले शहर में बड़ी कड़ाई बरती जा रही थी। शहर के छावनी वाले या सदर बाज़ार वाले हिस्से में कोई मुज़ाहिरा नहीं हो सकता था, यहाँ तक कि कांग्रेस के किसी जलसे की मनादी तक नहीं हो सकती थी। पर लोग निडर हो रहे थे। मुझे याद है, एक सामान्य कार्यकर्त्ता, कांग्रेस के किसी जलसे का ऐलान सदर बाज़ार में करने के लिए जा पहुँचा था। ताँगे पर भौंपू और ढोल रखे, और तिरंगा लहराता हुआ, वह सदर के इलाके में जगह-जगह जलसे की मनादी करता और आज़ादी का गीत गाता हुआ आगे बढ़ता जा रहा था। पर बाज़ार के एक सिरे पर पहुँचा ही था कि उसे पकड़ लिया गया और थाने में ले जाकर उसे कोड़े मार-मारकर मार डाला गया।

रावलपिंडी का इलाका, फ़ौजी भरती का इलाका था, यहाँ से भारी संख्या में फौज़ के लिए सैनिक भरती किये जाते थे, विशेष रूप से देहात में से। और यह जानी-मानी बात थी कि अगर कोई कांग्रेसी कार्यकर्त्ता देहात में प्रचार करने जाता तो उसे वहीं खत्म कर दिया जाता था।

पर सन् '42 के आंदोलन का असर था कि लोग बेधड़क होते जा रहे थे। एक बार सचमुच एक जुलूस कैंटोनमेंट में जा पहुँचा था, यह जंग के खात्मे के दिनों की बात है, और दूर अंदर तक चला गया था, और वहाँ कोई किस्मत का मारा अंग्रेज सार्जेंट पहुँच गया था, जिसे देखकर लोगों ने पत्थर उठा लिये थे और कुछेक पत्थर उस पर फेंके भी थे। उन दिनों मुझे भी निजी तौर पर अनेक अनुभव हुए थे। एक रेस्तराँ में मैं अपने एक अध्यापक मित्र के साथ चाय पीने गया। रेस्तराँ गोरे फ़ौजियों से भरा हुआ था जिनमें से अधिकांश बीयर पी रहे थे। रेस्तराँ को कोई चीनी नागरिक चला रहा था। जब हमने चाय का आर्डर दिया तो उसने चाय देने से इंकार कर दिया। मैंने समझा कि हम हिंदुस्तानी हैं इसलिए इंकार कर रहा है। मुझे यह बात सालती थी कि मेरे ही शहर में मैं किसी रेस्तराँ में बैठकर चाय नहीं पी सकता। मैं भी अड़ गया, चीनी मालिक भी तू-तू मैं-मैं करने लगा, पर मेरे साथी मुझे खींचकर बाहर ले गये, दूसरे एक मौके पर मैं पिट भी गया।

खैर। मतलब कि अंग्रेज हाकिमों के खिलाफ जज्बा आग की तरह भड़कने लगा था। बंबई में जहाजियों की बग़ावत भी उन्हीं दिनों हुई थी। कुछ ही वर्ष पहले बंगाल का दुर्भिक्ष फूटा था जिसमें 35 लाख आदमी मारे गये थे। उस समय के असंतोष को समझा जा सकता है।

तभी हिंदु-मुस्लिम दंगे जगह-जगह भड़कने लगे थे। तभी पाकिस्तान की माँग भी बार-बार उठने लगी थी। इतना समय बीत जाने पर यह साफ़ दिखने लगा है, कि दंगों की यह लहर अनायास ही नहीं फूट पड़ी थी। स्वतंत्रता आंदोलन जो यहाँ तक ज्वार की तरह उठ रहा था कि कांग्रेस नेताओं के भी काबू से बाहर होता जा रहा था, उसे तोड़ने का अंग्रेज़ों के पास यही एक हथियार रह गया था और सचमुच माहौल में सांप्रदायिकता का ज़हर घुलने लगा था।

तब मैं कांग्रेस में काम करने लगा था, और इस बदलते माहौल को महसूस कर रहा था। मुस्लिम लीग का असर बढ़ रहा था, और कांग्रेस के अंदर काम करने वाले मुसलसान, मुस्लिम लीग के प्रचार के कारण, मुस्लिम जनता से अलग पड़ने लगे थे। कुछेक निष्ठा के पक्के मुस्लिम कार्यकर्त्ता, निंदा और भर्त्सना और गाली-गलौच के बावजूद अंत तक कांग्रेस के साथ सक्रिय रूप से जुड़े रहे। पर मुस्लिम लीग के प्रचार का पहला निशाना उन्हें ही बनाया गया था। मुझे याद है मैं और अब्दुल ग़नी और उसका भाई अब्दुल अज़ीज कांग्रेस के दफ्तर की ओर जा रहे थे जब रास्ते में मुझे एक मेरा पड़ोसी मुसलमान मिला। बड़े स्नेह से मिला, पर दुआ-सलाम के बाद, मेरे उन दो साथियों की ओर इशारा करके मुझे बोला, 'इन कुत्तों को अपने साथ कहाँ लिये जा रहे हो?' कांग्रेस में काम करने वाले मुसलमानों को हिंदुओं के कुत्ते कहा जाने लगा था, और कांग्रेस को हिंदुओं की

जमात। अपने जलसों में लीगी कार्यकर्त्ता, मौलाना अबुल कलाम आज़ाद को बुरा-भला कहते, फ़ोहश गालियाँ देते। वे बड़े-बड़े मुसलमान ज़मींदार-जागीरदार, जो सदा अंग्रेजों के पिट्ठू रहे थे, मुस्लिम लीग में शामिल हो गये थे, जैसे फ़ीरोज़ खान नून आदि।

उन्हीं दिनों प्रांतीय एसेंबली के लिए चुनावों की घोषणा हुई और हमारे इलाके की लेबर सीट के लिए, स्थानीय कांग्रेस की ओर से हमारे एक साथी अब्दुल अज़ीज़ को खड़ा किया गया। इस सीट का क्षेत्र बहुत बड़ा था, क्योंकि फैक्टरियों के मजदूर आदि ही अपना वोट डाल सकते थे, और फैक्टरियाँ इलाके-सर में जगह-जगह बिखरी पड़ी थीं। इस मुहिम के लिए मुझे अब्दुल अज़ीज़ का चुनाव अधिकारी बनाया गया, और इस हैसियत से, अपने उम्मीदवार के साथ मुझे जगह-जगह दौरा करना था। इलाका जेहलम शहर तक फैला हुआ था। जैसा सांप्रदायिक तनाव मैंने उन दिनों देखा, वैसा पहले कभी नहीं देखा था।

ममदोत, पिंडदादनखान, खेवड़ा, जेहलम, वाह आदि स्थानों का दौरा करने हम निकले। कहीं सीमेंट का कारखाना था तो कहीं तेल निकालने का। खेवड़ा का अनुभव सबसे कड़ुवा साबित हुआ। नानबाई की दुकान पर हम चाय पीने बैठते तो मुझे चाय मिल जाती थी, पर अब्दुल अज़ीज़ को नहीं, उसे दुकान पर चढ़ने तक नहीं दिया जाता था। एक जगह पर तो हम पहाड़ी चढ़कर एक स्थानीय चौधरी के पास गये। उसने छूटते ही कहा, "तुम लोगों की हिम्मत कैसे हुई, मेरे पास आने की। अभी यहाँ से चले जाइए, वरना मुझसे बुरा कोई नहीं होगा।" मैं मन में कहूँ, लेबर सीट का यह हाल है तो बाकी जगहों पर क्या हालत होगी। ऐसा वक्त आ गया कि हम तीनों निपट अकेले, सड़कों पर घूमते रहते। किसी मुसलमान वोटर से कारखाने-फैक्टरी के अंदर वोट माँगने की हिम्मत तो फिर भी कर लेते पर, बाहर, सड़क पर, यह असंभव हो गया था। कोई हमसे बात नहीं करता था।

अब्दुल अज़ीज़ चुनाव हार गया, पर केवल 100 वोटों पर। लेबर का संगठन अभी टूटा नहीं था, और अब्दुल अज़ीज़ के मुकाबले में सर सिकंदर हयात खान का भाई बरकत हयात खान खड़ा था।

उस समय, मुझे लगता है, अंग्रेज हुकूमत ने फ़िरकापरस्ती को बढ़ाने में पूरा ज़ोर लगा दिया था। यह उनका आखिरी दाँव था।

अब आये दिन कांग्रेस और मुस्लिम लीग के समर्थकों के बीच तनातनी शुरू हो गयी थी। हम प्रभातफेरी पर निकलते तो मुस्लिम लीगी पाकिस्तान ज़िंदाबाद के नारे लगाने लगते, कांग्रेस के जलसों पर उड़ते पत्थर आकर गिरते। मार्च महीने में रावलपिंडी में दंगे हुए, जो जिला-भर में फैले। शीघ्र ही सारा पंजाब दंगों की लपेट में था। कलकत्ता, नवाखली, बंबई आदि के दंगे बड़े भयावह थे।

अब सोचता हूँ तो लगता है कि यह सन् '42 के आंदोलन का ब्रिटिश सरकार द्वारा दिया जाने वाला जवाब था। जिस देशव्यापी पैमाने पर आंदोलन फैला था उसी पैमाने पर ये दंगे भड़काये जा रहे थे।

दिल्ली में एक आरजी सरकार कायम हो गयी थी जिसमें पंडित नेहरू प्रधानमंत्री के पद पर नियुक्त हुए थे। लियाकत अली खान भी उसमें थे तथा अनेक अन्य नेतागण।

मार्च महीने में जब तनाव बढ़ने लगा तो कांग्रेस की ओर से एक प्रतिनिधि मंडल, डिप्टी कमिश्नर से मिलने गया। मैं भी उसमें था। डिप्टी कमिश्नर ने हमारी बात सुनी, फिर छूटते ही बोला :

> "आप मेरे पास क्यों आये हैं। आपको मिस्टर नेहरू के पास जाना चाहिए।"

इस एक वाक्य से ही उसके रुख का पता चल गया था, हालाँकि उसने हमारी बात सुनी और आश्वासन भी दिया था कि सरकार की ओर से कार्रवाई की जायेगी। यदि वह उस समय पुलिस की चौकियाँ जगह-जगह बिठा देता, छावनी में से फौज की कोई पलटन ही शहर की सड़कों पर घूम जाती, कोई मनादी ही करवा दी जाती कि शरारती अंसर धर लिये जायेंगे, तो भी वह कांड नहीं होता। हमने डिप्टी कमिश्नर से यही कहा था कि एक हवाई जहाज शहर पर उड़ जाये, दो-तीन बार ही चक्कर लगाये तो लोगों को आश्वासन हो जायेगा कि सरकार सतर्क है। पर डिप्टी कमिश्नर ने कहा कि मेरा छावनी से कोई लेना-देना नहीं है, मैं फ़ौज का कमांडर नहीं हूँ, मैं सिविल मामलों का अधिकारी हूँ।

बात वहाँ खत्म हो गयी थी, उसके दफ़्तर में बैठे-बैठे ही, बाहर सड़क की ओर से शोर सुनाई देने लगा था, कोई तांगा भागता जा रहा था। उन दिनों कहीं से हल्का-सा शोर भी सुनाई दे जाये जिससे हम परिचित न हों, तो लगता था कि फिसाद शुरू हो गया है।

फिर तो जो हुआ, वह हुआ ही। शहर में आगजनी और मार-काट की घटनाओं के बाद जब कर्फ्यू लगा दिया गया तो डिप्टी कमिश्नर (शायद उसका नाम Coates था) के बारे में एक बात सुनने में आयी। यह मिस्टर कोट्स बड़ी उम्र का व्यक्ति नहीं था, शायद ऑक्सफोर्ड का पढ़ा हुआ था और साहित्य में गहरी रुचि रखता था। उसकी मुलाकात मेरे एक मित्र और निकट के संबंधी से हो गयी थी, जो उस स्थानीय कालिज के प्रिंसिपल थे जिसमें मैं आनरेरी तौर पर पढ़ाने लगा था। एक दिन डिप्टी कमिश्नर उनके घर चला गया। प्रिंसिपल ने बाद में मुझे सुनाया कि उस शाम डिप्टी क़मिश्नर बड़ा परेशान और विचलित-सा था। प्रिंसिपल उसके व्यक्तित्व से प्रभावित हुए थे और कह रहे थे कि वह बड़ा संवेदनशील और सद्भावनापूर्ण व्यक्ति है। कोट्स

साहिब गश्त पर निकले थे, शाम ढल रही थी, 6 बजे के बाद कर्फ़्यू शुरू हो जाता था जब एक अस्पताल के खुले गेट के पास उन्हें एक युवक खड़ा नज़र आया। कोट्स ने उसे ललकारा और जब उसने कोई ध्यान नहीं दिया तो रिवाल्वर निकालकर उसे गोली का निशाना बना दिया। गोली सीधी उसके माथे पर लगी और वह वहीं चित्त हो गया। कोट्स ने उसे गिरते देखा था। गश्त जारी रही, पर सीधा गोली चलाकर एक अनजान आदमी की हत्या कर डालने के बाद उसे घबराहट और परेशानी हुई। प्रिंसिपल का घर कहीं रास्ते में पड़ता था और वह उससे कुछ देर तक मिल बैठने चला गया। प्रिंसिपल ने मुझे बताया कि वह बार-बार कह रहा था कि हत्या के बारे में किताब में पढ़ना और बात है, और सचमुच पिस्तौल का घोड़ा दबाकर स्वयं हत्या करना बिलकुल दूसरी बात, कि उसे पहले कभी ऐसा अनुभव नहीं हुआ था और उसकी टाँगों में पानी भर आया था और वह बड़ा विचलित महसूस कर रहा था।

मुझे यह कथन बड़ा विडंबनापूर्ण लगा था। नगर में हाहाकार मची है, मारकाट चल रही है, गाँवों में आगजनी और लूटमार होने लगी है, इस सबने डिप्टी कमिश्नर को विचलित नहीं किया, पर एक व्यक्ति को अपने हाथ से मारने पर उसकी टाँगें काँपने लगीं। मैंने कोट्स की घबराहट को ग़लत नहीं माना, वह झूठ नहीं बोल रहा था, पर उसका संवेदन उस कत्ले-आम को महसूस नहीं कर पा रहा था जो चारों ओर मच रहा था, और जिसकी रोकथाम वह निश्चय ही बहुत हद तक कर सकता था।

कुछ दिन बाद नेहरू रावलपिंडी में आये थे, और श्री कोट्स उन्हें हवाई अड्डे पर लिवाने गये थे, क्योंकि अब नेहरू केंद्रीय सरकार के प्रधानमंत्री के रूप में आये थे, और सुनने में आया था कि नेहरूजी ने हवाई जहाज में से उतरते ही डिप्टी कमिश्नर को संबोधित करते हुए कहा, "So, you are Mr. Coates !"

फ़िसाद ज्यादा दिन नहीं रहा, पर उन दिनों में जो खबरें सुनने को मिलीं वे सामान्य दंगे की खबरें नहीं थीं, एक तो यह सुना कि शहर के बड़े थाने में, हिंदु-सिक्ख पुलिस अधिकारियों तथा सिपाहियों से हथियार ले लिये गये हैं। फिर यह कि रास्ते बंद हो गये हैं। गाँवों के साथ कोई संपर्क नहीं रहा। कर्फ़्यू उठ जाने पर मैं एक दिन कैंटोन्मेंट की ओर गया। सड़कें अभी भी सुनसान पड़ी थीं। सदर बाज़ार के बड़े डाकखाने का दरवाजा खुला था। किसी ने कहा कर्फ़्यू के दिनों में आने वाली डाक इस डाकखाने में रखी है। मैं अंदर चला गया। देखा तो फ़र्श पर जगह-जगह चिट्ठियों के बड़े-बड़े ढेर लगे थे। इतने बड़-बड़े ढेर थे कि अगर मैं उनमें से अपनी चिट्ठियाँ ढूंढ़ने लगता तो मुझे वर्षों लग जाते। अभी भी लोग अँधेरा पड़ने से पहले घर लौट जाना चाहते थे। जगह-जगह लगी आग अभी ठंडी नहीं पड़ी थी। फिसाद खत्म हो जाने पर, मेरे घर के

निकट एक दर्जी की दूकान लूटी गयी और लोग सिलाई मशीनें उठाकर ले गये एक साथ वाली बूटों की दूकान लूट ली गयी, उसमें तो एक भी जोड़ा जूता बाकी नहीं रहा।

जब रास्ते खुले तो गाँवों की ओर से आनेवाली सड़कों पर शरणार्थियों का ताँता लग गया। चारों ओर से शरणार्थी, अपने घर-घाट छोड़कर शहर में आने लगे। आर्य समाज मंदिर में एक रिलीफ कैंप, कांग्रेस कमेटी की ओर से खोला गया, जिसमें मुझे आँकड़े इकट्ठा करने के काम पर लगाया गया। इस नियुक्ति से मुझे न केवल नगर में घटने वाली, बल्कि जिलाभर में घटनेवाली घटनाओं की यथातथ्य खबरें मिलने लगीं। इसी संबंध में मैंने गाँवों का दौरा भी किया, थोट्टा खालसा नाम के गाँव में भी गया, जहाँ एक कुएँ में बहुत-सी सिक्ख स्त्रियाँ, अपने बच्चों को उठाये, कुएँ में डूब मरी थीं। जब शहर के बाहर शरणार्थी शिविर खोला गया तो एक दिन वहाँ जाने पर, बाहर कैंप के बाहर, मुझे अपना एक सहपाठी मित्र मिला। वह मरी पहाड़ पर गोरों की छावनी में रहता था, उसका बाप फोटोग्राफर का काम करता था। वह स्वयं एक सिनेमाघर का मैनेजर था। उसे शरणार्थी शिविर के बाहर बैठा देखकर मेरा दिल धक्-से रह गया। मैंने कभी सोचा भी नहीं था कि वह भी बेघर होकर अपने ही शहर में लौटेगा। मिस्टर कोट्स, डिप्टी कमिश्नर सहसा सक्रिय हो गये थे। फिसादों के पहले वह जितने निष्क्रिय रहे थे, फिसादों के बाद, उतने ही अधिक सक्रिय हो उठे थे। शरणार्थी शिविरों का संचालन वही कर रहे थे, और लोग उनकी प्रबंध कुशलता से बड़े प्रभावित होने लगे थे, उन्हें भूरि-भूरि प्रशंसा मिलने लगी थी।

एक-एक दंगा, राष्ट्र के शरीर पर गहरा ज़ख्म है। और ये ज़ख्म भर भी जायें तो पीछे अपना दाग़ छोड़ जाते हैं। मैंने दंगे देखे हैं, पर दंगे कैसे करवाये जाते हैं, इसका सीधा अनुभव मुझे नहीं है, सुअर मारकर मस्जिद के सामने फेंकने वाला किस्सा जगह-जगह सुनने में आया है, और वह सही है। लेकिन इतना साफ़ है कि दंगे करवाये जाते हैं। और यह भी साफ है कि उनमें बेगुनाह लोग मरते हैं। खाते-पीते लोग अक्सर बच निकलते हैं। और यह भी सच है कि दंगों से कभी कोई समस्या हल नहीं होती। और यह भी मुझे सच लगता है कि दंगों को बुरा मानने वाले, धर्मनिरपेक्षता में आस्था रखने वाले लोग भी डाँवाडोल हो जाते हैं, धर्म के नाम पर भड़काया हुआ आदमी जनूनी बन जाता है, तब सारी मानवीयता और सद्भावना धरी की धरी रह जाती है। धर्म के नाम पर केवल हमारे ही देश में लोग भड़क उठते हों, ऐसा नहीं है, पर हमारी स्थिति और देशों की स्थिति से अलग भी है, हमारा इतिहास, हमारे देश में बसने वाले कितनी ही जातियों, धर्मों, भाषाओं, नस्लों के लोग, जो हर शहर, हर कस्बे में पाये जाते हैं, वे अलग-अलग इलाकों में नहीं रह रहे हैं। आज स्थिति इसीलिए संकटपूर्ण हो

उठी है कि भड़कावा बढ़ रहा है, और इस भड़कावे के ज़ोर पर विसर्जनवादी शक्तियाँ बराबर सिर उठाती जा रही हैं। ये विसर्जनवादी तत्त्व धर्मावलंबी हों, ऐसा कदापि नहीं है, इनमें गुंडे भी हैं, सत्ता हथियाने की ललक रखने वाले लोग भी हैं, पेशेवर हत्यारे भी हैं, केवल वे धर्म की आड़ में काम कर रहे हैं।

'तमस' के टी० वी० सीरियल के रूप में फ़िल्माये जाने का मैंने स्वागत किया है। जो काम एक उपन्यास बड़े सीमित क्षेत्र में कर सकता है, वही काम टी० वी० सीरियल देशव्यापी स्तर पर कर सकता है। इस संकट के समय में यदि देश की एकता, अखंडता, धर्मनिरपेक्षता आदि को सुदृढ़ बनाने की दिशा में यह किसी हद तक भी जनसाधारण को सचेत कर सकता है, तो मैं इसे एक सार्थक प्रयास ही मानूंगा। मुझे इस बात से भी गहरा संतोष है कि फ़िल्मीकरण का यह काम एक अनुभवी, निष्ठावान, और गहरे में डूबकर काम करने वाले निर्देशक, श्री गोविंद निहिलानी ने अपने हाथ में लिया है। लेखक तथा कलाकार, समस्या का हल सुझाने में भले ही समर्थ न हों, पर यदि वे वस्तुस्थिति को ईमानदारी के साथ और सही परिप्रेक्ष्य में पेश करने में कामयाब हो जायें तो यह भी बड़ा सार्थक योगदान होगा।

[1986]

'तमस' की शूटिंग

फिल्मी डायरी

'तमस' की शूटिंग चल रही है। अब तो शूटिंग शब्द से ही डर लगने लगा है—मतलब कि 'तमस' उपन्यास को फ़िल्माया जा रहा है।

बंबई हवाई-अड्डे पर, पाकिस्तानी मुजाहिदों के पहरावे में (सलवार-कमीज और ऊपर बास्कट), सांवले रंग का, लटकती मूंछों वाला एक युवक, हाथ में 'तमस' का फलक उठाये खड़ा है और मुसाफिरों के रेले में मुझे पहचानने की कोशिश कर रहा है। ज़ाहिर है, फ़िल्मी कम्पनी की ओर से आया है।

इसका नाम इकबाल एहमद भी हो सकता है, और मदनलाल भी। दोनों का लिबास किसी जमाने में सलवार-कमीज़ ही रहा है। पर वास्तव में यह आदमी न तो इकबाल एहमद है, न ही मदनलाल, यह कर्नाटक का निवासी हेमंत है, जो 'तमस' की शूटिंग में सहायक प्रोड्यूसर के पद पर है।

"तुम्हारी ये मूंछें और सलवार-कमीज, क्या माजरा है ?" मोटर में बैठते हुए मैंने पूछा। वह सरल बालकों की तरह मुस्करा दिया :

"सलवार-कमीज तो फ़िल्म में ओमपुरी का कास्ट्यूम है।"

"इसे तुमने क्यों पहन रखा है ?"

वह फिर बालकों की तरह झेंपकर मुस्कराया :

"इन्हें मैला करने के लिए। अभी ये कपड़े बहुत उजले हैं। इन्हें फिल्म में ओमपुरी पहनता है जो चमार का रोल करता है। पिछले दो महीने से मैं ऐक्टरों के कास्ट्यूम ही पहन रहा हूँ, उन्हें मैला जो करना है। फिल्म में बहुत-से शरणार्थी हैं।"

"और ये मूंछें ?" मैंने मूंछ को छूते हुए कहा। वह फिर भोले बालकों की तरह मुस्कराया :

"ये तो अपनी हैं।"

मोटर में बैठते ही, दो मिनट में फ़िल्म की शूटिंग के बारे में बहुत-सी खबरें मिल गयीं। ओमपुरी के बहुत से सीन फ़िल्माये जा चुके हैं। शहर में आग लगने का दृश्य भी फ़िल्माया जा चुका है। फ़िलिमिस्तान स्टूडियो में गुरुद्वारा लगभग बनकर तैयार हो चुका है। 'वाह, क्या गुरुद्वारा बना है' हेमंत चहककर कहता है, 'जैसे सचमुच का गुरुद्वारा हो। ऐक्टर लोग अपने आप ही जूते उतार-कर अंदर जाते हैं और अंदर बैठकर कोई सिगरेट नहीं पीता। बिल्कुल गुरुद्वारे का माहौल अपने आप बन गया है।···इन दिनों शरणार्थी कैंप और मुहल्ले के सीन लिये जा रहे हैं। बहुत से आर्टिस्ट पहुँच चुके हैं।···'

दस बजे फिल्म-सिटी में पहुँच गये हैं। यहीं पर फ़िल्मी 'मुहल्ला' खड़ा किया गया है, देखकर तबियत खुश हो गयी। घरों की बनावट बिल्कुल उस समय के पंजाबी घरों-जैसी, दुमंजिला मकान, ऊपर की मंजिल पर, सड़क की ओर खुलने वाला छज्जा। दो-एक मकान तो बिल्कुल मेरे ही मुहल्ले के घरों जैसे लग रहे थे।

कलरोज यह मुहल्ला आग की नज़र कर दिया गया था। दीवारें काली पड़ चुकी हैं, कहीं-कहीं पर घरों के कंकाल सड़कों पर कचरा, भागते लोगों के जूते-चप्पल। लगा, मैं सचमुच दंगों और आगजनी की घटनाओं के बाद, अपने शहर की गलियों में घूम रहा हूँ।

फ़िल्मी दुनिया के अपने रंग-ढंग हैं। यहाँ सबसे ज़्यादा वक्त तो कैमरे यथास्थान रखने, रोशनी का कोण ठीक करने और शॉट का 'फ्रेम' तैयार करने में दृश्य की रूप-सज्जा तैयार करने में लगता है। ऐक्टर तो उस वक्त काम करता है जब उसे कैमरे के सामने बुलाया जाता है। वह उसके लिए सचमुच नाजुक घड़ी होती है, पर सधे हुए ऐक्टर को कोई मुश्किल पेश नहीं आती। क्षण-भर में ही वह अपने 'रोल' में उतर जाता है, और शॉट ले लिया जाता है। अगर बार-बार भी शॉट लिया जाये तो भी ज़्यादा वक्त नहीं लगता।

वक्त के लिहाज़ से सब लोग व्यस्त रहते हैं—डायरेक्टर, कैमरामैन, प्रोडक्शन सहायक, मेकेनिक, आदि-आदि, अगर कोई व्यस्त नहीं होता तो वह ऐक्टर है। ऐक्टर इस समय चाय की चुस्कियाँ लेता है, शॉट की जगह के निकट ही कुर्सियाँ बिछी रहती हैं, चाय-सिगरेट चलते हैं और गप्पबाजी चलती है। अगर यह गप्प-शप्प भी न चले तो फ़िल्म शूटिंग से ज़्यादा उबाऊ काम दुनिया में नहीं होगा। नये से नये चुटकुले, सनसनीखेज खबरें, सब कुछ यहाँ सुनने को मिल जाता है।

गप्प-शप्प चल रही है। चाय का गिलास हाथ में थामे, और लंबी दाढ़ी लगाये, मैं भी दत्तचित्त होकर तरह-तरह की वार्ता सुने जा रहा हूँ। इस समय ऐक्टरों के बीच बैठे एक गोरे रंग के भारी-भरकम सज्जन, फ़िल्मों में पेश की

जाने वाली स्टंटबाजी के क़िस्से सुना रहे हैं। वह स्वयं स्टंटबाज हैं, पर उनका मूल व्यवसाय फ़िल्म कंपनियों को तरह-तरह का सामान किराये पर जुटाना है, जैसे ताँगे, मोटरों के पुराने माडल, हाथी, पुरानी वज़ह के लिबास आदि। 'जैसी मोटर चाहो, हम जुटायेंगे' वह कहते हैं, '1904 का मॉडल भी हमारे पास है।' 'तमस' की शूटिंग के लिए वह 1931 की 'ब्यूक' का माडल लाये हैं जिसमें अंग्रेज़ डिप्टी कमिश्नर शहर का दौरा करेगा। उनका कहना है कि सभी गड़ियाँ फ़र्स्ट क्लास हालत में रखी जाती हैं, किसी को स्टार्ट करने के लिए धक्का नहीं लगाना पड़ता। इस फ़िल्म की शूटिंग के लिए एक बंदूक भी इन्होंने किराये पर दे रखी है, और इनका आदमी सारा वक्त दोनाली बंदूक कंधे से लटकाये खड़ा रहता है, केवल शॉट के समय, वह उसे कंधे पर से उतारकर ऐक्टर को दे देता है, और शॉट खत्म होते ही वापिस ले लेता है।

इस समय वह फ़िल्मों में स्टंट के किस्से सुना रहे हैं। वह स्टंट स्वयं करते हैं, मोटरों को हवा में कलाबाजियाँ लगवाते हैं, हेलिकाप्टर हो या मोटर, या दो-मंज़िला बस हो, सभी के स्टंट कर सकते हैं।

वह सुना रहे हैं :

> "सड़क पर दो-मंजिला बस चली जा रही है। आगे, कुछ दूरी पर एक आदमी शराब पिये हुए सड़क पर पड़ा है, नशे में धुत्त। बस की रफ़्तार तेज़ है। मैं हार्न बजाता हूँ, वह आदमी नहीं उठता। टेंशन की घड़ी है। बस भागती जा रही है। लगता है वह आदमी कुचला जायेगा। बस ऐन उसके ऊपर जा पहुँचती है। पर उसी वक्त, बस के एक ओर के दोनों पहिये तनिक ऊपर उठ जाते हैं, और बस केवल एक ओर के पहियों के बल पर चलने लगती है, दूसरी ओर के पहिये ऊँचे उठे रहते हैं। बेशक, बस एक ओर को झुक जाती है, पर आदमी बच जाता है। यह स्टंट हाल ही में किया गया है, शायद 'कर्मयोगी' फ़िल्म में।"

फिर वह हिंदुस्तानी फिल्मों में स्टंटबाज़ी का गौरवगान करते हुए कहते हैं :

> "अब बढ़िया से बढ़िया स्टंट भी हिंदुस्तानी फ़िल्मों में कर लिये जाते हैं। भारत किसी देश से पीछे नहीं है। अमरीकी फ़िल्मों का कोई ऐसा स्टंट नहीं जो हमारे यहाँ नहीं किया जा सकता हो...। कंप्यूटर की मदद से दो हेलिकाप्टरों को हवा में भिड़ा दिया जाता है" वह कहे जा रहा है : "डम्मी से काम नहीं चलता। सचमुच में किया गया स्टंट ही असल स्टंट होता है। मजा भी उसी का है, असर भी उसी का ज्यादा होता है। हमने तीन स्टंटबाज रखे हुए हैं। उन्हें तनख़्वाह देते हैं।"

फिर वह एक और स्टंट का किस्सा सुनाने लगा :

"मोटर भागती जा रही है, आगे एक जगह पर मोड़ है और उसके बाद छोटी-सी चढ़ाई है, और आगे पुल है। मोटर मोड़ मुड़ते ही ऊपर की ओर उठ जाती है। वहाँ पर पुल है। वह पुल के ऐन ऊपर हवा में कलाबाज़ी लगाती है और पुल के पार सड़क पर उतर जाती है और पहले की तरह भागने लगती है। यह सिचुएशन है। जिस वक्त वह पुल के दूसरी ओर उतर जाती है तो बारूद से पुल को उड़ा दिया जाता है। अब शॉट के समय क्या हुआ कि मोटर अभी हवा में कलाबाज़ी लगा ही रही थी कि नीचे से पुल उड़ा दिया गया। ड्राइवर बुरी तरह घायल हो गया।" व्यापारी बड़ी समतल आवाज़ में सुनाये जा रहा है, "ग़लती उस आदमी की थी जिसने इशारा करना था। उसने एक साथ ही मोटर को ऊँचा उठने का इशारा भी कर दिया और पुल को उड़ाने का भी।" फिर उसने फ़लसफ़ाना अंदाज़ में कहा, "स्टंट होगा तो जोखम तो होगा ही। हादसे तो होते ही रहते हैं।"

इस पर उसे एक और क़िस्सा याद हो आया :

"एक अमरीकी प्रोड्यूसर बंबई में फ़िल्म बना रहा था। स्टंट था कि एक गोल चक्कर में से, जिसके किनारों पर तेज़ चाकू लगे हैं, एक मोटर-साइकिल, हवा में उछल कर गुज़रता है, और चक्कर मे से निकलकर नीचे उतरता है।

"उस दिन जब मैं लोकेशन पर पहुँचा और मैंने हवा में खड़े किये गये गोल चक्कर को देखा तो वह मुझे आकार में थोड़ा छोटा लगा। यह स्टंट बीस-बाईस बरस के एक लड़के को करना था। मेरा माथा ठनका। मैंने मन में कहा, यह काम जल्दबाज़ी में किया गया है, यह ठीक नहीं हुआ। मैं उस युवक के पास गया, मैंने कहा, 'देखो, यह जोखिम का काम है, यह स्टंट मत करो। गोल चक्कर छोटा है।' वह बोला, 'मैं ज़ुबान दे चुका हूँ, और अभी ही उसका शॉट लिया जाने वाला है। प्रोड्यूसर को आज ही शाम अमरीका लौट जाना है। उन्होंने उजरत भी बढ़ा दी है। मैं सँभलकर गोल चक्कर में से निकलूंगा।' मैंने प्रोडक्शन वालों से भी कहा, उन्होंने भी विश्वास दिलाया कि जोखिम की कोई बात नहीं, चक्कर एक-आध इंच ही छोटा है।

"पर वही हुआ जिसका मुझे डर था। जब युवक मोटर साइकिल चलाता हुआ हवा में उछला और गोल चक्कर में से निकलने लगा तो मोटर-साइकिल का निचला भाग चक्कर में अटक गया, और

मोटर-साइकिल उलट गया। युवक धड़ाम से नीचे गिरा और उसकी दोनों टाँगें कट गयीं। चक्कर में लगे चाकू उसकी गर्दन को छलनी कर गये और बीसियों ज़ख़्म आये। अस्पताल में पहुँचाये जाने के दूसरे दिन ही ख़त्म हो गया। प्रोड्यूसर ने तो उसी रात जहाज़ पकड़ा और अमरीका पहुँच गया। स्टंट वाले युवक को कुछ देने-दिलाने का सवाल ही नहीं उठता था। अस्पताल में भी उसे लोगों से पैसे माँग-माँग कर हम लोगों ने पहुँचाया।"

और स्टंट व्यापारी ने फिर उसी फ़लसफ़ाना अंदाज़ में निष्कर्ष निकाला :

"हादसे तो होते ही रहते हैं। इस काम में जोखिम तो है ही…"

बाहर, सड़क पर, सनकी जरनैल वाला शॉट बार-बार लिया जा रहा है। बीरू (एक बंगाली आर्टिस्ट) 'जरनैल' की भूमिका निभा रहा है। बार-बार शॉट लिये जाने के कारण उसका साँस फूला हुआ है। वह हाँप रहा है और बार-बार अपनी लाइनें, उर्दू-पंजाबी की खिचड़ी बोली में दोहरा रहा है। मुंगिया रंग की मुचड़ी हुई वर्दी, हाथ में बेंत, तंग छाती पर लटकते रंगारंग के ब़िल्ले और झब्बे, जरनैल को देखते ही मुझे अपना पुराना रावलपिंडी वाला सनकी जनरैल आँखों के सामने घूम जाता है, जो उपन्यास में इस पात्र का मूल आधार बना था। उसके मुँह से निकलते हुए ये वाक्य :

"रावी के किनारे हमने पूर्ण स्वराज्य की शपथ ली थी। तब नेहरू जी ने कौमी झंडा लहराया था, और नाचे थे, मैं भी नाचा था। भाइयो, ये फ़िरकापरस्त लोग आपको भड़का रहे हैं। गांधीजी कहते हैं 'पाकिस्तान मेरी लाश पर!' मैं भी कहंदा वाँ, 'पाकिस्तान मेरी लाश पर!'"

ये वाक्य बार-बार बोले जा रहे हैं, और हर बार दिल को मथ जाते हैं। इन वाक्यों के साथ हमारे स्वतंत्रता-संग्राम का तथा देश के बँटवारे का एक पूरा युग जुड़ा हुआ है, जिनकी गूँज फिर से सुनाई पड़ने लगी है, और मन विचलित होने लगता है। सड़क पर लोग आ-जा रहे हैं, कोई सुनने के लिए रुकता है, कोई आगे बढ़ जाता है, और सनकी जरनैल एक बुत्ती पर खड़ा भाषण दिये जा रहा है।

फ़िल्मी दुनिया के क्या कहने। बीरू बंगाली है, और पंजाबी सरदार की इतनी बढ़िया भूमिका निभा रहा है। कला के इस क्षेत्र में सभी प्रांतों, सभी भाषाओं, सभी जातियों के लोग मिलकर फ़िल्में बनाते हैं। अगर डायरेक्टर बंगाली है तो हीरो पंजाबी, और हीरोइन मद्रासी और कैमरामैन मराठी हो सकते हैं। कहीं कोई जाति-भेद या धर्म-भेद आड़ नहीं आता। आड़े आती हैं तो आर्थिक विषमताएँ और उनसे पैदा होने वाले बड़े-छोटे के पूर्वाग्रह।

यों तो अतीत के ही एक कालखंड की घटनाओं को फ़िल्माया जा रहा है, पर

उनकी गूंज आज के माहौल में से उठने वाली आवाज़ों की गूंज जैसी ही सुनाई पड़ती है।

मनादी का सीन लिया जा रहा है। सरकारी जीप में एक सिपाही मनादी करता हुआ गलियों में से गुजरता है, कि डिप्टी कमिश्नर साहिब बहादुर के हुक्म से शहर में कर्फ्यू लगा दिया गया है, अगर कोई आदमी लूट-पाट, आगजनी, खूंरेजी करते पकड़ा गया तो उसे कड़ी सजा दी जायेगी।

जब सड़क के बीचों-बीच चलती हुई मनादी वाली जीप गुज़रती है तो घरों की छतों और छज्जों पर लोग, मर्द-औरतें, लपक-लपककर मनादी की आवाज़ सुनकर आने लगते हैं। मुझे लगता है जैसे सचमुच ही कर्फ्यू लग गया है।

फ़िल्म-निर्माण हो या साहित्य-रचना, उद्देश्य दोनों का यही रहता है कि ज़िंदगी की जीती-जागती तस्वीर आँखों के सामने उभरे।

मुहल्ले के सेट को छोड़कर हम शरणार्थी शिविर में आ गये हैं। फिल्म-सिटी के लंबे-चौड़े अहाते में ही शरणार्थी-शिविर बनाया गया है। जगह-जगह पर तंबू गाड़े गये हैं, कहीं पर ज़ख्मी लोगों की मरहम-पट्टी हो रही है, किसी में आँकड़े लिखने वाला बाबू बैठा हर शरणार्थी के साथ तुनककर बोल रहा है, दंगे के ब्योरे लिख-लिख कर परेशान हो उठा है। उसके सामने शरणार्थियों की लंबी लाइन लगी है, इसी लाइन में मैं (हरनामसिंह) और मेरी पत्नी (बंतो) भी खड़े हैं। मेरी बारी आने पर आँकड़ा बाबू वही सवाल करता है:

> "हाँ, गाँव? तहसील? नाम? वल्दियत? बोलिए, कितने मरे? कितने ज़ख्मी हुए? कितने घर जलाये गये। माली नुक्सान? बोलिए, बोलिए, मेरे पास वक्त नहीं है। देखिए, लाइन कितनी लंबी है।"

और मैं जवाब में कहता हूँ:

> "मैं हरनाम सिंह, वल्द—, मोजा इलाहीबख्श, तहसील···दूकान लूट ली गयी, घर जला दिया, बेटी डूब मरी···"
>
> "दूकान और घर किस लागत के होंगे?"

मैं असमंजस में पड़ जाता हूँ, और अपनी पत्नी से पूछता हूँ:

> "क्यों, बंतो? हमारा मकान किस लागत का होगा?"

जिस पर आँकड़ा बाबू चिढ़ जाता है:

> "आगे चलिए···मैं दिन-भर इस इंतज़ार में बैठा रहा हूँ कि आपके टुच्चे से मकान की लागत क्या होगी···चलिए, चलिए, आगे बढ़िए···"

मैं एक ओर को हट जाता हूँ।

मैदान में शरणार्थी, गठरिया-ट्रंक उठाये, कुछ ज़ख्मी शरणार्थी पट्टियाँ बाँधे

कैंप में प्रवेश कर रहे हैं। बीसियों मैदान में बैठे, शून्य में ताक रहे हैं।

शिविर को देखकर मन विचलित हो उठता है। ऐसा शिविर केवल मेरे नगर रावलपिंडी में ही नहीं बना था, जिसका ब्योरा 'तमस' में दिया गया है, ऐसे शरणार्थी शिविर बाद में भी बनते रहे हैं। ऐसे शिविर कुछ वर्ष पहले भिवंडी में देख चुका हूँ, कुछ ही अर्सा पहले दो-एक और जगह पर भी देख चुका हूँ, और मन डरता है कि कहीं और न देखने पड़ें। 'तमस' के फ़िल्माये जाने पर कभी-कभी लगता है कि अतीत और वर्तमान घुल-मिल गये हैं और मैं भूलने लगता हूँ कि घटनाएँ सचमुच घट रही हैं या फिल्म-निर्माण के लिए उन्हें गढ़ा जा रहा है।

बीसियों जूनियर आर्टिस्ट (एक्स्ट्रा), शरणार्थियों के कपड़े पहने, गट्ठर-बुगचियाँ उठाये, इधर-उधर डोल रहे हैं। एक औरत को मैंने पहचान लिया है। उसने भी मुझे देखा है, पर मुझे अनदेखा करते हुए नज़रें फेर ली हैं। मुझे याद है, 'मोहन जोशी···' वाली फ़िल्म में भी वह एक्स्ट्रा का काम करने आयी थी, और अरविंद देशपांडे की पत्नी के रूप में उसने छोटी-सी भूमिका भी निभायी थी। मुझे बुरा लगा कि उसने जान-बूझकर नज़रें फेर ली हैं···

कुछ ही देर बाद मैं उसी के निकट, आँकड़ा-बाबू के तंबू के सामने शरणार्थियों के बीच बैठा हूँ, वह भी अन्य 'शरणार्थी' स्त्रियों से घिरी बैठी है। मुझसे नहीं रहा गया। मैंने कह ही दिया :

"तुमने मुझे नहीं पहचाना, पर मैंने पहचान लिया है?"

जवाब में वह धीमी, बुझी-बुझी आवाज़ में बोली :

"मैंने भी पहचान लिया है जी, आप 'मोहन जोशी···' में थे।"

"फिर तुमने मुंह क्यों फेर लिया?"

मेरे मुंह से निकल गया। पर झेंप के कारण उसका चेहरा लाल हो गया। झेंपती हुई-सी बोली :

"हम तो अभी भी शरणार्थी ही हैं, जी। हमारा तो अभी तक कोई ठौर-ठिकाना नहीं बना···।"

मैं चौंका। फिर, उसकी झेंप का कारण समझ में आ गया। 'मोहन जोशी···' के फिल्माये जाने के समय उसने मेरी पत्नी को बताया था कि वे लोग भी देश के बँटवारे के समय, पश्चिमी पंजाब से आये थे, और जगह-जगह धक्के खाने के बाद बंबई में पहुँच गये थे। इसके बाद वर्षों बीत जाने पर भी आर्थिक दृष्टि से उनके पाँव जम नहीं पाये थे, घरवाला कहीं पर ठेला लगाता था और वह फिल्मों में 'ऐक्स्ट्रा' का काम करती थी। आज अपनी स्थिति की विडंबना उसे कचोट रही थी, कि एक फ़िल्म के बनावटी शरणार्थी शिविर में वह, सचमुच की शरणार्थी की भूमिका निभाने आयी है, झूठ-मूठ के शरणार्थियों की भीड़ में वैसे ही बैठी है जैसे लगभग चालीस साल पहले सचमुच बैठी थी।

बाद में पता चला कि वही एक महिला ही नहीं, अनेक अन्य मर्द-औरतें भी शरणार्थी ही थे जो फिल्म में ऐक्स्ट्रा की भूमिका में 'शरणार्थी' बनकर आये थे।

अभी 'शरणार्थी' शिविर में अमन कमेटी के नेतागण आयेंगे। एक बस में बैठ कर, लाउड-स्पीकर पर नारे लगाते हुए : 'हिंदु-मुस्लिम-सिक्ख-ईसाई—आपस में हैं, भाई भाई।' पर वह शॉट ऊँचाई से लिया जायेगा ताकि सारा शरणार्थी शिविर और उसके पार, सड़क पर से अमन-कमेटी की बस आती हुई नज़र आ जाये। इस लंबे 'शॉट' के लिए, कैमरे फिर से फिट किये जाने लगे हैं, क्रेन मँगवाया गया है जिस पर कैमरा रखा जायेगा, अभी इस शॉट को लेने में देर लगेगी, रोशनी, कैमरे, फ्रेम, आदि, इसलिए ऐक्टर लोग फिर पास रखी कुर्सियों पर आ बैठे हैं। चाय का दौर फिर से चलने लगा है।

एक सिक्ख सज्जन जो पूना से आये हैं और फिल्म में सरदार की ही भूमिका निभा रहे हैं, 'शरणार्थी' शिविर के किनारे बैठे, बँटवारे के ही दिनों का किस्सा सुनाने लगे हैं :

> "मेरे मामाजी बँटवारे से पहले जेहलम के निकट एक गाँव में रहते थे। उनके गाँव में जब स्थिति बहुत ज्यादा बिगड़ गयी तो गाँव में से हिंदु-सिक्ख, भाग निकलने के लिए, गाँव के बाहर आ गये। वहाँ, पेड़ों का एक झुरमुट था, वहीं पर जाकर उन्होंने डेरा डाल दिया, कि कुछ देर तक यहाँ छिपे रहेंगे, फिर रात पड़ने पर बाहर निकल जायेंगे। पर तभी उन्हें दूर से ढोल बजने की आवाज आयी और उन्होंने देखा कि पड़ोस के गाँव की ओर से बलवइयों का टोला चला आ रहा है। ये सुन्न से देखते रह गये। अब बच निकलने का कोई रास्ता नहीं था, बलवई इधर को ही चले आ रहे थे। बस, कट मरने का वक्त आ गया था। मेरे मामाजी ने मुझे बताया कि जब उनके सामने कोई चारा नहीं रह गया, तो उन्होंने तलवारें निकाल लीं, और जानते हो क्या किया? उन्होंने सबसे पहले अपने टोले की औरतों और बच्चों के सिर काट डाले ताकि वे दुश्मनों के हाथ में नहीं पड़ जायें, और फिर दुश्मन की राह देखने लगे। पर थोड़ी ही देर के बाद उन्होंने क्या देखा कि बलवइयों का गिरोह दूसरी ओर को घूम गया है। बलवइयों ने उन्हें देखा ही नहीं था। वे सीधे गाँव की ओर जाने लगे थे।···मेरे मामाजी तो इस घटना को भूल ही नहीं पाये हैं, आज तक वह उन्हें बेचैन करती है।···"

यूनिट का एक आर्टिस्ट जो थोड़ी दूरी पर बैठा, चाय की चुस्कियाँ ले रहा था, उठकर हमारी ओर बढ़ आया। छिट-पुट शब्द उसके कानों मे पड़े थे :

"क्या हुआ है ? क्या बात है ? कहाँ दंगा हुआ है ?"

इस पर पूने वाला सरदार बोला :

"आज की नहीं, बहुत साल पहले की बात सुना रहा हूँ । बँटवारे के दिनों की···।"

"ओह···" वह कहता है, और आश्वस्त-सा होकर अपनी जगह पर लौट जाता है और अख़बार खोल लेता है ।

'गुरुद्वारे' में संगत भरती जा रही है । उत्तरा (जो जसबीर की भूमिका में कुएँ में कूद जाने वाली पहली युवती है) गुरु ग्रंथ साहिब के सामने, मुँह-सिर लपेटे बैठी है और हाथों में चिमटा लिये, भावावेश में, आँखें बंद किये चिमटा बजाती हुई गाये जा रही है :

"जो लड़े दीन के हेत, सूरा सो ही ।"

पीछे, ऊँची आवाज़ में, इस गीत का केसेट बज रहा है ।

गुरुद्वारे के बीचोबीच खड़ा उसका पिता (हरनामसिंह, जिसकी भूमिका मैं अदा करता हूँ) हैरान-सा देखे जा रहा है कि बेटी क्यों इस तरह वजद में गाये जा रही है, मानो उस पर कोई जादू हो गया हो । पर उसकी ओर देखते हुए, पहले तो किंकर्तव्यविमूढ़, फिर अपनी बेटी के प्रति अगार स्नेह का भाव उसके दिल में घुमड़ने लगता है । यह वह सीन है जब जसबीर सहसा उठ खड़ी होती है :

"हमारे लिए हुक्मनामा आ गया है । गुरु की सिंहनियो, चलो मेरे साथ···।"

कहती हुई, उसी सकते में, गुरुद्वारे के बाहर निकल जाती है, और सभी औरतें—और कुछेक की गोद में बच्चे हैं—उसके पीछे-पीछे हो लेती हैं ।

हेमंत एक गठरी उठा लाया है । और उसे खोलकर सभी ऐक्स्ट्रा ऐक्टरों को उनके 'कास्ट्यूम'—मुचड़े हुए मैले सलवार-कमीज़, जूते, पगड़ियाँ बाँट रहा है । बाँट चुकने के बाद वह निकट बैठे आर्टिस्ट के हाथ में से अख़बार छीन लेता है, और पास में बैठकर अख़बार पढ़ने लगता है ।

बातों का सिलसिला फ़िल्म से हटकर अखबार की खबरों पर आ जाता है । पंजाब की खबरें, आसाम की खबरें, श्रीलंका की खबरें । हेमंत ऊँची आवाज़ में अखबार की सुर्खियाँ पढ़-पढ़कर सुना रहा है ।···पूना वाले सरदार के साथ पंजाब की समस्या पर बात होने लगी है । हर व्यक्ति का अपना-अपना दृष्टिकोण है, पर यह मार-काट सभी के लिए भयावह है । पर मैंने ऐसी बहसों में देखा है कि कारणों का विश्लेषण तो सभी करते हैं, दोषारोपण भी खूब कर लेते हैं, पर समाधान क्या हो, किया क्या जाये ताकि स्थिति सुधरे, इस पर किसी का दिमाग़ काम नहीं करता ।

'गुरुद्वारे' में केसेट द्वारा, ऊँचे स्वरों में संगीत चल रहा है :

"गगन दमाका बाजियो
पड़ियो निशाने घाव, सूरा सो ही
सूरा सो पहचानिये
सूरा सो पहचानिये
जो लड़े दीन के हेत
सूरा सो ही
सूरा सो ही"

'शरणार्थी शिविर', 'गुरुद्वारा', जरनैल, कर्फ़्यू, भागते लोग, सुनसान सड़कें, अखबार की सुर्खियाँ, पंजाब की खबरें, हत्याएँ, लोकेशन पर घूमते सचमुच के शरणार्थी, फ़िल्मी जगत का ऐंद्रजालिक माहौल और वास्तविक यथार्थ, सभी एक दूसरे में घुल-मिल गये हैं···

[1987]

पुनश्च

काल में डूबी उन घटनाओं के कुछ अवशेष अभी भी सचेतन में बच रहे हैं, जो यदा-कदा निष्प्रयोजन ही तैरकर ऊपर आ जाते हैं—टूटे-फूटे वार्त्तालापों के अंश, दृश्यों की झलकियां, कुछ अस्फुट स्वर—और मुझे विचलित छोड़कर फिर से डूब जाते हैं : धुएँ के बादलों के बीच आग की नाचती लपटें, क्षितिज पर फैलती हुई आग की लौ, जो शीघ्र ही आधे आकाश को ढंक लेती है, इस लौ की पृष्ठभूमि में शहर के घरों की चपटी छतें और उन पर खड़े मर्द और औरतें, जो भय और कुतूहलवश आँखें फाड़े फैलती लौ को देखे जा रहे हैं; खतरे की घंटी के अस्फुट स्वर, जो किसी वक्त सुनाई देते हैं तो किसी वक्त उठती आवाजों में खो जाते हैं। गली में भागते कदमों की आवाज और सहायता मांगती चीख। जमीन पर किसी लाठी के गिरने की आवाज जो, जाहिर है, पीछा करने वाले किसी आदमी ने फेंकी है···।

मैं शहर की तंग, अंधेरी, मौन गलियों को लांघता हुआ, कांग्रेस के दफ्तर से अपने घर की ओर लौट रहा हूं। दिन का वक्त है और मैं छोटे रास्ते से घर की ओर जा रहा हूं। इस लंबी गली के दूसरे सिरे पर मेरा घर है। गली के इस सिरे पर, मिट्टी की छोटी-सी दीवार की आड़ में कुछ लोग मुश्कें बांधे बैठे हैं, उनकी आंखें घूर रही हैं, भाले और लाठियां उनके हाथों में हैं, उनकी आंखें मुझ पर लगी हैं, लेकिन मैं घबराया नहीं हूं। मैं भली भांति जानता हूं कि ये लोग मेरे मुहल्ले के रहने वाले हैं, और मुझ पर हाथ नहीं उठाएंगे। फिर भी, अनायास ही, मेरा हाथ उस लंबे चाकू तक जा पहुंचता है जो अपनी शेरवानी की जेब में मैं इन दिनों हर जगह लिये घूमता हूं। एक जोड़ी आंखें चमक उठती हैं और मुश्कें बांधे एक आदमी कह रहा है :

"इत्मीनान से चले जाओ बाबू, तुम्हें कोई कुछ नहीं कहेगा !"

मैंने आवाज पहचान ली है। धोबी का बेटा है। गली में हम एक साथ खेला करते थे और मैं उसके गधे को लेकर उसे छेड़ा करता था। अन्य लोगों को भी

मैं जानता हूँ। कसाई का बेटा भी यहाँ बैठा है, और महमूद है, जो गायें चराता है, उसके बाप ने 'हमाम' खोल रखा है। देर रात गए तक मैं इनके साथ गली में खेला करता था। अँधेरी, तंग गली में मैंने कदम रखा है। गली वीरान है और चारों ओर मौन छाया है। मैं निस्संकोच कदम बढ़ाता चला जा रहा हूँ। इन दिनों जब कभी अपने पीछे अँधेरे में खड़े किसी आदमी को देखता हूँ, तब मेरी पीठ पर चींटियाँ रेंगने लगती हैं, लेकिन यहाँ मैं आश्वस्त चला जा रहा हूँ। मैं जानता हूँ ये लोग मुझ पर हमला नहीं करेंगे। इनके भाले और लाठियाँ और लोगों की हत्या करेंगी, लेकिन मेरी नहीं। हम खेल-खेल में बड़े हुए हैं।

कुछ यादें अधिक स्पष्ट हैं, बल्कि उन्हें जोड़ दो तो एक तस्वीर-सी बनने लगती है। विचित्र बात यह है कि उन दिनों उन घटनाओं के अटपटेपन की ओर ध्यान नहीं गया था। शायद उन दिनों मेरे मन पर कोहरा छाया था। या शायद उन दिनों हम ऐसे अस्वाभाविक काल-खंड में जी रहे थे कि कुछ भी अनूठा और अटपटा नहीं जान पड़ता था।

मैं एक बस की पिछली सीट पर बैठा हूँ। आगे, ड्राइवर के साथ वाली सीट पर शहर का हैल्थ अफसर बैठा है। चौड़े जबड़े, कठोर चेहरा, सिर पर सोला-हैट लगाये हुए हैं। बस, शहर में से निकल आई है और अब देहात की सड़क पर थोहा खालसा नाम के दूरवर्त्ती गाँव की ओर बढ़ती चली जा रही है। बस, सिख मुसाफिरों से भरी है। कुछ दिन पहले तक ये लोग थोहा खालसा के निवासी थे, अब शरणार्थी हैं। दंगे खत्म होने के फौरन ही बाद ये लोग पनाह की खोज में, अपना गाँव छोड़कर रावलपिंडी में आ गये थे। और आज प्रातः जब उन्हें पता चला कि शहर का हेल्थ आफिसर सार्वजनिक स्वास्थ्य की रक्षा के हेतु थोहा खालसा की ओर जा रहा है, तब उन्होंने आग्रह किया कि उनमें से कुछ लोगों को भी अपने साथ ले चलें। कुछ ही क्षणों का सफर है, शाम पड़ते तक हम रावलपिंडी लौट आएंगे। मैंने इस बारे में सोचा तक नहीं कि ये लोग क्यों जाना चाहते हैं। मैं स्वयं जाने के लिए उतावला हो रहा था क्योंकि मैं अपनी आँखो से उस कुएँ को देखना चाहता था जिसमें दंगों के दौरान थोहा खालसा की कुछ औरतें और बच्चे कूद मरे थे। उनमें से अनेक स्त्रियाँ बस के इन मुसाफिरों की पत्नियाँ, बहनें आदि थीं। बस के पिछले हिस्से में, मैं इन मुसाफिरों के सामने बैठा हूँ, उनका वार्त्तालाप सुने जा रहा हूँ। वे गप्पें हाँक रहे हैं, बार-बार हँसते हैं, ठहाक मारते हैं और फिर बतियाने लगते हैं। यह भी अनूठा है लेकिन इसमें भी हैरानी की कोई बात नहीं। मैंने दोस्त की अर्थी उठाकर ले जाते हुए लोगों को हँसते-मजाक करते देखा है। मानव स्वभाव तनाव की स्थिति में ज्यादा देर तक नहीं रह सकता। किसी-किसी वक्त, जब बस किसी गाँव के पास से गुजरती है, तब आँखों के सामने से अधजले घर, घरों के बाहर बिखरे टूटे-फूटे बर्तन और वीरान गलियाँ घूम जाती हैं। बस के

अंदर कोई कह रहा है : "कहूटा से हमें अगर वक्त पर कुमक पहुँच जाती तो हमारी यह हालत न होती।"

एक और गाँव पीछे छूट गया है। हरे-हरे खेतों के बीच से बस आगे बढ़ती जा रही है। गेहूँ की बालियाँ चैत महीने की हवा में हिलोरें ले रही हैं, ऊपर स्वच्छ, नीला आकाश। दूर पहाड़ों पर नीलिमा की झीनी चादर बिछी है, लेकिन उनकी ओर मेरी आँखें नहीं उठ रही हैं, मेरा सिर चकराया हुआ है। जले हुए एक घर का ढांचा सामने आया है, लेकिन मैंने उसकी ओर भी ध्यान से नहीं देखा। ऐसी चीजें तो हर घड़ी देखने को मिल जाती हैं।

"यह रहा वह स्कूल, जिसे बलवई जलाने के लिए आये थे। यहीं से फिसाद शुरू हुआ था।" सरसरी नजर से मैं स्कूल की लंबी नंगी दीवार को देख जाता हूँ।

हम बस में से उतर आये हैं। यही थोहा खालसा है। निर्जन गाँव की सूनी गलियों में हमारे कदमों का शोर सुनाई देने लगा है। यहाँ पर भी लुटे हुए घर अधजली दीवारें, गली में बिखरे खाली डिब्बे, टूटे घड़े बर्तन।

हम एक ढलान पर से नीचे उतर रहे हैं। दूर बाईं ओर एक छोटी-सी नदी बह रही है, ढलान इसी नदी के तट पर जा पहुँचेगी। नदी का जल हरा-भरा है, आँखों को खींचता है। नदी के पार पेड़ों का घना झुरमुट है, ये 'लुकाट' के पेड़ हैं, मेरे इलाके का चहेता फल। सारा दृश्य एक तस्वीर-सा जान पड़ता है। वसंत की सुरभि से हवा बोझिल हो रही है। फलों के बाग में इन दिनों पक्षियों के झुंड उतर आए होंगे। मैं मन-ही-मन कहता हूँ लुकाट पक रहे हैं···।

हम ढलान के नीचे जा पहुँचे हैं और कुएँ की ओर कदम बढ़ा रहे हैं। कुएँ के आसपास जमीन के काफी हिस्से पर फर्श बाँधा गया है। अनेक 'छोटे-छोटे' हाउज, चबूतरे, कमरे बने हैं।

"हमने ये गुसलखाने स्त्रियों के लिए बनवाए थे, ताकि उन्हें खुले में कपड़े न धोने पड़ें, स्नान करने के लिए पर्दा मिल जाए। केवल दो महीने पहले यह इमारती काम खत्म हुआ है···" कोई कह रहा है।

खुले मुँह का कुआँ है। अभी भी कोई विशेष प्रभाव मन पर अंकित नहीं हो रहा है। कुआँ लाशों से अटा है, लाशें फूलकर ऊपर तक आ गयी हैं, उन स्त्रियों की लाशें, जिनके लिए ये गुसलखाने बनवाये गये थे, ताकि वे पर्दे में नहा-धो सकें। कुएँ के आसपास उनके सगे-संबंधी, पति, भाई, पिता, बेटे खड़े हैं, जो कुएँ के अंदर लाशें पहचान पाने के लिए घूरे जा रहे हैं।

"वह मेरी पत्नी है," मेरी बगल में खड़ा एक व्यक्ति हाथ बढ़ाकर कहता है, "वह, जिसकी टाँगों में एक बच्चा उलझा हुआ है। वह बच्चे को बाँहों में लेकर कूद गयी थी। उससे इतना नहीं हुआ कि बच्चे को तो पीछे छोड़ जाती।"

अभी भी मेरे मस्तिष्क पर कोई बात अंकित नहीं हो पाई। पगला गया है, मैं मन-ही-मन कहता हूँ। इन फूली हुई लाशों में कोई किसी को कैसे पहचान सकता है? और टाँगों के बीच एक नहीं, अनेक बच्चे फँसे पड़े हैं।

"एक अर्ज है," वह मेरे कान में फुसफुसाकर कहता है, "मेरी घरवाली ने कलाई पर सोने का मोटा कड़ा पहन रखा था। आप हैल्थ आफिसर साहिब से कह कर मुझे वह कड़ा दिलवा दीजिए।"

मैं इंकार में सिर हिला देता हूँ। ऐसी कोई बात यहाँ नहीं की जा सकती। इस सिलसिले में पहले ही फैसला किया जा चुका है, इस सफर में किसी तरह का कोई मुतालबा पेश नहीं किया जा सकता। यह दौरा एक खास मकसद को लेकर किया जा रहा है। हैल्थ आफिसर सख्त मिजाज आदमी है, इंग्लैंड से पढ़कर लौटा है, आम लोगों से बहुत अलग है। वह टस से मस नहीं होगा।

दौरे के खास मकसद का अमली जामा पहनाया जाने लगा है। नगरपालिका के पाँच या छह कर्मचारी काम पर जुट गये हैं। पोटेशियम सोडा से भरी बोरियाँ कुएँ में उँड़ेली जा रही हैं, सार्वजनिक स्वास्थ्य की रक्षा के लिए। पहली बार मेरा ध्यान कुएँ की दीवार पर बैठे गिद्धों और चीलों की ओर गया है। आसपास के पेड़ों पर, ढलान पर, गुसलखानों की छतों पर गिद्ध ही गिद्ध बैठे हैं। आकाश में गिद्ध मँडरा रहे हैं।

लाशें ढक गयी हैं। अब वे प्लास्टर में रखी 'मम्मी'-जैसी लगने लगी हैं। संग-मरमर के बुतों-जैसी लगने लगी हैं। पोटेशियम सोडा ने सभी अंतर मिटा दिये हैं। कहीं से हृदयविदारक चीख सुनाई दी है। कोई युवा पति रहा होगा, या कोई मोह का मारा पागल पिता, जिसमें दुख को सहन कर पाने की हिम्मत नहीं रही है। इसमें भी कोई नयी बात नहीं है। कभी-कभी लोग साहस खो बैठते हैं। मैं आँख उठाकर देखता तक नहीं हूँ कि यह आदमी कौन था।

हम गाँव में से लौट रहे हैं। वीरान गली में फिर से हमारे कदमों का शोर होने लगा है। सभी चुप हैं, पाँव घसीट रहे हैं। बस हमें वापस ले जाने के लिए गाँव के बाहर खड़ी है।

घर पीछे छूट गये हैं। स्कूल की नंगी-बूची दीवार भी पीछे छूट गयी है। सहसा एक मुसाफिर घूमकर भागने लगता है और एक घर में घुस जाता है। मैं कुतूहलवश उसके पीछे-पीछे जाने लगता हूँ। घर के बाहर तरह-तरह की चीजें बिखरी पड़ी हैं। बर्तन, डिब्बे और उनके बीच रंगदार रिब्बन और परांदे, जिन्हें पंजाबी युवतियाँ बालों में बाँधती हैं। जब घबराकर घर में से भागी होंगी तब ये बालों में से गिर गये होंगे।

वह आदमी एक कमरे में घुस गया है। जल्दी से एक अलमारी खोलकर उसमें से एक लंबी-सी हरी म्यान वाली तलवार खींच लाया है और उसे लंबे कोट

के नीचे छिपाकर जल्दी से बाहर निकल आया है। उसकी नजरों में यह तलवार ही अभी भी उसके लिए सबसे कीमती चीज है। अन्य किसी चीज की ओर उसका ध्यान नहीं गया।

हम एक छोटे रास्ते से, खेतों के बीच से चलते हुए, बस की ओर चले जा रहे हैं। "बालियाँ पीली पड़ गयी हैं," कोई कह रहा है। "दस दिन में फसल पक जायेगी।" यह उसी आदमी की खेती है।

बस चलने लगी है। बस के बेघर मुसाफिर अपनी-अपनी सीटों पर आकर फिर से बैठ गए हैं।

कहीं से फिर फूट-फूटकर रोने की आवाज आयी है। बड़ी उम्र के सरदार साहब हैं, जो सभी को ढांढ़स बँधाते थे, दिलासा देते थे। पर शीघ्र ही हवा फिर बदलने लगी है, अवसाद का कोहरा छन गया है, और शरणार्थी फिर से बतियाने और चहकने लगे हैं, हँसने-मजाक करने लगे हैं। फिर से ठहाके सुनाई देने लगे हैं। एक बुजुर्ग आदमी, जो शायद सनक गया है, अपने मित्रों के सवालों के अनूठ जवाब दे-देकर उनका मनोविनोद कर रहा है, उसके उत्तर कभी अश्लील तो कभी भौंडे होते हैं।

"सरदारजी, क्या थोहा खालसा लौटकर जाओगे?"

"नहीं, मैं नहीं जाऊँगा।"

"क्यों नहीं जाओगे? क्या इसलिए कि तुम्हारा घर जला दिया गया है?"

"नहीं।"

"क्या इसलिए कि तुम्हारी घरवाली कुएँ में कूद मरी है?"

"नहीं।"

"क्या इसलिए कि तुम्हारा सब सामान लूट लिया गया है?"

"नहीं।"

"फिर किसलिए लौटकर नहीं जाओगे?"

इस पर सनकी अपने दोनों हाथ जाँघों के बीच खोंसता है, अपने घुटने ऊँचे उठा लेता है, और ठहाकों के बीच चिल्लाकर कहता है:

"क्योंकि वहाँ वे मेरी सुनती कर देंगे।"

अधजले घर, लूटी गयी दुकानों के टूटे किवाड़, सुलगती आग, वीरान गाँव और गेहूँ के लहलहाते खेत फिर से पीछे छूट रहे हैं, हवा अभी भी वसंत की सुरभि से बोझिल हो रही है।···

शहर में लौटकर मैं रिलीफ दफ्तर पहुँच गया हूँ, जो शरणार्थियों के लिए एक स्कूल में खोला गया है। स्कूल का आँगन शरणार्थियों से खचाखच भरा है। गाँव-गाँव से भागकर अब शरणार्थियों के हुजूम में थोहा खालसा के मुसाफिर खो गये हैं। रिलीफ दफ्तर में मैं फिर से अपनी मेज के पीछे जा बैठा हूँ। पीले रंग के

कागज, पुराना टाइप-राइटर, और वह रजिस्टर जिसमें मैं तथ्य और आँकड़े दर्ज करता हूँ। तथ्यों की इतनी माँग नहीं, आँकड़ों की ज्यादा माँग है—कितने मरे, कितने जखमी हुए, अलग-अलग गाँवों में कितने घर जलाये गये। सफेद लंबी दाढ़ी और दमकते लाल चेहरे वाले एक सरदारजी, जिन्होंने चीकट मैले कपड़े पहन रखे हैं और जिनसे पसीने की बू आ रही है, अपनी कहानी सुनाये जा रहे हैं। वह लंबी हाँके जा रहे हैं और मैं अपना सब्र खो रहा हूँ। यह वैसी ही कहानी है, जैसी कहानियाँ अनेक गाँव वालों के मुँह से सुन चुका हूँ। लंबी, नीरस कहानी के अंत तक पहुँचकर सरदार जी फिर से अपना आग्रह दोहराने लगते हैं: "मुझे मेरी बंदूक दिलवा दीजिए। मैं उसे सूबेदार शेरखान के पास छोड़ आया हूँ, उसने हमें अपने घर में दस दिन तक पनाह दी थी। वह बहुत नेक आदमी है। उसने हमें अलग रसोईघर दे दिया था, ताकि हम अपना खाना अलग से बना लिया करें··· मेहरबानी करके मेरी बंदूक मँगवा दें।"

मैं रिलीफ दफ्तर के बरामदे में आ गया हूँ, जहाँ एक और शरणार्थी मेरे कानों में कह रहा है :

"छोटा-सा डिब्बा है, बरखुरदार, जिसमें मेरी घरवाली के जेवर रखे हैं। मुझे मालूम है किस जगह पर दबे पड़े हैं। तख्त पड़ी के नजदीक एक टीले पर दबाये थे, शीशम के बड़े पेड़ के नीचे। मैं झट से खोद निकालूँगा।"

इन घटनाओं के बाद दसियों वर्ष बीत चुके हैं। प्रत्येक घटना रूप बदल गया है, वार्त्तालाप के प्रत्येक अंश का कुछ-न-कुछ मतलब निकलने लगा है। सभी अंश एक संदर्भ में जुड़ने लगे हैं वैसे ही जैसे पेड़-पौधे, नदियाँ आदि एक दृश्य चित्र के अंग बन जाते हैं। पर अभी भी बहुत कुछ ऐसा है, जिसे मैं समझ नहीं पा रहा हूँ, जो मेरी पकड़ में नहीं आ रहा है। लिखना केवल आँकना नहीं है, उससे कहीं अधिक समझने का प्रयास है, सवालों के स्पष्टीकरण की कोशिश यथार्थ को समझ पाने की कोशिश।

मैं कलम उठा लेता हूँ और बीते अनुभवों को फिर से जीने लगता हूँ, लेकिन यह सब वैसा नहीं है, जैसा वास्तव में था। मेरी अपनी मनःस्थिति वैसी नहीं रही। मेरा मस्तिष्क अब चकराया हुआ नहीं है, लेकिन वह तटस्थ भी नहीं है। मुझे सहसा इस बात का भास होने लगता है कि मैं अपने वतन में घटी घटनाओं के बारे में लिख रहा हूँ, मैं अपनी आँखों के सामने फिर एक बार उन गलियों, घरों, उसी क्षितिज और उसी आकाश को देखने लगा हूँ।

भावना का एक ज्वार-सा उठा है। ऐसा पहले बहुत कम हुआ है। क्या मैं उन दिनों के बारे में इसलिए लिखने बैठा हूँ कि मुझे मेरे वतन की याद सताने लगी है? नहीं, ऐसा नहीं है। लेकिन वतन की याद ने निश्चय ही मेरे अनुभवों को एक नया दर्द दिया है, उन लोगों के साथ, उन स्थानों के साथ गहरे लगाव का दर्द।

मैं उन लोगों की कहानी लिख रहा हूँ, जिनके साथ मेरा बचपन बीता है, उन सड़कों और गलियों के बारे में, जिनमें मैं खेला और भागा करता था। मुझे इस बात का गर्व हुआ करता था कि मैं अपने नगर की एक-एक गली, एक-एक घर को पहचानता हूँ। प्राकृतिक दृश्य आँखों के सामने उभरते हैं, पहाड़, घाटियाँ, हरे-हरे खेत और नीला आकाश। मेरे वतन के आकाश जैसा स्वच्छ नीला आकाश मैंने कहीं नहीं देखा, न हवा में कहीं इतनी महक है। मेरे नगर के उत्तर-पूर्व की ओर जो पर्वतमाला है, उसका मैंने प्रत्येक बदलता रंग देखा है। मैं जानता हूँ कब मुझे नीली आभा ढक लेगी, कब उनका रंग लाली-मायल पड़ जाएगा। मैं जानता हूँ कि पानी बरसने के बाद उसकी एक-एक चट्टान, एक-एक पेड़ और झाड़ी निखर उठेंगे, यहाँ तक कि इन पर बिछी एक-एक पगडंडी भी नजर आने लगेगी। उन पगडंडियों पर नीचे बसे गाँव की बकरियाँ दौड़ती रहती हैं। मेरी कहानी के साथ मेरे निजी दर्द का एक और आयाम जुड़ गया है।

वतन बहुत प्यारा होता है, इससे बढ़कर भयानक बात क्या होगी कि वह तबाह और बर्बाद हो जाये, उसकी गलियों और दीवारों पर खून के छींटे उड़ें और उसके नागरिक इंसान से हैवान बन जाएँ।

मेरे वतन की गलियों में गूँजने वाले स्वर शांतिपूर्ण जीवन के स्वर हुआ करते थे, गलियों में खेलते बच्चों के स्वर, ग्रामीणों के गीतों के स्वर, जो गाँव को लौटते समय सड़कों पर गाया करते थे, फकीरों और साधुओं के स्वर, सैकड़ों ऐसे ही स्वर। पर कैसे उस नगर का कायाकल्प हो गया था, लानत है उन हाथों पर जो वतन की पवित्र भूमि को मरघट में बदल देते हैं।

मुझे कहानी का ताना-बाना बुनने की, प्लाट बनाने की जरूरत नहीं है। मुझे केवल अपने अनुभवों को फिर से जीना है, जीवन को उसके अनगढ़ रूप में पेश कर देना है, वैसे ही, जैसा मैंने उसे देखा था, पाया था। मैं चाहूँ भी तो भी कहानी का ताना-बाना नहीं बुन सकता, न ही किसी पात्र को केंद्र मानकर, उसके इर्द-गिर्द घटनाओं और प्रसंगों का एक जाल बिछाकर, अपनी बात कह सकता हूँ। यह बड़ा कृत्रिम जान पड़ता है। यदि मैंने उन अधिकांश अनुभवों को स्वयं जिया न होता, तो शायद मेरे लिए आसान रहता। यदि मेरा मन उन घटनाओं और यादों को लेकर इतना अशांत और बेचैन नहीं हुआ होता तो संभव है मैं अधिक तटस्थता के साथ उनके बारे में लिख पाता, ज्यादा ठंडे दिल से। पर ऐसा होना बदा नहीं था।

मुझे बताया जाता है कि उपन्यास तर्कसंगत नहीं होते, कि लेखक का लक्ष्य स्थिति के अंदर निहित भावना को पाठक द्वारा महसूस करवाना है। इस 'एहसास' को सच्चा और प्रामाणिक होना चाहिए। हाँ, हाँ, मैं मानता हूँ। निहित भावना को यथातथ्य व्यक्त कर पाना ही उद्देश्य है। लेकिन मैं इस निहित भावना के प्रति

तटस्थ कैसे रह सकता हूँ ? मैंने केवल उस खूंरेजी को मात्र देखा ही नहीं, मैं तटस्थ दर्शक कैसे बना रह सकता हूँ ? मुझे जीवन में दर्शक की भूमिका से घृणा है। निहित भावना का ही महत्त्व नहीं, खून-आलूदा आँखों का, त्रस्त हृदय का, जनून और धर्मांधता की भी भूमिका है। मेरी नजर में उन दो व्यक्तियों के बीच बहुत अंतर है, एक जो किसी की रक्षा करता है और दूसरा जो किसी की हत्या करता है। अंग्रेज डिप्टी कमिश्नर के चेहरे पर की व्यंग्यपूर्ण मुस्कान उस आर्द्र, कोमल मुस्कान से भिन्न है, जो ग्रामीण महिला राजो के चेहरे पर झलकती है, जो अपने घर का द्वार अनजाने विधर्मियों को पनाह देने के लिए खोल देती है। कला तटस्थ नहीं होती। भगवान का शुक्र है कि कला तटस्थ नहीं रह पाती।

मैंने जो लिखना था लिख डाला है। उपन्यास समाप्त हो चुका है। इस पुस्तक में वे सभी गुण-दोष मौजूद हैं जो ऐसी स्थिति में और मुझ जैसे हाथों द्वारा लिखी गई। कितना अनोखा जान पड़ता है कि एक पुस्तक को एक पुस्तक के नाते ही देखा-परखा जाता है। 'तुम्हारे दिल का सारा दर्द, तुम्हारे मस्तिष्क की सारी चातुरी (आलोचक को) अपना मत बदलने पर मजबूर नहीं कर पायेगी, न तुम्हारे आँसू उसके फैसले का एक शब्द भी मिटा पायेंगे।' पुस्तक के गुण-दोष तराजू पर तोले जाते हैं और फैसला सुनाया जाता है। कितना विचित्र जान पड़ता है, कि जो इतना निजी था, वही कितना पराया और अमूल्य बन गया है। पर शायद यही उचित है, ऐसा ही होना चाहिए। प्रत्येक पुस्तक को अपने पाँवों पर ही खड़ा होना चाहिए, एक पुस्तक के नाते, एक उपन्यास के नाते।

मेरे कुछ शुभचिंतकों का कहना है कि पुस्तक का केंद्रबिंदु कोई नहीं, कुछ और लोगों का मत है कि पुस्तक में बिखराव है, अस्पष्टता है, कि यह समस्या को उठाती तो है, लेकिन उसमें गहरे में नहीं पैठती, लेकिन इसके बावजूद...बस, ये ही तीन शब्द 'इसके बावजूद' मेरी सांत्वना हैं, मेरा पुरस्कार है और पुस्तक की ओर से दी जाने वाली मेरी सफाई।

[1976]

□□